COLLECTION MICHEL LÉVY
— 1 franc le volume —
Par la poste, 1 fr. 25 cent. — Relié à l'anglaise, 1 fr. 50 cent.

ALEXANDRE DUMAS
— ŒUVRES COMPLÈTES —

LES GRANDS HOMMES EN ROBE DE CHAMBRE

HENRI IV

LOUIS XIII ET RICHELIEU

I

PARIS

MICHEL LÉVY FRÈRES, LIBRAIRES ÉDITEURS
RUE VIVIENNE, 2 BIS, ET BOULEVARD DES ITALIENS, 15
A LA LIBRAIRIE NOUVELLE

COLLECTION MICHEL LÉVY

ŒUVRES COMPLÈTES
D'ALEXANDRE DUMAS

ŒUVRES COMPLÈTES
D'ALEXANDRE DUMAS
PUBLIÉES DANS LA COLLECTION MICHEL LÉVY

	Vol.		Vol.
Acté	1	Impressions de Voyage :	
Amaury	1	— De Paris à Cadix	2
Ange Pitou	2	— Quinze jours au Sinaï	1
Ascanio	2	— En Russie	4
Aventures de John Davys	2	— Le Speronare	2
Les Baleiniers	2	— En Suisse	3
Le Bâtard de Mauléon	3	— Le Véloce	2
Black	1	— La Villa Palmieri	1
La Bouillie de la comtesse Berthe	1	Ingénue	2
La Boule de neige	1	Isabel de Bavière	2
Bric-à-Brac	2	Italiens et Flamands	2
Un Cadet de famille	3	Ivanhoe de W. Scott (*Traduction*)	2
Le Capitaine Pamphile	1	Jane	1
Le Capitaine Paul	1	Jehanne la Pucelle	1
Le Capitaine Richard	1	Louis XIV et son Siècle	4
Catherine Blum	1	Louis XV et sa Cour	2
Causeries	2	Les Louves de Machecoul	5
Cécile	1	Madame de Chamblay	2
Charles le Téméraire	2	La Maison de glace	2
Le Chasseur de sauvagine	1	Le Maître d'armes	1
Le Château d'Eppstein	2	Les Mariages du père Olifus	1
Le Chevalier d'Harmental	2	Les Médicis	1
Le Chevalier de Maison-Rouge	2	Mes Mémoires	10
Le Collier de la reine	3	Mémoires d'une aveugle	2
La Colombe — Adam le Calabrais	1	Mémoires de Garibaldi	2
Les Compagnons de Jéhu	3	Mémoires d'un médecin (Balsamo)	5
Le Comte de Monte-Cristo	6	Le Meneur de loups	1
La Comtesse de Charny	6	Les Mille et un Fantômes	1
La Comtesse de Salisbury	2	Les Mohicans de Paris	4
Les Confessions de la marquise	2	Les Morts vont vite	2
Conscience l'Innocent	2	Napoléon	1
La Dame de Monsoreau	3	Une Nuit à Florence	1
La Dame de Volupté	2	Olympe de Clèves	3
Les Deux Diane	3	Le Page du duc de Savoie	2
Les Deux Reines	2	Le Pasteur d'Ashbourn	2
Dieu dispose	2	Pauline et Pascal Bruno	1
Les Drames de la mer	1	Un Pays inconnu	1
La Femme au collier de velours	1	Le Père Gigogne	2
Fernande	1	Le Père la Ruine	1
Une Fille du régent	2	La Princesse de Monaco	2
Le Fils du forçat	1	La Princesse Flora	1
Les Frères corses	1	Les Quarante-Cinq	3
Gabriel Lambert	1	La Régence	1
Gaule et France	1	La Reine Margot	2
Georges	1	La Route de Varennes	1
Un Gil Blas en Californie	1	Le Salteador	1
Les Grands Hommes en robe de chambre — César	2	Salvator	5
		Souvenirs d'Antony	1
—Henri IV, Louis XIII et Richelieu	2	Les Stuarts	1
La Guerre des femmes	2	Sultanetta	1
Histoire d'un casse-noisette	1	Sylvandire	1
L'Horoscope	1	Le Testament de M. Chauvelin	1
Impressions de Voyage :		Trois Maîtres	1
— Une Année à Florence	1	Les Trois Mousquetaires	2
— L'Arabie Heureuse	5	Le Trou de l'enfer	1
— Les Bords du Rhin	2	La Tulipe noire	1
— Le Capitaine Arena	1	Le Vicomte de Bragelonne	6
— Le Caucase	3	La Vie au désert	2
— Le Corricolo	2	Une Vie d'artiste	1
— Le Midi de la France	2	Vingt ans après	3

Clichy. — Impr. de Maurice Loignon et Cⁱᵉ, rue du Bac-d'Asnières, 12.

LES
GRANDS HOMMES
EN ROBE DE CHAMBRE

HENRI IV

LOUIS XIII ET RICHELIEU

PAR

ALEXANDRE DUMAS

I

PARIS
MICHEL LÉVY FRÈRES, LIBRAIRES ÉDITEURS
RUE VIVIENNE, 2 BIS; ET BOULEVARD DES ITALIENS, 15
A LA LIBRAIRIE NOUVELLE
—
1866
Tous droits réservés

Un proverbe dit qu'*il n'y a pas de grand homme en robe de chambre.*

Comme tous les proverbes, celui-ci, qui jouit d'une grande popularité, a son côté vrai et son côté faux. Étudié dans ses habitudes privées par un observateur qui verrait la grandeur à travers la simplicité, la poésie à travers la prose, l'idéal à travers le réel, peut-être le grand homme grandirait-il encore. La réalité n'est pas, à nos yeux, la tombe où s'engloutit l'homme : c'est, au contraire, le piédestal où s'élève sa statue.

En attendant, comme nous nous sommes aperçu que presque toujours l'histoire, en véritable bégueule qu'elle est, nous montre les héros drapés dans des habits de cérémonie, et aurait honte de nous les faire voir en déshabillé, nous allons essayer, à l'aide de quelques notes empruntées aux valets de chambre des susdits héros, de remplir la lacune laissée par les historiens.

Nous aimons mieux la statue dont on peut faire le tour que le bas-relief incrusté dans la muraille.

Commençons par Henri IV. Peut-être, si ces études ont du succès, nous hasarderons-nous à remonter jusqu'à Alexandre et à descendre jusqu'à Napoléon.

ALEX. DUMAS.

LES GRANDS HOMMES
EN ROBE DE CHAMBRE
— HENRI IV —

I

Henri IV naquit à Pau, le 13 décembre 1553.

Il était fils d'Antoine de Bourbon, qui descendait du comte de Clermont, sixième fils de saint Louis. — Cet Antoine de Bourbon était un descendant fort descendu : un assez pauvre sire, tour à tour catholique et protestant, protestant et catholique. — Il était catholique, par hasard, quand il fut tué au siége de Rouen; il en résulte qu'il fut tué par un huguenot.

Comment fut-il tué? — C'est une espèce de problème historique résolu par son épitaphe.

Voici l'épitaphe :

> Ami lecteur, le prince ici gisant
> Vécut sans gloire et mourut en.......

Ma foi, lecteur, cherchez la rime, elle n'est pas difficile à trouver.

La mère de notre héros était Jeanne d'Albret, une maîtresse femme, celle-là! Elle tenait, du chef de son père, Henri d'Albret, le royaume de Navarre ; restée maîtresse de ce royaume en 1562, elle y introduisit le calvinisme en 1567. Attirée à la cour de France sous prétexte du mariage de son fils avec Marguerite de Valois, elle y mourut deux mois avant la Saint-Barthélemy, empoisonnée, dit-on, par une paire de gants parfumés que lui avait donnée Catherine de Médicis.

L'oncle de Henri IV était ce charmant prince de Condé, sublime étourneau, qui fut assassiné à Jarnac par Montesquiou, et qui avait été toute sa vie la coqueluche des femmes, quoiqu'il fût tout petit de taille et un peu bossu.

On avait fait sur lui le quatrain suivant :

> Ce petit homme si gentil,
> Qui toujours chante et toujours rit,
> Toujours caresse sa mignonne,
> Dieu gard' de mal le petit homme!

Henry IV était, en outre, petit-neveu *du grand garçon qui gâta tout*, c'est-à-dire de François Ier, le plus sublime hâbleur de France.

Il était petit-fils de cette adorable Marguerite de Navarre, qui ne sut jamais si elle était catholique ou protestante.

Jeanne d'Albret était en Picardie avec Antoine de Bourbon, gouverneur de la province et commandant d'une armée qui guerroyait contre Charles-Quint, lorsqu'elle s'aperçut de sa grossesse. Elle annonça aussitôt la nouvelle à son père, Henri d'Albret, roi de Navarre, qui la rappela près de lui.

Elle prit congé de son mari, quitta Compiègne, traversa la France, et arriva, le 15 décembre 1553, à Pau en Béarn.

Jeanne n'arrivait pas sans inquiétude. Son père avait pour maîtresse une femme fort intrigante, et l'on disait que Henri d'Albret avait fait un testament favorable à sa maîtresse, défavorable à sa fille.

Le surlendemain de son arrivée, Jeanne se hasarda de dire un mot de ce testament à son père.

— C'est bien! c'est bien! répondit celui-ci. Je te ferai voir le testament quand tu m'auras fait voir l'enfant, et encore est-ce à une condition.

— Laquelle? demanda Jeanne.

— C'est qu'afin que tu ne fasses pas un enfant pleurard et rechigné, tout le temps que durera l'enfantement, tu me chanteras une chanson.

La chose fut convenue.

Le 13 décembre, c'est-à-dire neuf jours après son arrivée, Jeanne commença d'éprouver les premières douleurs de l'enfantement.

Elle envoya aussitôt chercher son père, mais en recommandant qu'on ne dît point de quoi il était question.

Le roi entra, et, entendant sa fille qui chantait :

— Ah! bon! dit-il, il paraît que cela vient et que je vais être grand-père.

Même pendant les plus grandes douleurs, Jeanne n'interrompit point sa chanson : elle accoucha en chantant. Aussi remarqua-t-on qu'au contraire des autres enfants, qui viennent au monde en pleurant, Henri IV vint au monde en riant.

A peine l'enfant fut-il hors du sein de sa mère, que le roi s'assura que c'était un garçon. Aussitôt il courut à sa chambre, prit le testament enfermé dans une boîte d'or, et le rapporta à la princesse, à qui il donna la boîte d'une main, tandis qu'il prenait l'enfant de l'autre en disant :

— Ma fille, voici qui est à vous, mais voilà qui est à moi.

Et, laissant la boîte d'or sur le lit, il emporta l'enfant dans le pan de sa robe.

Arrivé dans sa chambre, il lui frotta les lèvres avec une gousse d'ail, et lui fit boire, dans une coupe d'or, un dé de vin, les uns disent de Cahors, les autres d'Arbois.

Henri d'Albret avait lu *Gargantua*, paru depuis dix-neuf ans.

A la seule odeur du vin, l'enfant s'était mis à dodeliner de la tête, comme dit Rabelais.

— Ah! ah! fit le grand-père, tu seras un vrai Béarnais, il me semble.

Les armes du Béarn sont deux vaches. Or, quand la reine Marguerite, femme de Henri, était accouchée de Jeanne d'Albret, les Espagnols avaient dit : « Miracle! la vache a fait une brebis. »

— Miracle! cria à son tour Henri de Béarn en caressant son petit-fils, la brebis a fait un lion.

Le lion était venu au monde avec quatre incisives, deux en haut, deux en bas. Il mordit le sein de ses deux premières nourrices de façon à les estropier. La troisième, bonne paysanne des environs de Tarbes, lui bailla, en occasion pareille, un si rude soufflet qu'elle le guérit de la manie de mordre.

Il eut huit nourrices et goûta de huit laits différents. En supposant l'influence de la nourriture sur le caractère, cela explique les contradictions de sa vie.

Il eut encore deux autres nourrices, nourrices morales, celles-là.

Coligny et Catherine de Médicis.

Il prit peu à la première, beaucoup à la seconde.

Il lui dut surtout cette indifférence qu'il professa pour toutes choses.

Le roi lui donna comme gouvernante Suzanne de Bourbon, femme de Jean d'Albret et baronne de Miossens, ordonnant qu'on l'élevât à Coarasse en Béarn, château situé au milieu des rochers et des montagnes.

La nourriture et la garde-robe de l'enfant furent réglées par son grand-père. Sa nourriture se réduisit à du pain bis, du bœuf, du fromage et de l'ail; ses habits se bornèrent à un pourpoint et à des chausses de paysan qu'on renouvelait quand ils étaient usés. La plupart du temps, il courait sur les rochers nu-pieds et nu-tête, toujours d'après l'ordre du grand-père.

Ce fut ainsi qu'il devint si terrible marcheur que, lorsqu'il avait lassé hommes et chevaux, et mis tout le monde sur les dents, dit d'Aubigné, alors il faisait jouer une danse.

Et lui seul dansait.

De ses courses au milieu des enfants, il garda l'habitude de causer avec toute sorte de gens; pour bavarder, le premier venu lui était bon, comme la première venue lui était bonne pour amie.

Il était bien de la Gascogne gasconnante et ne dégasconna jamais.

Son grand-père permit qu'on lui apprît à écrire, mais défendit qu'on *le fît* écrire.

C'est sans doute grâce à cette recommandation qu'il devint un si charmant écrivain.

Ce qui faisait le fond de son caractère et ce qui le rendait perfidement naïf, c'était cette facilité d'arriver à son cœur. — Il avait toujours la main à la bourse et la larme à l'œil. Seulement, la bourse était vide ; quant à l'œil, il pleurait tant que l'on voulait.

Antoine de Bourbon et Jeanne d'Albret, étant venus à la cour de France, y amenèrent le jeune Henri. C'était alors un bon gros garçon de cinq ans, à la figure franche, spirituelle et ouverte.

— Voulez-vous être mon fils ? lui demanda le roi Henri II.

L'enfant secoua la tête, et, montrant Antoine de Bourbon :

— C'est celui-là qui est mon père, dit-il en béarnais.

— Eh bien, voulez-vous être mon gendre ?

— Voyons la fille, répondit l'enfant.

On fit venir la petite Marguerite, qui avait six ou sept ans.

— Oui bien, dit-il.

Et, à partir de ce moment, le mariage fut arrêté.

C'est qu'avant tout Henri de Béarn était un mâle, plus qu'un mâle, un satyre. Voyez son profil : il ne lui manque que les oreilles pointues, et, s'il n'a pas les pieds du bouc, il en a au moins l'odeur.

Peu de temps après, Antoine de Bourbon fut tué au siége de Rouen ; Jeanne d'Albret retourna en Béarn, mais on exigea qu'elle laissât son fils à la cour de France.

Il y resta sous la direction d'un gouverneur nommé La Gaucherie. — Celui-ci était un brave et digne gentilhomme qui essayait de faire entrer par tous les moyens possibles, dans la tête de son élève, les notions du juste et de l'injuste.

Un jour, après lui avoir fait lire l'histoire de Coriolan et celle de Camille, il lui demanda lequel de ces deux héros il préférait.

L'enfant s'écria :

— Ne me parlez pas du premier, c'est un méchant homme.

— Et le second?

— Oh! le second, c'est autre chose. Je l'aime de tout mon cœur, et, s'il vivait encore, j'irais me jeter à son cou et je lui dirais en l'embrassant : « Mon général, vous êtes un brave et honnête homme, et Coriolan ne mériterait pas d'être votre palefrenier. Au lieu de garder, comme lui, rancune à votre patrie qui vous avait injustement exilé, vous êtes venu à son secours. Tout mon désir est d'apprendre le métier de la guerre sous vos ordres : veuillez me recevoir au nombre de vos soldats. Je suis petit, je n'ai pas encore grande force; mais j'ai du cœur et de l'honneur, et je veux vous ressembler. »

— Mais, lui dit son précepteur, vous devriez ménager un peu ceux qui ont pris les armes contre leur pays.

— Et pourquoi cela? demanda vivement l'enfant.

— Mais parce qu'il pourrait se rencontrer dans votre famille un homme ayant commis le même crime.

— Ce n'est pas possible; je vous croirai sur tout le reste, jamais sur cet article-là.

— Il faudra pourtant me croire, dit La Gaucherie : l'histoire est là.

— Quelle histoire?

— Celle du connétable de Bourbon.

Et il lui lut l'histoire du connétable.

— Ah! dit l'enfant, qui avait écouté cette lecture en rougissant, en pâlissant, en se levant, en marchant à grands pas, en pleurant même, — ah! je n'aurais jamais cru un Bourbon capable d'une telle lâcheté, et je renie celui-là pour mon parent!

Et aussitôt, prenant une plume et de l'encre, il alla effacer le connétable de Bourbon de l'arbre généalogique de la famille.

— Bon !... Maintenant, dit La Gaucherie, voilà une défaillance dans votre maison. Qui mettrez-vous à la place ?

L'enfant réfléchit quelques secondes.

— Oh ! je sais bien qui j'y vais mettre, dit-il.

Et il écrivit, à la place de ces quatre mots : *Le connétable de Bourbon*, ceux-ci : *Le chevalier Bayard*.

Le précepteur battit des mains, et, à partir de ce moment, le connétable de Bourbon se trouva rayé sur l'arbre généalogique de celui qui devait être Henri IV.

A douze ans, l'enfant fut mis à l'école d'un officier nommé de Coste, qui était chargé de dresser quelques gentilshommes au métier de soldat. Ce métier, si rude qu'il fût, plaisait beaucoup mieux à Henri que celui auquel il se livrait avec La Gaucherie. Porter la cuirasse, s'exercer au mousquet, nager, faire des armes, tout cela était bien autrement amusant pour le paysan béarnais qui, tout enfant, avait couru les rochers de Coarasse, tête et pieds nus, qu'étudier Virgile, traduire Horace, faire de l'algèbre et des mathématiques.

Au bout d'un an passé parmi ces jeunes gens qu'on appelait *volontaires*, de Coste trouva que son nouvel élève avait fait de si grands progrès, qu'il le nomma son lieutenant.

Vers ce temps, les Turcs tentèrent de s'emparer de Malte, et la France envoya des vaisseaux au secours des chevaliers. Henri, qui n'avait pas quatorze ans, demanda à faire partie de cette expédition ; mais son cousin, le roi Charles IX, le lui refusa obstinément.

Sur ces entrefaites, La Gaucherie, le précepteur du jeune homme, mourut.

Jeanne d'Albret, qui vit dans cette mort un prétexte pour retirer son fils de la cour, vint l'y chercher elle-même. Ce fut une lutte avec le roi et Catherine de Médicis, lesquels, sur la prédiction d'un astrologue qui avait prophétisé que la maison de Valois s'éteindrait faute d'enfants mâles, et qu'un Bourbon leur succéderait, ne voulaient pas perdre de vue le futur roi de Navarre. Mais, enfin, la mère l'emporta, et Jeanne d'Albret eut la joie de ramener son fils en Béarn.

Le retour du jeune prince dans son royaume fut une fête. Il lui arriva des députations de tous les pays, des discours dans tous les patois, et des présents de toute sorte.

Parmi ces députations, ces discours et ces présents, il reçut une ambassade des paysans des environs de Coarasse qui lui envoyaient des fromages. Celui qui devait porter la parole, au moment de lui faire son compliment, eut le malheur de le regarder et de ne plus rien trouver à lui dire, sinon :

— Ah ! le beau garçon, et comme il a bien profité ! quel compère !... Et quand on pense que c'est en mangeant nos fromages qu'il est devenu grand et beau comme cela !...

La guerre ne tarda point à se déclarer parmi les catholiques et les huguenots, à propos de l'exécution du conseiller Anne Dubourg et du massacre de Vassy. Le jeune prince y fit ses premières armes sous les ordres du prince de Condé ; — mais ceci est l'affaire des historiens et non la nôtre.

Consignons seulement un fait : c'est que notre jeune roi de Navarre, qui se battait si bien une fois qu'il était échauffé, n'était pas naturellement brave ; quand il entendait dire : *Voilà les ennemis !* il se faisait chez lui, à l'endroit des entrailles, une révolution dont il n'était pas toujours le maître.

A l'escarmouche de Roche-la-Belle, une des premières auxquelles il assista, sentant que, malgré sa résolution bien arrêtée de se conduire bravement, son corps tremblait des pieds à la tête, quoiqu'il fût assez éloigné du feu :

— Ah! carcasse, dit-il, tu trembles? Eh bien, *ventre-saint-gris!* je vais te faire trembler pour quelque chose.

Et il alla se placer au milieu de la mousqueterie, en un poste si périlleux, que ses deux amis, Ségur et la Rochefoucauld, ne sachant pas pourquoi il était allé s'y planter, le crurent fou, et l'y vinrent chercher au péril de leur propre vie.

Coligny avait trouvé Henri de Béarn à la Rochelle. Le grand politique, l'honnête homme, le saint protestant fixa son regard limpide et profond sur l'œil clignotant et douteux du jeune Béarnais, et, quand vint la journée de Moncontour, il lui défendit de combattre. — Sans doute Coligny, qui craignait une défaite, voulait-il le garder pur de cette défaite. Vaincu sans Henri de Béarn, le parti se relevait avec le premier succès qu'obtenait ce princillon de montagne.

Aussi Henri cria-t-il bien haut qu'il eût gagné la bataille si on l'eût laissé faire. — C'est ce que voulait Coligny.

On sait comment se termina cette troisième guerre civile. Les huguenots battus, le prince de Condé assassiné, la reine Catherine eut l'idée d'en finir d'un seul coup avec les hérétiques du royaume. Elle feignit un grand désir de paix, déclara qu'il était insensé de se détruire entre Français, quand les vrais ennemis étaient en Espagne; elle proposa un accommodement aux chefs huguenots. Le mariage arrêté depuis longtemps entre Charles IX et Jeanne d'Albret s'accomplirait; on marierait le roi de Navarre à Marguerite de Valois, et, réunis non-seulement en alliés, mais encore en frères, catholiques et protestants marcheraient contre l'Espagne.

Jeanne d'Albret se rendit à Paris pour tâter le terrain. Quant à Henri, il se retira en Gascogne, attendant que sa mère lui écrivît qu'il pouvait sans crainte venir à la cour.

Henri reçut la lettre attendue et partit pour Paris. Coligny l'y avait précédé. La reine mère se trouva donc avoir tous ses ennemis sous la main.

D'abord le projet d'extermination arrêté commença par la reine de Navarre.

Un jour, Jeanne d'Albret, après avoir porté pendant une heure des gants parfumés qui lui avaient été donnés par Catherine de Médicis, se sentit indisposée. L'indisposition prit bientôt une telle gravité que Jeanne comprit qu'elle allait mourir. Elle dicta son testament, et fit venir son fils.

Elle lui recommanda de rester ferme dans sa religion, et mourut.

Henri pensa lui-même mourir de douleur; il adorait sa mère, et se tint enfermé pendant plusieurs jours sans consentir à recevoir qui que ce fût.

Un jour, on annonça le roi. Cette fois, il fallut ouvrir. Charles IX venait lui-même chercher son cousin pour le tirer de sa retraite et le mener à la chasse.

C'était un ordre, Henri obéit.

Le 18 du mois d'août, tout fut prêt pour le mariage, et le mariage eut lieu.

Les quatre jours suivants se passèrent en tournois, en festins et en ballets dont le roi et la reine mère s'occupaient tellement qu'ils paraissaient en perdre le sommeil.

Le 22 du même mois, comme l'amiral sortait à pied du Louvre pour se rendre à son hôtel de la rue de Béthisy, on lui tira un coup d'arquebuse chargée de deux balles; une des deux balles lui brisa le doigt, l'autre le blessa grièvement au bras gauche.

Le roi parut furieux, la reine mère au désespoir.

C'était bien autre chose que l'affaire de la Roche-la-Belle.

Aussi Henri, voyant le chemin que faisaient les événements, eut-il grand'peur. Il s'enferma chez lui, où allèrent le trouver ses deux amis, Ségur et la Rochefoucauld, et Beauvais, son nouveau précepteur.

Tous trois entreprirent de le rassurer; mais, cette fois, Henri laissa trembler sa carcasse tout à son aise. Non-seulement il ne voulut pas être rassuré par eux, mais encore il fit tout ce qu'il put pour les effrayer eux-mêmes.

— Restez près de moi, leur disait-il; ne nous quittons pas; si nous mourons, nous mourrons ensemble.

Eux, ne voulant croire à rien, insistèrent pour se retirer.

— Faites donc comme vous voudrez, leur dit Henri.— Jupiter aveugle ceux qu'il veut perdre!

Et il prit congé d'eux en les embrassant; mais, en les embrassant, il s'évanouit et tomba à terre.

Les deux jeunes gens et le précepteur le relevèrent. Il était sans connaissance.

Ils le couchèrent alors dans son lit, où il resta une heure sans donner signe d'existence. Au bout d'une heure, il revint à lui, ouvrit les yeux, mais les referma presque aussitôt.

Les jeunes gens crurent que le meilleur remède à une pareille crise était le sommeil. Ils emmenèrent Beauvais, et laissèrent le prince seul.

Le lendemain, était le 24 août.

A deux heures du matin, Henri fut réveillé par des archers qui lui ordonnèrent de s'habiller et de venir trouver le roi.

Il voulut prendre son épée, on le lui défendit.

Dans la chambre où on le conduisit, il trouva le prince de Condé, désarmé et prisonnier comme lui.

Au bout d'un instant, Charles IX entra furieux, ivre de poudre et de sang, tenant une arquebuse à la main.

— Mort ou messe? dit-il en s'adressant à Henri et au prince de Condé.

— Messe! répondit Henri.

— Mort! répondit Condé.

Charles IX fut sur le point de décharger à bout portant son arquebuse dans la poitrine du jeune prince qui osait lui résister en face ; mais il hésita à tuer son parent.

— Je vous donne un quart d'heure pour réfléchir, dit Charles IX. Dans un quart d'heure, je reviendrai.

Et il sortit.

Pendant ce quart d'heure, Henri avait prouvé à son cousin qu'une promesse arrachée par la force n'avait aucune valeur, et qu'il était bien autrement politique à eux, qui étaient les deux chefs du parti de l'avenir, de dissimuler et de vivre que de résister et de mourir.

Henri était fort éloquent toujours, et surtout dans ces sortes d'occasions : il convainquit Condé.

Charles IX rentra au bout du délai indiqué.

— Eh bien? demanda-t-il.

— Messe, sire! répondirent les deux jeunes gens.

La Saint-Barthélemy appartenant à l'histoire politique de notre héros, nous ne nous en occuperons pas.

Mais occupons-nous de la reine Marguerite ou de la *reine Margot*, comme l'appelait Charles IX. Elle tient, elle, à sa vie privée.

« En donnant ma sœur Margot au prince de Béarn, avait dit Charles IX, je la donne à tous les huguenots du royaume. »

Peut-être le prince de Béarn avait-il compris le vrai sens de cette phrase, mais il ne la prit que dans celui qu'elle paraissait avoir.

Au reste, Henri, à la première vue, avait considérablement

plu à sa future épouse, qui ne s'était point trouvée en face de lui depuis qu'il avait quitté la cour à l'âge de treize ans.

Ce furent MM. de Souvray, depuis gouverneur de Louis XIII, et Pluvinel, premier écuyer de la grande écurie, qui lui conduisirent son fiancé.

En l'apercevant, elle s'écria :

— Oh! qu'il est beau, qu'il est bien fait, et que le Chiron est heureux qui élève un pareil Achille!

L'exclamation déplut fort au grand écuyer, qui n'était guère plus subtil que ses chevaux.

— Ne vous avais-je pas prévenu, dit-il à Souvray, que cette méchante femme nous dirait quelque injure?

— Comment cela?

— Vous n'avez pas entendu?

— Quoi?

— Elle nous a appelés Chiron.

— Ce n'est pour vous qu'une demi-injure, mon cher Pluvinel, dit M. de Souvray ; vous n'avez de Chiron que le train de derrière.

C'était, d'ailleurs, une fort belle, fort savante et fort spirituelle princesse, que Marguerite de Valois, sœur du roi Charles IX. On lui reprochait d'avoir le visage un peu long et les joues un peu pendantes, voilà tout... Nous nous trompons : on lui reprochait encore — et c'était surtout son mari qui lui reprochait cela — on lui reprochait d'être fort légère.

A onze ans, s'il faut en croire Henri IV, elle avait déjà deux amants, Antraguet et Charins.

Puis elle avait eu Martigues, un colonel d'infanterie, — un vaillant, au reste, — qui marchait d'ordinaire aux assauts et aux escarmouches avec deux dons qu'il avait reçus d'elle : une écharpe qu'il portait à son cou, un petit chien qu'il portait sur son bras, jusqu'à ce qu'il fût tué, le 19 novembre 1569, au siége de Saint-Jean-d'Angely.

Puis était venu M. de Guise, qui l'aima d'un amour si grand que, par l'influence de son oncle le cardinal de Lorraine, il fit rompre le mariage de la princesse avec le roi dom Sébastien de Portugal.

Puis avaient suivi, disait-on encore, — car que ne disait-on point sur la pauvre princesse? — avaient suivi son frère François d'Alençon et son autre frère Henri d'Anjou.

C'était vers ce moment qu'elle avait épousé le roi de Navarre, et, de ce mariage, Antraguet avait éprouvé une si grande peine qu'il en avait failli mourir.

La dot de Marguerite avait été de cinq cent mille écus d'or de cinquante-quatre sous la pièce. — Le roi en donna trois cent mille; la reine mère, deux cent mille; et les ducs d'Alençon et d'Anjou ajoutèrent chacun vingt-cinq mille livres.

Le douaire fut réglé à quarante mille livres de rente, avec le château de Vendôme meublé pour demeure.

Marguerite était au lit et dormait tranquillement quand fut donné le signal du massacre. Tout à coup elle fut réveillée en sursaut par un homme qui battait des pieds et des mains à sa porte en criant :

— Navarre! Navarre!

La nourrice de la princesse, qui couchait dans sa chambre, crut que c'était le prince de Béarn lui-même, et courut promptement ouvrir. Mais c'était un jeune gentilhomme nommé *Téjan*, dit Marguerite, et *Leyran*, dit Dupleix. Il était poursuivi par quatre assassins, et, voyant la porte ouverte, il se précipita dans la chambre, se jeta sur le lit de la princesse, et, l'enveloppant de ses bras tout sanglants, — car il avait reçu un coup d'épée et un coup de hallebarde, — il roula avec elle dans la ruelle. C'était à qui crierait le plus fort de la reine et de ce malheureux ; mais ce fut encore bien pis quand les assassins, ne pouvant lui faire lâcher prise, essayèrent de le tuer dans les bras mêmes de la reine. Par bonheur, le capitaine des gardes, Gaspard de la Châtre, plus connu sous le nom de *Nançay*, arriva, et, faisant sortir les assassins, il accorda à la reine Marguerite la vie du pauvre Téjan, qui ne voulut point la quitter, et qu'elle fit panser et coucher dans son cabinet, d'où il ne sortit qu'après complète guérison.

Il faut rendre cette justice à la reine Marguerite : son premier mot à Nançay, Téjan hors de danger, fut pour demander des nouvelles du prince de Béarn. Le capitaine des gardes lui annonça qu'il était avec M. de Condé dans le cabinet du roi, et il ajouta même qu'il croyait que la présence de la nouvelle mariée ne serait peut-être pas inutile à son mari.

Marguerite s'enveloppa d'un manteau de nuit, et courut à la chambre de sa sœur, madame de Lorraine, où elle arriva plus morte que vive. Sur le chemin et au moment où elle entrait dans l'antichambre, un gentilhomme, nommé *La Bourse*, était tombé mort à trois pas d'elle, frappé d'un coup de hallebarde.

A peine était-elle dans cette chambre que deux fugitifs s'y précipitèrent, en implorant son secours : c'étaient Miossens, premier gentilhomme du roi son mari, et Armagnac, son premier valet de chambre.

Marguerite alla se jeter aux genoux du roi et de la reine mère, et à grand'peine obtint leur grâce.

Une tradition veut même que le prince de Béarn n'ait été sauvé qu'en se réfugiant sous le vertugadin de sa femme, qui, du reste, portait ce vêtement assez large pour y cacher un homme et même plusieurs hommes.

Cette tradition avait quelque consistance, puisqu'elle donna lieu à ces quatre vers :

> Fameux vertugadin d'une charmante reine,
> Tu défends un honneur qui se défend sans peine.
> Mais ta gloire est plus grande en un plus noble emploi :
> Tu sauvas un héros en recélant mon roi.

Quand nous disons que la reine Marguerite pouvait cacher sous son vertugadin un homme et même plusieurs hommes, nous avons autorité pour dire cela.

« Elle faisoit, dit Tallemant des Réaux, ses carrures et ses jupes beaucoup plus larges qu'il ne falloit, et ses manches à proportion ; et, pour se rendre de plus belle taille, elle faisoit mettre du fer-blanc aux deux côtés de son corps afin d'élargir sa carrure. Il y avoit bien des portes où elle ne pouvoit passer. »

De nos jours, nous avons la cage qui n'a rien à envier aux vertugadins.

Mais ce n'est pas encore là ce qu'il y avait de plus étonnant : parmi tous ces vertugadins, la belle princesse en avait un de prédilection.

Voici ce qu'en dit le même auteur :

« Elle portoit un grand vertugadin qui avoit des pochettes tout autour, en chacune desquelles elle mettoit une boîte où étoit le cœur d'un de ses amants trépassés ; car elle étoit soigneuse, à mesure qu'ils mouroient, d'en faire embaumer les cœurs. Ce vertugadin se pendoit tous les soirs à un crochet qui fermoit à cadenas derrière le dossier de son lit. »

Son mari lui reprocha non-seulement de faire embaumer

les cœurs de ses amants, mais encore d'aller chercher leurs têtes jusque sur la Grève.

Elle avait pour serviteur un beau gentilhomme, nommé la Mole, qui entra dans une conspiration avec les maréchaux de Montmorency et de Cossé, et, qui en compagnie de son ami, Annibal de Coconas, laissa sa tête à Saint-Jean en Grève. Les têtes étaient exposées sur la place ; mais, la nuit venue, madame Marguerite, maîtresse de la Mole, et madame de Nevers, maîtresse de Coconas, vinrent toutes deux enlever ces têtes, les portèrent dans leur carrosse, et les allèrent inhumer de leurs charmantes mains dans la chapelle Saint-Martin, qui était sous Montmartre.

Elle devait bien cela à la Mole, au reste, la reine Margot ; car elle était ardemment aimée de ce beau gentilhomme, qui avait conspiré pour elle et qui était monté à l'échafaud baisant un manchon qu'elle lui avait donné.

On fit cette épitaphe au pauvre trépassé :

> Les plus heureux portoient envie
> Aux félicités de ma vie.
> Mais, maintenant que je suis mort,
> — Oh ! que fortune est variable ! —
> Il n'est aucun, si misérable,
> Qui voulût envier mon sort !

C'est de la Mole qu'il est parlé sous le nom de Hyacinthe dans une chanson du cardinal du Perron, faite à l'instigation de la reine Marguerite, et, sans Saint-Luc, qui vint rejoindre celle-ci à Nérac, et qui parvint, à force de tendresse, à jeter une diversion dans son cœur, il est probable qu'elle eût été longtemps à se consoler de la perte qu'elle avait faite.

« Il est vrai, disait son mari lui-même, que Bussy d'Amboise vint aider Saint-Luc dans cette difficile consolation, et que, sa tristesse s'obstinant, elle leur adjoignit Mayenne. »

Au reste, malgré ces deux défauts que nous lui avons reprochés : d'avoir le visage un peu trop long et les joues un peu trop pendantes, il fallait que la reine de Navarre fût bien belle, puisque, quelque temps après la Saint-Barthélemy, le duc d'Anjou ayant été nommé roi de Pologne, et les ambassadeurs polonais étant venus à Paris, leur chef Lasco, en sortant de l'audience que lui avait, à lui et à ses compagnons, donnée la reine Marguerite, dit ces propres paroles :

— Après l'avoir vue, il n'y a plus rien à voir, et j'imiterais volontiers ces pèlerins de la Mecque qui se crèvent les yeux par dévotion lorsqu'ils ont vu le tombeau de leur prophète, pour ne plus profaner leurs regards par aucune autre vue.

Au milieu de tout cela, Henri de Navarre avait de grandes obligations à Marguerite.

D'abord, il est presque certain qu'elle lui sauva la vie dans la journée de la Saint-Barthélemy, et que ce fut le titre d'époux de la sœur du roi qui le protégea.

C'est si vrai, que ce titre, la reine mère le lui voulut ôter.

Elle alla trouver Marguerite ; elle lui dit combien le duc de Guise l'aimait et était désespéré de son mariage, ajoutant que, quant à la séparation, elle n'eût point à s'en inquiéter, et qu'elle n'avait qu'à dire que son mariage *n'avait point été consommé*; moyennant quoi, elle obtiendrait facilement le divorce.

Mais la pudique princesse, qui comprenait que c'était la mort d'un homme qu'on lui demandait, et qui était si bonne de cœur, que le cœur lui faillait à voir souffrir, la pudique princesse répondit :

— Je vous supplie de croire, madame, que je ne me connais aucunement à ce que vous me demandez, et que, par conséquent, je n'y puis répondre ; mais on m'a donné un mari, je le veux garder.

« Et je répondis ainsi, — dit la belle princesse dans ses Mémoires, — me doutant bien que la séparation n'avoit pour but que la perte de mon mari. »

Aussi, soit par insouciance, soit par reconnaissance, soit peut-être mieux encore par calcul, Henri non-seulement fermait les yeux sur cette conduite plus que légère de sa femme, mais encore parfois il la raccommodait avec ses amants.

C'est ce qui arriva à l'endroit du vicomte de Turenne, depuis duc de Bouillon.

Tenez, c'est lui-même qui va raconter comment il s'y prenait.

« A ces premiers amants succédèrent donc en divers temps, — car le nombre m'excusera si je fausse t. les bien ranger, — ce grand dégoûté de vicomte de Turenne, que, comme les précédents, elle envoya bientôt au change, trouvant sa taille disproportionnée... la comparant aux nuages vides qui n'ont que l'apparence au dehors. Donc, le triste amoureux, au désespoir, après un adieu plein de larmes, s'en alloit se perdre en quelque lointaine région, *si moi, qui savois ce secret, et qui, pour le bien des églises réformées, feignois pourtant de n'en rien savoir, n'eusse très-expressément enjoint à ma chaste femme de le rappeler;* CE QU'ELLE FIT TRÈS-MAL VOLONTIERS. »

Et il ajoute, ce bon roi Henri, dont, malgré les panégyristes, nous ne connaissons pas encore toutes les qualités :

« Que direz-vous de ma complaisance, maris fâcheux ?

n'avez-vous point de peur que vos femmes vous laissent pour venir à moi, puisque je suis ainsi ami de la nature, ou n'estimerez-vous point plutôt que ce fut quelque lâcheté? Vous aurez raison de le croire, et moi de vous l'avouer, si considérez que j'avois pour lors plus de nez que de royaume et plus de paroles que d'argent! »

Puis il ajoute encore, lui qui sut, pendant toute sa spirituelle et gasconne existence, si bien tirer parti de tout :

« La considération de cette dame, telle qu'elle est, fléchissoit ses frères et la reine mère, aigris contre moi. Sa beauté m'attiroit force gentilshommes, et sa beauté les retenoit, car il n'étoit fils de bon lieu ni gentil compagnon qui n'eût été une fois en sa vie serviteur de la *reine de Navarre*, qui ne refusoit personne, acceptant, ainsi que le tronc public, les offrandes de tous venants. »

Convenons que nous autres, historiens purs et simples, serions bien durs et bien cruels de faire à la belle Marguerite un crime de ces charmants péchés dont son mari l'absolvait si galamment.

Et il avait raison, ce bon Henri, lorsqu'il disait que sa femme *fléchissoit ses frères et la reine mère*, aigris contre lui, témoin l'affaire de la Mole et de Coconas, où, sans sa femme, il eût bien pu laisser sa tête.

Voici, en deux mots, ce qu'était cette affaire, sur laquelle nous revenons.

A la Saint-Barthélemy, Henri de Navarre avait sauvé sa vie, mais avait laissé sa liberté. Il était prisonnier au Louvre, avec grand désir de fuir. Sur ces entrefaites, le duc d'Anjou ayant été nommé roi de Pologne, il fut décidé qu'il partirait de Paris le 28 septembre 1573, et que sa sœur Marguerite et toute la cour l'accompagneraient jusqu'à Blamont.

Marguerite, en ce moment, était *au mieux* avec son frère, et nous pencherions à croire que, ce que le Béarnais avait fait à l'endroit du vicomte de Turenne, il l'avait fait aussi à l'endroit du duc d'Anjou, qui étant le bien-aimé de la reine mère, était une excellente protection pour le prisonnier.

Or, deux raisons poussaient le Béarnais à fuir : la première, c'est que le duc d'Anjou, son protecteur, s'éloignant, ne le protégeait plus ; la seconde, c'est que, toute la cour lui faisant la conduite, la surveillance serait sans doute moins grande en l'absence de toute la cour.

Donc, le duc d'Alençon, — devenu duc d'Anjou par la nomination de son frère au royaume de Pologne, — et Henri, prince de Béarn, avaient résolu de fuir pendant ce voyage, de passer par la Champagne, et d'aller prendre le commandement d'un corps de troupes destiné à marcher sous leurs ordres.

Miossens, qui n'avait pas de secret pour la reine de Navarre, depuis que celle-ci lui avait sauvé la vie, et peut-être rendu la vie agréable, l'avertit de ce projet.

La tolérance du Béarnais avait, comme on voit, son bon et son mauvais côté.

Soit qu'elle craignît les dangers que les deux princes pouvaient courir en fuyant, soit qu'elle fût blessée de ne pas avoir été mise dans la confidence, Marguerite, à son tour, dit tout à la reine Catherine, mais en sauvegardant la vie de son mari et de son frère ; seulement, la pauvre femme ignorait une chose : c'est que, dans l'espérance de ne pas la quitter, son bien-aimé la Mole était entré dans la conspiration, et y avait entraîné son ami Coconas.

Il en résulta que la vie de Henri de Béarn et du duc d'Anjou fut sauvée, mais que la Mole et Coconas périrent en

Grève, que leurs corps furent coupés en quatre quartiers, attachés à quatre potences, et leurs têtes mises sur deux poteaux.

Ce sont ces têtes que Henri de Béarn, dans un moment de misanthropie conjugale, reprochait à sa femme Marguerite de Valois et à son amie Henriette de Sauve, duchesse de Nevers, d'avoir été prendre nuitamment sur les poteaux où elles étaient exposées, pour les enterrer de leurs belles mains en la chapelle de Saint-Martin sous Montmartre.

II

La pauvre Marguerite était à peine consolée de cette catastrophe de la Mole, quand une catastrophe non moins terrible la revint plonger dans un désespoir pareil.

Bussy, le brave Bussy, Bussy d'Amboise fut assassiné par le comte de Monsoreau, qui força sa femme, Diane de Méridor, à lui donner un rendez-vous, et, ayant amené vingt hommes, fit tuer Bussy par ces vingt hommes.

Ah ! celui-là, convenons-en, sa perte pouvait bien être le désespoir d'une femme, cette femme fût-elle reine.

La pauvre Marguerite, qui, d'après ses Mémoires, était si innocente *qu'elle ne savait pas, huit jours après son mariage, si son mariage était consommé ;* qui justifie l'ingénuité de sa réponse sur ce que la reine Catherine appelait *être homme,* en disant qu'elle était « dans le cas de cette Romaine qui répondit aux reproches que lui faisait son mari de ne l'avoir pas averti qu'il avait l'haleine mauvaise : *Je croyais que tous les hommes l'avaient pareille, ne m'étant pas approchée d'autre* que de vous[1], » la pauvre Marguerite n'a pas le courage de renier Bussy :

« Il était né, dit-elle dans ses Mémoires, pour être la terreur de ses ennemis, la gloire de son maître et l'espérance de ses amis. »

C'est que lui, de son côté, aimait grandement cette reine Marguerite, qui lui rend ce bel hommage.

Un jour, dans un duel acharné qu'il avait avec le capitaine Page, officier du régiment de Lauscoue, tenant ce capitaine sous lui et prêt à le tuer pour accomplir le serment qu'il avait fait qu'il ne mourrait que de sa main, — celui-ci s'écria :

— Au nom de la personne du monde que vous aimez le mieux, je vous demande la vie!

La demande lui alla droit au cœur, et, levant à la fois le genou et l'épée :

— Va donc chercher par tout le monde, lui dit-il, la plus belle princesse et dame de l'univers, et te jette à ses pieds et la remercie, et dis-lui que Bussy t'a sauvé la vie pour l'amour d'elle.

Et le capitaine Page, sans demander quelle était cette belle dame et princesse, s'en alla droit à Marguerite de Valois, et, se mettant à genoux, la remercia de lui avoir sauvé la vie.

Aussi, comme elle aimait son brave Bussy, la belle reine ! Elle raconte dans ses Mémoires qu'un jour, lui vingtième, il affronta trois cents hommes et ne perdit qu'un ami, « encore, ajouta-t-elle, le brave Bussy avoit-il son bras en écharpe. »

Henri IV, qui semblait avoir pris son parti sur les équipées

---

1. Malgré sa science, notre belle reine Marguerite se trompe : la réponse n'est point d'une Romaine ; elle est de la femme d'Hiéron, tyran de Syracuse.

de sa femme, fut une fois, cependant, impitoyable pour elle, et ce fut à propos de Bussy. — Peut-être Henri IV, courageux par force morale, ne pouvait-il point pardonner à ce héros, courageux par tempérament, d'être mieux doué que lui par la nature.

Marguerite avait, pour la servir dans ses amours avec Bussy, une fille de qualité, dont elle avait fait non-seulement sa confidente, mais encore son agente : c'était Gilonne Goyon, fille de Jacques de Matignon, maréchal de France, et que l'on appelait familièrement *la Thorigny*. Le roi Charles IX, poussé par Henri IV, prit en haine la pauvre fille, et exigea son éloignement.

La Thorigny fut donc renvoyée, malgré les réclamations et les larmes de sa maîtresse, et elle se retira chez un de ses cousins nommé Chatelas.

De son côté, Bussy avait reçu l'ordre de quitter la cour. D'abord il refusa d'obéir; mais, sur les instances du duc d'Alençon, à qui il appartenait, il finit par se décider à cet exil.

Ce fut une grande tristesse pour Marguerite, et qui rejaillit sur Henri IV. Voyez plutôt ce qu'en dit la reine de Navarre dans ses Mémoires :

« Bannissant toute prudence de moi, je m'abandonnai à l'ennui, et je ne pus plus me forcer à rechercher le roi mon mari ; de sorte que nous n'habitions plus et ne parlions plus ensemble. »

Par bonheur, cet état de contrainte ne dura pas longtemps.

Le 15 septembre 1575, le duc d'Alençon s'évada de la cour, et, quelque temps après, le roi de Navarre, prétextant une chasse du côté de Senlis, eut le bonheur d'en faire autant.

Le roi Henri III — c'était le roi Henri III, revenu de Pologne à la mort de Charles IX, qui régnait alors, — le roi Henri III fut furieux. Il chercha sur qui faire tomber sa colère.

La pauvre Thorigny se trouvait sous sa main. Il prétendit — s'appuyant sur je ne sais quelle raison — que la jeune fille avait aidé cette double fuite, et envoya des hommes à la maison de Chatelas avec ordre de noyer la coupable dans une rivière qui coulait à quelques centaines de pas de cette maison. C'en était fait de la malheureuse ; les cavaliers, après s'être emparés du château, s'étaient emparés d'elle, et la liaient sur le cheval qui devait l'emporter, lorsque deux officiers du duc d'Alençon, la Ferté et Aventigny, qui allaient rejoindre le prince, rencontrèrent les valets de Chatelas, alarmés et fuyants. Ceux-ci leur racontèrent tout, et les officiers coururent aussitôt à toute bride, avec leurs gens, dans la direction qu'on leur indiquait, et ils arrivèrent au moment où la Thorigny, déjà descendue de cheval, était emportée vers la berge de la rivière.

Il va sans dire qu'elle fut sauvée.

Ce n'était point sans raison que le successeur de Charles IX en voulait à Henri de Béarn.

Il s'était passé, lors de la mort de Charles IX, une chose étrange et qui avait laissé une profonde impression à la cour.

— Allez-moi chercher mon frère, avait dit Charles IX mourant.

La reine mère lui envoie chercher M. d'Alençon.

Charles IX jette un regard de côté sur lui ; — un de ces regards à la Charles IX.

— J'ai demandé mon frère, dit-il.

— N'est-ce donc pas moi qui suis votre frère ?

— Non, répond Charles IX ; mon frère, celui que j'aime et qui m'aime, c'est Henri de Béarn.

Force fut d'envoyer chercher celui que demandait le roi.

Catherine ordonna de le faire passer par la voûte où étaient les arquebusiers. Le Béarnais eut grand'peur; mais on le pousse en avant : il entre dans la chambre du roi qui lui tend les bras. — Nous avons dit la facilité de larmes de Henri, il se jette sur le lit en sanglotant.

— Vous avez raison de me pleurer, lui dit Charles, car vous perdez un bon ami. — Si j'avais cru ce que l'on disait, vous ne seriez plus en vie; mais je vous ai toujours aimé. Ne vous fiez pas à...

La reine mère l'interrompit.

— Ne dites pas cela, monsieur.

— Madame, je le dis, car c'est la vérité. — Croyez-moi, mon frère aimé, je me fie en vous seul, de ma femme et de ma fille. Priez le Seigneur pour moi. Adieu.

Celui auquel Henri de Béarn ne devait pas se fier, c'était Henri de Valois.

Aussi, sauvé des mains de Henri de Valois, Henri de Béarn courut-il tout d'une traite jusqu'en Guyenne.

Une fois arrivé en Guyenne, Henri, qui était parti sans prévenir sa femme et sans lui dire adieu, lui écrivit, dit l'auteur des *Mémoires historiques et critiques*, une lettre *fort honnête*, où il lui demandait le secours de son crédit près du roi, et des nouvelles de la cour, afin de régler ses démarches sur ce qu'elles lui apprendraient.

La bonne reine Marguerite pardonna tout et arrangea les affaires de son frère le duc d'Alençon et de son mari le roi de Navarre, tout en faisant assassiner, à ce que l'on assure, son ennemi du Guast. — L'accusation est dure; mais la chose n'était point rare à cette époque, et l'assassinat, comme on dit aujourd'hui, était très-bien porté.

Voici, au reste, ce que Marguerite dit de ce du Guast dans ses Mémoires :

« Le Guast étoit mort, ayant été tué *par un jugement de Dieu*, lorsqu'il suoit une diète. Comme aussi c'étoit un corps gâté de toute sorte de vilenies qui fut donné à la pourriture qui dès longtemps le possédoit, et son âme au démon, à qui il en avoit fait hommage par magie et toute sorte de méchancetés... »

S'il faut en croire Brantôme, *ce du Guast était l'homme le plus accompli de son temps*. Il est vrai que du Guast était le favori de Henri III, et que Brantôme, la flatterie incarnée, flattait le favori même au delà de la mort ; le roi ne vivait-il pas ?

Du Guast fut tué quelques jours après le départ de Henri IV, dans sa maison, pendant qu'il était malade, par Guillaume Duprat, baron de Viteaux.

Desportes, l'auteur de la charmante villanelle *Rosette pour un peu d'absence*, que chantait M. le duc de Guise cinq minutes avant d'être tué, a fait sur cet assassinat de du Guast un assez beau sonnet qui finit par ces trois vers :

> Enfin, la nuit, au lit, faible et mal disposé,
> Se vit meurtrir de ceux qui n'eussent pas osé
> En plein jour seulement regarder son visage.

Soit retour vers son mari, soit crainte d'être broyée entre les débats politiques, Marguerite, au grand étonnement de tout le monde, demanda à aller rejoindre Henri en Guyenne ; ce qui lui fut refusé par le roi, sous le prétexte qu'il ne voulait point que sa sœur vécût avec un hérétique.

Enfin, la reine mère, ayant décidé qu'elle irait elle-même

en Guyenne pour négocier avec Henri, Marguerite obtint de l'accompagner dans ce voyage.

Mais, sans doute, la reine mère ne comptait point assez sur les séductions de sa fille, si séduisante que fût sa fille, car elle emmena avec elle ce qu'elle appelait son escadron volant, escadron des plus jolies filles du royaume, et dont l'effectif, au dire de Brantôme, montait parfois au nombre de trois cents.

C'était un puissant moyen de séduction pour la reine Catherine de Médicis, que ce fameux escadron volant dont il est parlé dans les mémoires et pamphlets du temps.

En effet, Alexandre a bien résisté à la femme et aux filles de Darius; Scipion, à cette belle Espagnole fiancée d'Allutius et dont l'histoire a oublié de nous conserver le nom; Octave a bien résisté à Cléopâtre, et Napoléon à la belle reine Louise de Prusse. Mais le moyen qu'un homme, fût-il général, roi ou empereur, résiste à un escadron de trois cents femmes plus belles et plus séduisantes les unes que les autres, commandées par un capitaine tel que Catherine de Médicis?

Certes, un homme du tempérament de Henri IV, dont la principale vertu n'était pas la continence, devait succomber.

Il succomba.

La belle Dayelle eut les honneurs du triomphe.

C'était une Grecque de l'île de Chypre, laquelle île a, voilà tantôt trois mille ans, donné son nom de *Cypris* à Vénus. Tout enfant, elle avait joué sur les ruines d'Amathonte, de Paphos et d'Idalie, et, quand la ville, en 1571, avait été prise et mise à sac par les Turcs, elle s'était heureusement sauvée sur une galère vénitienne. Recommandée à la cour de Catherine, celle-ci l'avait trouvée d'une merveilleuse beauté, et, jugeant que cette beauté pourrait la servir, l'avait engagée dans son escadron volant.

« Elle et madame de Sauve, dit d'Aubigné, furent les deux jolies et adroites personnes que la reine mère employa pour amuser Henri IV, au voyage qu'elle fit en Gascogne en 1578. »

Par bonheur pour les affaires des huguenots, Marguerite, qui protégeait toujours son mari, même au milieu des infidélités dont elle l'accablait, — par bonheur, disons-nous, Marguerite se chargea de faire le contre-poids de cette passion de Henri pour la belle Grecque : elle séduisit le conseiller Pibrac, tout chaud à cette époque de la célébrité que lui avaient donnée ses quatrains moraux, qui venaient d'être imprimés quatre ans auparavant.

C'était un homme fort important que messire Guy du Faure, seigneur de Pibrac, qui avait représenté la France au concile de Trente avec le titre de juge mage, et qui, y ayant défendu les libertés de l'Église gallicane, avait été fait avocat général, puis conseiller d'État, puis avait suivi Henri III en Pologne, et était revenu de Pologne avec lui, et, envoyé par lui, venait — après avoir défendu, comme nous l'avons dit, les libertés de l'Église gallicane au concile de Trente — défendre les intérêts des catholiques aux conférences de Nérac.

Marguerite n'oublia point les services rendus à son mari par le brave conseiller. Elle le fit plus tard président à mortier, et son chancelier et celui du duc d'Alençon.

C'est dans l'histoire, et non dans cette chronique, qu'il faut aller chercher les résultats des conférences de Nérac, les articles du traité et l'influence que ce traité eut sur les affaires du temps. On sait que nous avons mission de nous occuper de tout autre chose.

Le traité signé, les conférences fermées, la reine mère

passa en Languedoc, et la cour du roi de Navarre se rendit à Pau en Béarn.

Nous avons donné, ou à peu près, la liste des amants de Marguerite. Essayons de donner la liste des maîtresses de Henri IV.

De son séjour en Béarn, antérieur à son mariage, on n'a souvenir que d'une amourette de petite fille et de jeune homme. Tout le monde connaît le nom de Fleurette, sans savoir d'elle autre chose, sinon qu'elle était la fille d'un jardinier de Nérac, que Henri de Béarn l'aima, et qu'elle aima Henri de Béarn. Rien de positif ni d'authentique dans cet amour, pas même le nom de l'héroïne.

« FLEURETTE, dit l'auteur des *Anecdotes des reines et régentes de France*, nom *vrai* ou *imaginé* de la fille du jardinier du château de Nérac, assez jolie pour amuser le roi de Navarre. »

Puis vient mademoiselle de Tignonville, fille de Laurent de Montuan. Celle-là fut, non pas la maîtresse, mais l'amante du roi de Navarre. Les résistances étaient rares dans ce beau temps où l'amour était la troisième religion, si elle n'était pas la première. Consignons celle-là; elle est, d'ailleurs, plus authentique que l'histoire de Fleurette. C'est Sully et d'Aubigné qui en font foi.

« Le roi de Navarre, dit Sully, s'en alla en Béarn, sous prétexte de voir sa sœur. Mais, en effet, on croit qu'il y étoit attiré par la jeune Tignonville, dont il faisoit lors l'amoureux. Elle résista fermement aux attaques du roi de Navarre, et ce prince, qui s'enflammoit en proportion des obstacles qu'il trouvoit au succès, employa près de la jeune Tignonville toutes les ressources d'un amant passionné. »

Quelles étaient ces ressources d'un amant passionné ?

D'Aubigné va nous le dire; c'est lui-même qui parle :

« Sur ce point, étant commencés les amours du jeune roi et de la jeune Tignonville, qui, tant qu'elle fut fille, résista vertueusement, le roi voulut y employer d'Aubigné, ayant posé pour chose sûre que rien ne lui étoit impossible; mais celui-ci, assez vicieux en grandes choses, et qui peut-être n'eût point refusé ce service par caprice à un sien compagnon, se *révolta* tellement contre le nom qu'on lui vouloit faire prendre, et l'emploi qu'on lui vouloit donner, que les caresses démesurées de son maître, ou ses infinies supplications jusqu'à joindre les mains devant lui à genoux, ne le purent émouvoir. »

Voilà donc le roi de Navarre repoussé et obligé d'en revenir à madame de Sauve.

C'était, au reste, un charmant pis aller.

Charlotte de Beaune de Semblançay, dame de Sauve, était non-seulement une des plus belles, mais encore une des plus séduisantes créatures de la cour, et il ne faut pas, sur ce point, croire ce que dit d'elle, dans ses Mémoires, la reine Marguerite, dont elle fut deux fois la rivale : une fois dans ses amours avec le duc d'Alençon, une autre fois dans ses amours avec Henri de Navarre. — Elle était petite-fille du malheureux Semblançay, exécuté sous François Ier, et tenait son charmant nom de *dame de Sauve* de Simon de Fizes, baron de Sauve, son mari.

Elle n'eut point l'idée de résister comme la jeune Tignonville : la résistance n'était pas dans les habitudes de cette belle personne; elle fut la maîtresse déclarée du roi de Navarre pendant que celui-ci était consigné au Louvre avec le duc d'Alençon, et son amour fit passer plus rapides les heures de prison du captif, et même, assure-t-on, des deux captifs.

Il paraît que cette médisance n'est pas tout à fait une calomnie, car voici ce que l'on trouve écrit de la main de Henri IV, dans les Mémoires de Sully :

« Nos premières haines (avec M. d'Alençon) commencèrent dès lors que nous étions tous deux prisonniers à la cour, et que, ne sachant à quoi nous divertir, parce que nous ne sortions pas souvent et n'avions d'autre exercice que faire voler des cailles dans ma chambre, nous nous amusions à caresser les dames ; en sorte qu'étant devenus tous deux amoureux d'une même beauté, qui étoit madame de Sauve, elle me témoignoit de la bonne volonté et le rabrouoit et le méprisoit devant moi, ce qui le faisoit enrager. »

Leur haine devint telle qu'ils furent sur le point de s'égorger dans un duel sans témoins ; ce qui eût bien pu arriver si, tout prudent, nous l'avons dit, qu'était Henri IV, le duc d'Alençon n'eût été encore plus prudent que lui.

Cette haine produisit un singulier effet : c'est que, horriblement jaloux l'un et l'autre, ils cessèrent complétement de l'être des étrangers.

« De sorte, dit Marguerite dans ses Mémoires, de sorte que, quoique la dame de Sauve fût aimée du duc de Guise, de du Guast, de Souvray et de plusieurs autres, tous plus aimés que le roi de Navarre et le duc d'Alençon, ceux-ci n'y pensoient point et ne craignoient que la préférence que l'un pouvoit avoir sur l'autre. »

Henri en était au plus fort de cet amour quand il se sauva du Louvre ; soit influence de madame de Sauve, soit crainte de trahison, il partit même sans prévenir sa femme. Il eût bien voulu au moins enlever sa maîtresse, mais ce fut chose impossible.

« La belle Dayelle vint apporter un instant de diversion

dans le cœur du roi, dit Marguerite, étant éloignée de sa Circé, dont les charmes avoient perdu leur force par l'éloignement. Mais la belle Dayelle ayant suivi la reine mère, la correspondance se renoua, et ce fut la dame de Sauve qui, à son tour, prit la fuite de Paris pour venir rejoindre le roi à Pau. »

Par malheur, elle avait tardé, et, dans un voyage que le roi avait fait à Agen, il était devenu amoureux de Catherine du Luc. C'était la plus belle fille de la ville, et sa beauté fut pour elle un sujet de misère. Henri IV en eut une fille; mais, les événements l'ayant séparé d'elle, et Henri IV ayant oublié cette aventure, la mère et l'enfant moururent de faim.

Ah! c'était un amant, un ami, un roi fort oublieux que Henri IV, et — d'Aubigné en sait quelque chose — fort avare, en outre.

Le roi le chargea, vers ce temps, d'une mission en Gascogne. D'Aubigné voulut y paraître en véritable seigneur qu'il était : il y mangea sept ou huit mille livres de son patrimoine. A son retour, il s'attendait bien, si avare que fût son maître, à être remboursé et récompensé; mais, pour toute gratification, Henri IV lui donna son portrait.

D'Aubigné, au bas du portrait, écrivit ces quatre vers :

> Ce prince est d'étrange nature;
> Je ne sais qui diable l'a fait!
> Car il récompense en peinture
> Ceux qui le servent en effet.

En quittant Agen, Henri IV y avait oublié non-seulement la pauvre Catherine du Luc, mais encore, dit d'Aubigné,

« un grand épagneul nommé *Citron*, qui avait accoutumé de coucher sur les pieds du roi (et souvent entre Frontenac et d'Aubigné); — cette pauvre bête, qui mouroit de faim, lui vint faire chère, de quoi esmu, il la mit en pension chez une femme, et lui fit coudre sur son collier le sonnet suivant :

> Le fidèle Citron, qui couchait autrefois
> Sur votre lit sacré, couche ores sur la dure;
> C'est le fidèle chien qui apprit de nature
> De faire des amis et des traîtres le choix.
>
> C'est lui qui les brigands effrayoit de sa voix,
> Des dents qui meurtrissoit. D'où vient donc qu'il endure
> La faim, le froid, les coups, les dédains et l'injure,
> Payement coutumier du service des rois?
>
> Sa fierté, sa beauté, sa jeunesse agréable
> Le fit chérir de tous, mais il fut redoutable
> A vos haineux, aux siens pour sa dextérité.
>
> Courtisans qui jetez vos dédaigneuses vues
> Sur ce chien délaissé, mort de faim par les rues,
> Attendez ce loyer de la fidélité !

Par bonheur pour le pauvre Citron, Henri passait le lendemain à Agen; on le mena au roi, « qui pâlit, dit d'Aubigné, en lisant cet écrit. »

Il est probable que cette pâleur assura une rente viagère à Citron. D'Aubigné n'en dit pas davantage sur lui.

Henri IV s'habitua peu à peu à ce genre de reproche, et, après avoir pâli, ne se donna plus même la peine de rougir pour si peu. — Il est vrai que c'était quelques années après qu'arriva l'anecdote que nous allons raconter.

« Une nuit, dit d'Aubigné, me trouvant couché dans la garde-robe de mon maître avec le sieur de la Force, — ce même Caumont qui avait échappé miraculeusement à la Saint-Barthélemy, dont Voltaire a écrit l'aventure en si mauvais vers, et qui mourut maréchal de France, en 1652, âgé de quatre-vingt-treize ans, — une nuit, dit d'Aubigné, me trouvant couché dans la garde-robe de mon maître avec le sieur de la Force, je lui dis à plusieurs reprises : « La Force, notre » maître, est un ladre vert et le plus ingrat mortel qu'il y ait » sur la face de la terre. » Et lui, qui était moitié endormi, demanda : « Que dis-tu, d'Aubigné ? » Le roi, qui avait entendu le dialogue, répondit pour lui : « Il dit que je suis un » ladre vert et le plus ingrat mortel qu'il y ait sur la terre... » Que vous avez donc le sommeil dur, la Force ! » De quoi, ajoute d'Aubigné parlant de lui-même, de quoi l'écuyer resta un peu confus. Mais son maître ne lui fit point pour cela plus mauvais visage le lendemain, mais aussi ne lui en donna point un quart d'écu d'avantage. »

Voilà un coin du caractère de Henri IV peint de main de maître. — Merci, d'Aubigné!

L'histoire privée et même politique de Henri IV est l'énumération de ses amours et de ses amitiés ; seulement, on le trouve constamment ingrat en amitié, volage en amour.

A Catherine du Luc succéda la femme de Pierre Martinus, que, du nom de son mari, on appelait *Martine*. Son nom, la complaisance de son mari et une grande réputation de beauté qui avait rendu amoureux d'elle le chancelier de Navarre Dufay, voilà tout ce qui reste d'elle.

Puis vint Anne de Balzac, fille de Jean de Balzac, seigneur de Montaigu, surintendant de la maison de Condé. Elle épousa François de l'Isle, seigneur de Treigny ; mais la chronique scandaleuse se contente de la désigner sous le nom de *la Montaigu*.

Puis Arnaudine, sur laquelle on trouvera d'assez singuliers renseignements à la page 129 du tome premier de la *Confession de Sancy*.

Puis la demoiselle de Rebours, fille d'un président de Calais. Celle-ci est fort maltraitée par Marguerite. Il est vrai que ses amours eurent lieu avec le roi pendant la présence de Marguerite à Pau.

« C'était, dit la reine de Navarre, une fille malicieuse, qui ne m'aimait point, me faisant tous les jours les plus mauvais offices qu'elle pouvait. »

Mais le règne de Rebours ne fut pas long. Le roi et la cour quittèrent Pau, où la pauvre fille tomba malade et, demeurée souffrante, fut obligée de rester.

Délaissée, elle mourut à Chenonceaux.

« Cette fille venant d'être fort malade, dit Brantôme, la reine Marguerite la visita, et qu'ainsi qu'elle voulut rendre l'âme, l'admonesta et puis dit : « Cette pauvre fille endure » beaucoup ; mais aussi a-t-elle fait bien du mal ! »

Ce fut son oraison funèbre.

Françoise de Montmorency-Fosseux, plus connue sous le nom de la *belle Fosseuse*, lui succéda.

Il faut voir, dans les Mémoires de Marguerite, la peinture faite par elle de cette charmante petite cour de Nérac ; c'est à en faire venir l'eau à la bouche des plus dégoûtés. Elle était composée de tout ce qu'il y avait de plus beau et de plus galant dans le Midi. Marguerite de Navarre et Catherine, sœur de Henri IV, en étaient les reines. C'était un singulier mélange de catholiques et de protestants ; mais, pour le moment, il y avait trêve aux guerres de religion. Les uns allaient au prêche avec le roi de Navarre, les autres à la messe avec Marguerite, et, comme le temple était séparé de l'église par une promenade charmante en manière de bosquets, on se rejoignait dans de délicieuses allées de myrtes et de lauriers, sous des massifs de chênes verts et d'arbousiers, et, une fois là, on oubliait le prêche et la messe, Luther et le pape, et l'on sacrifiait, comme on disait alors, au seul dieu d'amour.

La belle Fosseuse sacrifia tant et si bien, qu'elle se trouva enceinte.

Par bonheur, Marguerite, fort occupée du vicomte de Turenne, s'inquiétait assez peu de ce que faisait son mari.

Cependant l'affaire était embarrassante. Fosseuse faisait partie des dames de la reine; or, toutes les dames de la reine couchaient dans ce qu'on appelait la chambre des filles.

Enfin, les deux amoureux s'en tirèrent, grâce à une complaisance de la bonne Marguerite. Laissons-la raconter elle-même l'aventure.

« Le mal lui prit un matin, au point du jour, étant couchée en la chambre des filles. Elle envoya quérir mon médecin, et le pria d'aller avertir le roi mon mari; ce qu'il fit. Nous étions toutes couchées en une même chambre, en divers lits, ainsi que nous étions accoutumées. Comme le médecin lui dit cette nouvelle, il se trouva fort en peine, ne sachant que faire, craignant d'un côté qu'elle ne fût découverte, de l'autre qu'elle ne fût mal secourue, car il l'aimoit fort. Il se résolut enfin de m'avouer tout, et me pria de l'aller secourir, sachant bien que, quoi qu'il se fût passé, il me trouveroit toujours prête à le servir en ce qu'il lui plairoit. Il ouvre mon rideau et me dit : « Ma mie, je vous ai celé une chose qu'il faut que » je vous avoue: je vous prie de m'en excuser, mais obligez-

» moi tant que de vous lever tout à cette heure, et allez se-
» courir Fosseuse, qui est fort mal. Vous savez combien je
» l'aime ; je vous prie, obligez-moi en cela. »

Et Marguerite se leva et secourut la pauvre Fosseuse, laquelle accoucha d'une petite fille qui arriva morte, tant sa mère s'était serrée pour dissimuler son état.

Aussitôt l'accouchement opéré, on reporta la malade dans la chambre des filles. Henri espérait ainsi qu'on ne se douterait de rien.

Il va sans dire qu'on s'en douta si peu que, le même jour, tout Nérac sut la nouvelle.

Les amours de Henri avec Fosseuse durèrent cinq ans, après lesquels ils se quittèrent tous deux d'un commun accord : Henri pour devenir amoureux de la comtesse de Guiche ; Fosseuse pour épouser François de Broc, seigneur de Saint-Mars.

Dès lors, la belle Fosseuse s'enfonce et disparaît dans la nuit du mariage, presque aussi épaisse pour elle que celle de la mort, puisqu'on ignore, à partir de ce moment, où elle vit et où elle meurt.

Mais, avant d'en arriver à la belle comtesse de Guiche, plus connue sous le nom de Corisande, disons encore quelques mots de Marguerite.

Cette bonne intelligence des deux époux, que n'avait pu troubler la publicité de leurs amours respectifs, s'obscurcit à l'endroit des matières religieuses.

La cour était à Pau, ville presque entièrement protestante. Il en résultait que les deux religions n'avaient plus, comme à Nérac, ville neutre, chacune son temple. Tout ce que l'on permit à Marguerite fut de faire dire la messe au château, dans une petite chapelle qui contenait à peine six ou sept personnes. Les rares catholiques de la ville espéraient, du moins, pouvoir assister par fractions à la messe ; mais à peine la reine était-elle dans l'église qu'un nommé Le Pin, zélé huguenot, intendant du roi de Navarre, faisait lever le pont. Cependant, le jour de la Pentecôte de l'an 1579, quelques catholiques parvinrent à se glisser dans la chapelle, et, par cette pieuse maraude de la parole céleste, à entendre la messe. Les huguenots, au pouvoir, sont non moins persécuteurs que les catholiques, témoin le bûcher du pauvre Servet à Genève. Les huguenots les découvrirent, informèrent Le Pin de cette infraction à ses ordres, et, en présence même de la reine, on entra dans la chapelle, on arrêta les catholiques, et on les conduisit, en les maltraitant, à la prison de la ville.

Marguerite s'en plaignit au roi son mari.

Le Pin intervint et parla avec une hauteur que la reine traita d'insolence, et que le roi se contenta de qualifier d'indiscrétion. Mais la reine, qui connaissait sa force, insista, exigeant que les prisonniers catholiques fussent mis en liberté. Le Pin l'avait insultée : elle exigea que Le Pin fût chassé.

Henri, après s'être bien débattu, fut obligé de lui donner satisfaction sur ces deux points ; mais, de cette exigence, il prit contre sa femme ce profond ressentiment qui dicta plus tard à d'Aubigné le *Divorce satirique*, et, de l'indifférence où ils vivaient, ils passèrent à la désunion la plus marquée.

La reine se retira à Nérac, et, comme, depuis 1577, les hostilités avaient recommencé, elle obtint que Nérac fût traitée en ville neutre par les catholiques et les protestants, et qu'à trois lieues aux environs il ne fût fait aucun acte d'hostilité, mais à la condition que le roi de Navarre ne s'y trouvât point.

Par malheur, une intrigue amoureuse du roi le conduisit à Nérac. Biron le sut, et, au moment où il faisait attaquer la suite du roi, un boulet de canon vint frapper la muraille à quelques pieds au-dessous du parapet d'où Marguerite regardait l'engagement.

Marguerite ne pardonna jamais cette *inconvenance* à Biron.

Cette *septième* guerre civile fatiguait Henri III au delà de toute expression. C'était peut-être, de tous les rois fainéants que compte la France, — et le nombre en est grand ! — celui qui désirait le plus le repos. Ce fut, comme par une punition anticipée de ses étranges défauts, celui peut-être dont le règne fut le plus agité.

Enfin, il avisa que rien n'irait bien que si Henri et d'Alençon étaient prisonniers de nouveau, ou, qui sait? même morts tout à fait. Il pensa que le moyen de les attirer à Paris était d'y appeler Marguerite. On fit une de ces paix plâtrées, comme savait si bien en faire la reine mère, et Henri III écrivit à sa sœur de revenir à la cour.

Le duc d'Alençon reparut au Louvre; mais, quelques instances que l'on fit au roi de Navarre, on ne put le déterminer à quitter son royaume.

Arrêter ou tuer d'Alençon, ce n'était faire que la moitié de la besogne, et le reste en devenait plus difficile.

Henri III se contenta de rager et de se manger les poings en voyant que le renard ne voulait point à toute force tomber dans le piége.

Mais il ne lui manquait qu'une occasion et qu'une victime : l'une et l'autre se présentèrent.

Joyeuse, le plus cher favori de Henri III, était en mission à Rome. Henri III lui envoya un courrier. Ce courrier était porteur d'une lettre importante et contenant quelques-uns de ces secrets politiques et privés que nous révèlent l'*Ile des Hermaphrodites* et les autres pamphlets du temps.

Le courrier fut assassiné et la dépêche soustraite.

Henri III soupçonna sa sœur et entra dans une rage féroce contre elle. Il l'attaqua en pleine cour, lui reprocha tout haut les désordres de sa vie, lui nomma ses amants, lui raconta ses anecdotes les plus secrètes, de manière à faire croire qu'il était caché dans son alcôve, et finit par lui ordonner de sortir de Paris et de délivrer la cour *de sa présence contagieuse.*

Dès le lendemain, soit que la reine de Navarre eût hâte de quitter le palais où une pareille insulte lui avait été faite, soit qu'elle voulût purement et simplement obéir à l'ordre donné par son frère, elle quitta Paris sans suite, sans équipage et même sans domestique, n'ayant avec elle que le service d'une simple dame, c'est-à-dire deux femmes. Il est vrai que ces deux femmes étaient madame de Duras et mademoiselle de Béthune.

Apparemment, le roi pensa que c'était trop encore pour une princesse qu'il traitait avec cette indignité.

Entre Saint-Clair et Palaiseau, un capitaine des gardes nommé Solern, accompagné d'une troupe d'arquebusiers, fit arrêter la litière de la reine, força celle-ci à se démasquer, souffleta madame de Duras et mademoiselle de Béthune et les conduisit toutes deux prisonnières à l'abbaye de Ferrières, près de Montargis, où elles subirent un interrogatoire des plus injurieux pour la vertu de la reine.

Mézerai et Varillas ajoutent même qu'à cet interrogatoire le roi était présent; mais sans doute, après réflexion, et sa colère calmée, Henri III songea à l'énormité du fait qui venait de s'accomplir, et il écrivit le premier à Henri de Béarn, voulant que le roi de Navarre ne tînt la chose que de lui.

Le roi était à la chasse aux environs de Sainte-Foix quand il vit arriver un valet de la garde-robe de Henri III, qui lui remit une lettre toute de la main de son maître.

Celui-ci disait que, « pour avoir découvert la mauvaise et scandaleuse vie de madame de Duras et de mademoiselle de Béthune, il s'était résolu à les chasser d'auprès de la reine de Navarre, comme une vermine très-pernicieuse et non supportable auprès d'une princesse de tel lieu. »

Mais de la manière dont il les avait chassées, mais de l'injure faite à la reine de Navarre, il ne disait pas un seul mot.

Henri sourit comme il avait l'habitude de sourire en pareille circonstance, ordonna que l'on fît grande chère à l'envoyé du roi, et, se doutant qu'il s'était passé quelque chose d'extraordinaire, attendit de nouveaux renseignements.

Les renseignements ne tardèrent pas à arriver. Ce fut une lettre de la reine de Navarre.

Elle lui racontait l'événement dans des détails qui flairaient la vérité autant que la lettre de Henri III flairait le mensonge.

Le roi de Navarre expédia aussitôt Duplessis-Mornay à la cour de France, pour supplier, en son nom, Henri III de lui déclarer la cause des insultes faites à la reine Marguerite et à ses femmes, et de lui indiquer, *comme bon maître*, ce qu'il avait à faire.

Henri III biaisa, et l'on n'obtint aucune satisfaction.

Marguerite continua, en conséquence, sa route vers Nérac, aux portes de laquelle son mari vint la recevoir.

Mais la conduite de Marguerite de Navarre avait ajouté de nouvelles fautes aux anciens griefs que son mari avait déjà à lui reprocher, et, à la suite d'une dispute dans laquelle Henri l'accusa d'avoir eu un enfant de Jacques Chevalon, Marguerite se retira à Agen, ville qui lui appartenait, lui ayant été donnée en dot.

Ce qu'il y avait de pis, c'est que l'enfant existait réellement : ce fils, que Bassompierre appelle le père *Archange*, et Dupleix le père *Ange*, se fit plus tard capucin, devint directeur de la marquise de Verneuil et fut l'un des agents les plus acharnés de cette conspiration où Henri IV faillit laisser la vie, et où le comte d'Auvergne et d'Entragues furent condamnés à mort.

Il va sans dire que Henri IV les gracia.

III

Sur ces entrefaites, le duc d'Alençon mourut subitement à Château-Thierry.

Personne ne douta qu'il n'eût été empoisonné.

Pourquoi ne pas croire qu'il mourut tout simplement de la maladie dont étaient morts François II et Charles IX, dont étaient morts leur grand-père paternel, François I*er*, et leur grand-père maternel, Laurent II de Médicis?

La maladie rapportée d'Amérique par Christophe Colomb a causé de grands malheurs sans doute; mais on lui doit une certaine reconnaissance cependant, quand on songe qu'elle nous a débarrassés des Valois.

Le duc d'Alençon, à propos de la mort duquel nous faisons cette digression, en était tellement atteint, même dans le ventre de sa mère, qu'il vint au monde comme les chiens anglais, avec deux nez.

Henri III n'y échappa que parce que, selon toute probabilité, il était le fils du cardinal de Lorraine.

Le cardinal de Lorraine fut cruellement puni de sa double infraction aux lois de l'Église et de la société.

Son fils le fit tuer à Blois, avec son frère le duc de Guise, le 24 décembre 1588.

Revenons à nos moutons, dont cette petite digression médico-historique nous a éloigné.

La guerre recommença de plus belle.

Cette fois, Henri de Navarre avait double guerre : guerre contre son beau-frère Henri III, guerre contre la reine Marguerite.

Celle-ci s'était retirée dans sa bonne ville d'Agen, comme nous avons dit; mais sa conduite, plus que légère, la fit mépriser des habitants, tandis qu'en même temps ses extorsions la rendaient odieuse.

Les Agenois adressèrent directement des messagers au roi de Navarre, le priant d'envoyer quelques capitaines pour prendre leur ville, et ajoutant qu'ils donneraient bien volontiers les mains à cette prise.

Henri alors envoya M. de Matignon, et la ville fut prise et forcée si lestement, que la reine de Navarre n'eut que le temps de monter en croupe derrière un gentilhomme nommé Lignerac, madame de Duras derrière un autre, et de se sauver en toute hâte. On fit ainsi vingt-quatre lieues de pays en deux jours; puis on se retira à Carlat, forteresse des montagnes d'Auvergne, où Mascé, frère de Lignerac, offrit, en sa qualité de gouverneur, un asile à la reine.

Elle était, en ce moment, poursuivie à la fois par son frère et par son mari.

Les habitants de Carlat — qui n'avaient pas pour elle de meilleurs sentiments que n'en avaient eu ceux d'Agen — résolurent de la livrer à son mari.

Par bonheur, elle apprit le complot à temps, et se sauva.

En se sauvant, elle tomba aux mains du marquis de

Canillac, qui la conduisit au château d'Usson, près la rivière d'Allier, à six lieues de Clermont. Canillac était jeune, Marguerite était toujours belle, et ce fut, au bout de huit jours, Canillac qui fut prisonnier de sa prisonnière.

Cependant, pour avoir fait Canillac prisonnier, Marguerite n'était point libre; sa cage s'était agrandie, voilà tout, et les limites de sa liberté étaient les murailles de la forteresse.

La place était imprenable, mais Marguerite n'en pouvait sortir, et elle y resta vingt ans, c'est-à-dire de 1585 à 1605, époque où elle reparut à la cour.

Laissons-la donc à Usson, et suivons dans ses nouvelles amours Henri de Béarn, qui s'approche tout doucement de l'époque où il deviendra Henri IV.

Nous avons dit que, dans la hiérarchie, ou, si l'on veut, dans la chronologie des amours de notre héros, la belle Corisande succéda à la belle Fosseuse.

Diane d'Andoins, vicomtesse de Louvigny, plus connue sous le nom de Corisande, avait épousé, très-jeune, Philibert de Grammont, comte de Guiche, grand-père de ce Grammont qui, par la plume de son beau-frère Hamilton, nous a laissé de si charmants Mémoires; à l'en croire même, il pourrait bien être petit-fils de Henri IV, car voici ce qu'il dit à ce sujet :

« Ah! que tu fais le mauvais plaisant! tu t'imagines que je ne connais pas les Méridor ni les Corisande, moi! Je ne sais peut-être pas qu'il n'a tenu qu'à mon père d'être fils de Henri IV? Le roi voulait à toute force le reconnaître, et le traître d'homme n'a jamais voulu y consentir. Vois un peu ce que ce serait que les Grammont sans ce beau travers : ils auraient le pas devant les César de Vendôme. Tu as beau rire, c'est l'Évangile. »

Cependant, selon toute probabilité, le chevalier de Grammont se vantait.

Henri IV avait bien vu Corisande une première fois en passant, lorsqu'il s'était échappé de la cour en 1576; mais il ne s'était point arrêté près d'elle assez longtemps pour que son commencement d'amour, si toutefois il existait un commencement d'amour, eût une suite quelconque.

Ce ne fut qu'en 1582 ou en 1583 qu'il la revit, c'est-à-dire deux ou trois ans après la mort du comte de Guiche, tué en 1580 au siége de la Fère. Force est donc au chevalier de Grammont de rester petit-fils du comte de Guiche, et non neveu de César de Vendôme.

Quant à la date de ce nouvel amour, Sully se charge de nous la donner.

« C'étoit, dit-il, en l'année 1583, époque où le roi de Navarre était au plus chaud de ses passions amoureuses pour la comtesse de Guiche. »

Quelques auteurs, défenseurs de la vertu de la belle Corisande, que compromettait si gratuitement son petit-fils le chevalier de Grammont, disent que cette vertu resta toujours pure; c'est possible, — tout est possible, — mais ce n'est point probable.

En tout cas, voici une lettre du Béarnais qui peut jeter quelque éclaircissement sur le fait en litige.

Nous n'en donnons, bien entendu, que les passages les plus compromettants:

« J'arrivai hier soir à Marans, où j'étois allé pour pourvoir à la sûreté de ce lieu. Ah! que je vous y souhaitois! c'est le lieu le plus selon votre humeur que j'aie jamais vu. Pour ce seul respect suis-je prêt à l'échanger... Il y a toute sorte d'oiseaux qui chantent de toute façon; de ceux de mer, je vous en envoie des plumes; des poissons, c'est une monstruosité que la grandeur et le prix : une grande carpe, trois sous, et cinq un brochet ! C'est un lieu de grand trafic, le tout par bateau; la terre très-pleine de blés et très-beaux. L'on y peut être très-plaisamment en paix et sûrement en guerre; l'on s'y peut réjouir avec ce que l'on aime et plaindre une absence. Je pars jeudi pour aller à Pons, où je serai plus près de vous, mais je n'y serai guère de séjour. Mon âme, tenez-moi en votre bonne grâce; croyez ma fidélité être blanche et hors de tache; il n'en fut jamais de pareille. Si cela vous porte contentement, vivez heureuse.

» HENRI. »

Ce fut à Mont-de-Marsan que la liaison se fit. La belle veuve demeurait là, et, tous les jours, s'il faut en croire d'Aubigné, « allait à la messe accompagnée d'Esprit, et la petite Lambert, d'un More, d'un Basque avec une robe verte, du magot Bertrand, d'un page anglais, d'un chien et d'un laquais. »

Fut-ce la beauté de la comtesse, fut-ce l'originalité de sa suite qui séduisit le roi? Le fait est qu'il en fut amoureux de passion.

A cette époque, Henri poursuivait son divorce, et il s'arrêtait à l'idée d'épouser chaque femme dont il s'amourachait. Il s'en fallut de peu qu'il n'épousât Gabrielle : la mort de celle-ci en détruisit le projet ; et il fit à madame d'Entragues une promesse de mariage que Sully déchira, comme nous le verrons plus tard.

Quant à son mariage avec la comtesse de Guiche, il s'en ouvrit à d'Aubigné : c'était vouloir se faire durement rembarrer. Celui-ci morigéna l'amoureux royal, et lui fit jurer sa foi de gentilhomme que, de deux ans, il n'aurait l'idée même d'épouser la belle Corisande.

Henri promit, se réservant, au bout de deux ans, de faire sur ce point ce que bon lui semblerait, et d'Aubigné fut tranquille. Il savait parfaitement ce que duraient d'ordinaire les amours du roi.

D'Aubigné se trompait sur la durée, mais non pas sur la violence de l'amour de celui qu'il appelait un ladre vert et le maître le plus ingrat qu'il y eût au monde.

Deux ans après, Henri était encore l'amant de Corisande, mais il ne parlait plus de l'épouser.

Il était au plus fort de sa passion quand il livra la bataille de Coutras, battit et tua Joyeuse.

Avant la bataille, et au moment de charger, il avait à ses côtés les deux fils du prince de Condé, son oncle, assassiné à Jarnac, l'un qui s'appelait le prince de Condé comme son père, l'autre le comte de Soissons.

La harangue du roi de Navarre fut courte.

Il tira son épée :

— Il n'est point besoin ici de longues paroles, dit-il. Vous êtes Bourbons, et, vive Dieu ! je vous prouverai que je suis votre aîné.

— Et nous, répondit Condé, nous vous montrerons que vous avez de bons cadets.

On sait le résultat de la bataille : la victoire fut complète : les deux Joyeuse y furent tués.

Le soir, on soupa au château de Coutras.

Les cadavres des deux Joyeuse étaient exposés nus, dans une salle basse. Quelqu'un osa plaisanter sur les deux braves gentilshommes qui avaient mieux aimé se faire tuer que de fuir.

— Silence, messieurs ! dit Henri avec sévérité, ce moment est celui des larmes, même pour les vainqueurs.

Puis, comme il fallait toujours, et dans quelque occasion que ce fût, qu'il eût de l'esprit, et surtout, en vrai Gascon, qu'il fit voit qu'il en avait :

« Sire, monseigneur et frère, écrivit-il à Henri III, remerciez Dieu : j'ai battu vos ennemis et votre armée. »

La bataille gagnée, que croyez-vous que va faire Henri IV ? Profiter de ses avantages pour opérer sa jonction avec l'armée protestante qu'il a levée en Allemagne des deniers que lui a fournis, en engageant ses biens, la belle Corisande ? — C'est ce que lui eussent conseillé d'Aubigné, Sully et Mornay ; mais lui ne les consulta point, et s'en garda bien.

Il prend les drapeaux ramassés sur le champ de bataille, et s'en vient en faire à la comtesse de Guiche un lit où il s'endort avec elle, tandis que le duc de Guise extermine son armée d'Allemagne. — Il est vrai qu'un an après, Henri III faisait, pour le remercier, assassiner, à Blois, le duc de Guise et le cardinal de Lorraine.

Il n'y a rien d'étonnant à ce que Henri de Navarre pensât à sa maîtresse au moment où il venait de vaincre.

On va voir qu'il y pensait même au moment de mourir.

Au mois de janvier 1589, le duc de Nevers assiégeait la Garnache, petite ville du bas Poitou. Henri accourut pour faire lever le siége ; le froid était violent : il descendit de cheval, s'échauffa, se refroidit, tomba malade le 9, et pensa trépasser le 13.

Le 15, il écrivait à la comtesse de Guiche :

« Yerre n'a pu être dépêché à cause de ma maladie, dont je m'en vois dehors, Dieu merci ! Vous entendrez bientôt parler de moi à d'aussi bonnes enseignes qu'à Niort. Je ne puis guère écrire. Certes, mon cœur, j'ai vu les cieux ouverts, mais je n'ai pas été assez homme de bien pour y entrer.

Dieu veut se servir de moi encore. En deux fois vingt-quatre heures, j'étois réduit à être tourné avec le linceul; je vous eusse fait pitié! Si ma crise avoit duré deux heures de plus, les vers auroient bien fait chère de moi. Sur ce point me vient arriver des nouvelles de Blois. Il étoit sorti de Paris deux mille cinq cents hommes pour secourir Orléans, menés par Saint-Pol. Les troupes du roi les ont taillés en pièces, de façon que l'on croit qu'Orléans sera pris dans douze jours.

» Je finis parce que je me trouve mal.

» Bonjour, mon âme! »

Par malheur pour la comtesse de Guiche, quelques jours après sa guérison, le roi de Navarre rencontra madame de Guercheville, et en devint amoureux.

La belle Corisande s'aperçut du changement qui s'opérait dans le cœur de son amant, par l'oubli dans lequel il la laissa tout à coup. Alors, elle lui envoya le marquis de Parabère, son cousin, pour savoir à quoi s'en tenir à l'endroit de ce silence. Henri, avec sa bonhomie ordinaire, confessa son nouvel amour; mais, connaissant ses torts, il refusa de les réparer, se hâtant d'ajouter toutefois que, si son *estime* et son *amitié* pouvaient satisfaire la comtesse de Guiche, elle n'aurait jamais lieu de se plaindre de lui.

La comtesse de Guiche connaissait Henri. Elle savait qu'une fois pareille déclaration faite, il n'y avait point à revenir là-dessus. Elle en prit donc son parti, et accepta cette estime et cette amitié que lui offrait le roi de Navarre, et qu'en effet celui-ci lui conserva toute sa vie.

Mais il arriva à Henri une chose étrange à propos de ce nouvel amour : c'est que l'infidèle amant de la comtesse de Guiche trouva dans madame de Guercheville la même résistance qu'il avait trouvée, quinze ans auparavant, dans mademoiselle de Tignonville.

Henri offrit le mariage, comme pourrait faire de nos jours un étudiant à une grisette qu'il veut séduire ; mais la marquise lui répondit qu'étant veuve d'un simple gentilhomme, elle savait n'avoir aucun droit de prétendre à un pareil honneur ; de sorte que Henri, voyant qu'il avait affaire à une place vraiment imprenable, y renonça ; et, voulant qu'il restât à madame de Guercheville un bon souvenir de cet amour qu'un roi avait eu pour elle, il la maria à Charles Duplessis, seigneur de Liancourt, comte de Beaumont, chevalier des ordres du roi, en lui disant :

— Puisque vous êtes vraiment dame d'honneur, vous le serez de la reine, quelle qu'elle soit, que je mettrai sur le trône par mon mariage.

Et, en effet, il tint parole : la marquise de Guercheville, devenue comtesse de Beaumont, fut la première dame d'honneur que le roi présenta à Marie de Médicis, devenue sa femme.

Tandis que madame de Guercheville faisait l'étonnement de ses contemporains en résistant au roi de Navarre, celui-ci prenait patience, grâce aux bontés qu'avait pour lui Charlotte des Essarts, comtesse de Romorantin.

Deux filles naquirent de cette intimité : l'une, Jeanne-Baptiste de Bourbon, légitimée par lettres du mois de mars 1608 ; l'autre, Marie-Henriette de Bourbon, qui mourut abbesse de Chelles, le 10 février 1629.

La première fut une femme remarquable. Nommée abbesse de Fontevrault en 1635, elle fit grand honneur à son ordre par son esprit, ses talents et sa fermeté ; elle obtint même un arrêt qui enjoignait aux prieurs de son ordre de lui donner le titre de *mère* en lui parlant et en lui écrivant. C'était un grand honneur que ce titre, à ce qu'il faut croire, et elle y tenait fort, à ce qu'il paraît; car, âgée de quatre-vingt-dix ans, comme elle était près de mourir, le prieur de Fontevrault, qui l'administrait, lui dit en lui présentant l'hostie :

— *Ma sœur*, acceptez le saint viatique.

Mais elle, le regardant en face :

— Dites *ma mère*, répondit-elle ; un arrêt vous l'ordonne !

Elle n'avait pas eu toujours autant à se louer des arrêts rendus à son endroit. Le président de Harlay, entre autres, en avait rendu un contre elle qui lui tenait si fort au cœur, que, furieuse, elle courut chez lui, l'injuria presque, et acheva son discours en lui disant :

— Ignorez-vous donc, monsieur, que je suis du sang de Henri IV ?

— Oh ! oui, oui, madame, vous en êtes, répondit le président, et du plus chaud même, du plus chaud !

Sa mère épousa en 1630, c'est-à-dire à l'âge de quarante et un ans, François de l'Hôpital [1], seigneur du Hallier, « qui la considéra, dit son historien, comme *veuve de prince*. »

Vous voyez, chers lecteurs, qu'il y a moyen de tout concilier, et que les gens qui s'arrêtent aux choses, au lieu de jeter tout simplement sur elles le manteau brodé des mots, sont de grands imbéciles.

A propos, nous avions oublié de dire qu'entre sa rupture avec Henri IV et son mariage avec François de l'Hôpital, elle avait eu six enfants du cardinal de Guise.

Elle mourut vers le mois de juin 1751, puisque, dans la

---

[1] Comte de Roshay.

lettre XXIV⁰ de sa *Muse historique*, Loret annonce sa mort en ces termes :

> Lundi, la Mort, d'un coup fatal,
> De madame de l'Hôpital
> Abrégea les jours et la vie,
> Sans pourtant qu'elle en eût envie ;
> Car le monde elle n'a quitté,
> Nonobstant son antiquité,
> Qu'avec extrême répugnance ;
> Et sa dernière doléance,
> Ce fut de dire : « Ah ! jour de Dieu,
> Faut-il que je m'en aille ! Adieu ! »
> Pour monsieur son mari qui reste,
> Après cette perte funeste,
> Au lieu de faire le pleureux,
> Il doit se trouver très-heureux ;
> Car, s'il veut encore une femme,
> Mainte mignonne et mainte dame,
> Et de grande condition,
> Sont à sa disposition...

Pendant la fleur des amours de Henri IV avec Charlotte des Essarts, des événements politiques de la plus haute importance, que nous consignerons en deux mots, s'accomplissaient.

Henri de Béarn et Henri de Valois s'étaient raccommodés.

— *La peur*, dit l'Écriture, *est le commencement de la sagesse*.

Henri de Valois avait eu peur en voyant son ennemi à trois lieues de lui et il lui avait fait des ouvertures.

Henri de Béarn n'avait eu garde de refuser cette paix que lui offrait le roi de France.

L'entrevue eut lieu près de Tours, au bord d'un ruisseau.

Huguenots et catholiques, qui combattaient depuis vingt ans, qui depuis vingt ans se faisaient une guerre d'extermination, se jetèrent dans les bras les uns des autres.

Dès lors, il n'y avait plus qu'une France.

La réconciliation des soldats avait précédé celle des chefs.

Un instant tout faillit être remis en question : les pestes de cour, les d'O, les Villeroy, les d'Entragues, qui avaient tout intérêt aux discordes royales, avaient, le premier pas fait en avant, fait faire à Henri III un pas en arrière.

Le roi de Navarre résolut d'emporter d'assaut la réconciliation.

Il se recommanda à Dieu, comme il faisait dans les occasions dangereuses.

Celle-ci pouvait passer pour telle : il s'engagea seul ou à peu près sur cette pointe étroite et dangereuse qui est découpée par le confluent de la Loire et du Cher.

Henri III était au Plessis-les-Tours.

L'autre Henri, le Béarnais, portait son costume sacramentel, de sorte que rien ne le dissimulait à ses ennemis. Il courait gros risque d'une balle de pistolet comme M. de Guise, ou d'une balle d'arquebuse comme Coligny. Il avait son panache blanc, un petit manteau rouge, couvrant son pourpoint de buffle usé par la cuirasse, et ses chausses couleur feuille morte, qui était sa couleur de prédilection, n'étant pas salissante. Petit, ferme sur sa selle, grisonnant avant l'âge, il avait trente-cinq ans à peine, avec son nez d'aigle et son menton de polichinelle, son œil vif, inquiet, œil de chasseur qui sondait les cœurs et les halliers, il allait au devant de son royaume le cœur palpitant, mais la figure calme et souriante.

Henri III venait d'entendre vêpres aux Minimes, on l'avertit qu'une grande foule se précipitait et qu'au milieu de cette foule un cavalier venait à peu près seul, causant et riant.

— Par la mordieu! dit Henri III, vous verrez que ce sera mon frère de Navarre qui se sera lassé d'attendre.

C'était lui. La foule en effet était si grande, que les deux rois furent quelque temps sans pouvoir se rejoindre ; ils se tendaient les bras, mais de loin. Enfin le passage se fit, Henri de Navarre tomba à genoux, et, avec cet accent qui n'appartenait qu'à lui :

— Je puis mourir maintenant, dit-il, j'ai vu mon roi.

Henri de Valois le releva et l'embrassa.

Ce furent alors des cris de joie qui semblèrent monter jusqu'au ciel : il y avait des gens jusque sur les arbres.

Le lendemain, le roi de Navarre alla au lever du roi de France avec un seul page.

Il y avait quelque courage à cela, le sang du duc de Guise n'était pas encore essuyé sur le parquet du château de Blois.

Il fut décidé que l'on irait assiéger Paris.

Pendant ce siége, Jacques Clément, aux grands applaudissements des Parisiens, et à la grande sanctification de son nom, assassine Henri III.

En doute-t-on, non pas de l'assassinat, mais de la sanctification? Qu'on lise le quatrain suivant :

> Un jeune jacobin, nommé Jacques Clément,
> Un matin, à Saint-Cloud, une lettre présente
> A Henri de Valois, et, vertueusement,
> Un couteau fort pointu dans l'estomac lui plante,

Ce quatrain était écrit au bas d'une gravure représentant *le Martyre du bienheureux saint Jacques Clément*, périssant sous les hallebardes des gardes du roi.

Force fut alors à Henri IV, — notre héros était Henri IV depuis la mort de Henri III, — force fut alors à Henri IV de lever le siége de Paris, et de s'en aller à Dieppe attendre les secours que la reine Élisabeth devait lui envoyer.

Il était fort pauvre en ce moment, l'héritier du trône de France, car, en sortant de la chambre du mort, il avait mis son manteau violet sous son bras pour y tailler un pourpoint de deuil.

Si Henri III n'eût pas été lui-même de deuil, Henri IV ne pouvait pas porter le deuil de Henri III.

Quand nous disons qu'il était devenu Henri IV, nous devrions dire seulement qu'il s'était fait Henri IV; car beaucoup n'avaient pas voulu le reconnaître comme roi, qui le reconnaissaient comme général. Givry avait eu beau donner le signal de l'obéissance en se jetant à ses pieds et en disant : « Sire, vous êtes le roi des braves, et les lâches seuls vous quitteront! » beaucoup de gentilshommes, qui n'étaient pas des lâches, l'avaient cependant abandonné; de sorte que, comme nous le disions, il était à Dieppe avec trois mille hommes seulement.

Mayenne l'y poursuivit avec trente mille soldats.

Il fallait vaincre ou être jeté à la mer.

Henri vainquit à Arques. La victoire fut complète.

C'est le soir même de cette victoire qu'il écrivit à Crillon le fameux billet :

» Pends-toi, brave Crillon! nous avons vaincu à Arques, et tu n'y étais pas!

» Adieu, Crillon; je t'aime à tort et à travers.

» HENRI. »

Henri avait toujours de l'esprit; seulement, il en avait encore plus les soirs de bataille que les autres jours.

Élisabeth envoya à Henri cinq mille hommes. Avec ces cinq mille hommes et deux mille cinq cents à peu près qui lui restaient après Arques, il reconduisit Mayenne sous les murs de Paris.

Mais Paris était tellement fanatisé, qu'il demeurait toujours imprenable. Pour imprimer cependant une certaine terreur aux habitants, il permit à ses troupes légères de faire une charge, qui ne s'arrêta qu'à la moitié du pont Neuf, lequel bâti en 1578, par Ducerceau, était alors véritablement le pont neuf.

C'est à l'endroit juste où s'arrêta cette charge que fut placée depuis la statue de Henri IV.

D'Egmont arrivait avec une armée espagnole.

Il fallut battre en retraite.

Mayenne et d'Egmont firent leur jonction et poursuivirent Henri IV, qu'ils joignirent dans les plaines d'Ivry, ou plutôt qui les y attendit.

C'est là encore que le grand homme dont nous nous occupons, si grand devant l'ennemi, si faible devant ses maîtresses, dit quelques-uns de ces mots tellement populaires, qu'il est presque impossible, dans un travail comme le nôtre, de les passer sous silence.

Au moment de charger :

— Mes compagnons, dit-il, vous êtes Français, et voilà l'ennemi. Si vous perdez vos enseignes, ralliez-vous au panache blanc de votre roi. Vous le trouverez toujours sur le chemin de l'honneur et de la victoire.

La gasconnade était un peu forte. Le succès en fit un mot historique.

Puis, comme, la veille, par une parole dure, il avait blessé un de ses plus braves serviteurs, le colonel Schomberg, en présence de toute l'armée, il poussa son cheval près du sien, et, à haute voix, afin d'être entendu de loin comme de près :

— Colonel Schomberg, lui dit-il, nous voici dans l'occasion. Il peut se faire que je meure ; il ne serait pas juste que j'emportasse l'honneur d'un brave gentilhomme comme vous. Je déclare donc que je vous reconnais comme homme de bien, et incapable de faire une lâcheté. Embrassez-moi.

— Ah ! sire, répondit Schomberg, Votre Majesté m'avait blessé hier, elle me tue aujourd'hui, car elle m'impose l obligation de mourir pour son service.

Et, effectivement, Schomberg, qui conduisait la première charge, pénétra jusqu'au cœur des Espagnols et y resta.

Une de ces circonstances qui décident quelquefois, au nom du hasard, du succès d'une journée, faillit changer en défaite la victoire d'Ivry.

Un cornette au panache blanc se retirait blessé hors de la mêlée. On le prit pour le roi.

Par bonheur, Henri fut averti à temps. Il s'élança au milieu des siens qui commençaient à plier, tant rapidement s'était répandue la fatale nouvelle, et, d'une voix tonnante :

— Me voilà ! cria-t-il, me voilà ! Tournez vos visages vers moi ; je suis plein de vie, soyez pleins d'honneur !

Le dernier mot de la journée, quand Biron, en chargeant avec la réserve, eut décidé de la victoire, fut :

— Épargnez les Français !

Les deux victoires d'Arques et d'Ivry désarmaient Paris.

Henri revint en faire le siège. En passant, il prit Mantes d'assaut. Le lendemain de l'assaut, il était si peu fatigué, qu'il fit sa partie de paume avec les boulangers, qui lui gagnèrent

4

son argent et ne lui voulurent pas donner sa revanche; en effet, de boulanger à meunier, il n'y avait que la main. En Gascogne, on appelait Henri IV *le meunier du moulin de Bubaste*. Alors, il eut l'idée de faire une niche à ces mauvais joueurs. Toute la nuit, il fit faire du pain et le vendit le lendemain à moitié prix. Les boulangers vinrent tout éperdus et lui donnèrent sa revanche.

Il partit de Nantes à la grande joie de ceux-ci et vint mettre son quartier général à Montmartre.

A Montmartre, à cent pas de son quartier général, il y avait une abbaye; dans l'abbaye, il y avait une jeune fille nommée Marie de Beauvilliers, fille de Claude, comte de Saint-Aignan, et de Marie Babou de la Bourdaisière.

Les la Bourdaisière, dont était aussi Gabrielle d'Estrées, étaient, dit Tallemant des Réaux, la race la plus fertile en femmes galantes qui ait jamais fleuri en France.

« On en compte, dit-il, jusqu'à vingt-cinq ou vingt-six, soit religieuses, soit mariées, qui ont toutes fait l'amour hautement. De là vient, continue le magistrat historien, qu'on dit que les armes des la Bourdaisière, c'est une *poignée de vesces;* car il se trouve, par une plaisante rencontre, que dans leurs armes il y a une main qui sème de la vesce [1]. On fit sur leurs armes le quatrain suivant :

> « Nous devons bénir cette main
> » Qui sème avec tant de largesses,
> » Pour le plaisir du genre humain,
> » Quantité de si belles *vesces.* »

[1] Les Babou écartelaient, en effet, au premier et au quatrième d'argent au bras de gueules, sortant d'un nuage d'azur, tenant une poignée de vesces, en rameau de trois pièces de sinople.

Pour faire comprendre le trait renfermé dans ce quatrain, apprenons aux lecteurs de cette bienheureuse année 1866, que le mot *vesce* et les mots *femme légère*, étaient autrefois synonymes.

Maintenant, comment cette famille, dont le chef s'appelait tout simplement Babou, devint-elle de la Bourdaisière?

Nous allons vous le dire, puisque nous sommes en train de tenir sur notre prochain de méchants propos.

Une veuve de Bourges, première femme d'un procureur ou d'un notaire, acheta un méchant pourpoint à la Pourpointerie. Dans la basque de ce pourpoint, elle trouva un papier sur lequel étaient écrits ces mots :

« Dans la cave de telle maison, à six pieds sous terre, à tel endroit — l'endroit était parfaitement désigné — il y a telle somme d'or en des pots. »

Le chiffre de la somme n'est point parvenu jusqu'à nous. La somme était forte, voilà tout ce que nous en savons.

La veuve réfléchit. Elle vit que le lieutenant général de la ville était veuf et sans enfants.

Elle l'alla trouver.

Elle lui raconta la chose, qu'il écouta, vous comprenez bien, avec la plus scrupuleuse attention ; seulement, elle garda pour elle le secret principal, l'endroit où gisait la somme.

— Il ne vous reste plus, dit-il, à m'apprendre qu'une chose maintenant : c'est où est la maison.

— Soit! mais, pour que je vous l'apprenne, il faut que, de votre côté, vous vous engagiez à une chose, vous.

— A laquelle?

— A m'épouser.

Le lieutenant réfléchit à son tour, regarda la veuve. Elle avait encore quelque reste de beauté.

— Eh bien, va comme il est dit ! fit-il.

Et les deux contractants passèrent un contrat par lequel, si telle somme était trouvée dans cette cave, le lieutenant général épouserait la veuve.

Le contrat signé, on procéda aux fouilles. La somme fut trouvée complète. Le lieutenant général épousa la veuve, et, de cette dot, si singulièrement apportée, acheta la terre de la Bourdaisière.

De là vint que les Babou, qui s'appelaient Babou tout court, s'appelèrent Babou de la Bourdaisière.

Pour en revenir à la galanterie des dames de ce nom, nous n'en citerons qu'un exemple.

Il y avait une la Bourdaisière qui se vantait d'avoir été la maîtresse du pape Clément VII, de l'empereur Charles V et de François Ier.

Peut-être aussi cette dame était-elle chargée de quelque mission diplomatique entre ces trois illustres personnages.

IV

Il y avait donc à Montmartre une abbaye et dans cette abbaye une demoiselle de la Bourdaisière.

Cette demoiselle de la Bourdaisière, qui, sans doute, à ces armes représentant un bras semant une poignée de vesces, avait ajouté, comme devise, *bon sang ne peut mentir*, cette demoiselle, de la Bourdaisière par sa mère, et de Beauvilliers par son père, avait à peine dix-sept ans, étant née le 27 avril 1574.

Elle avait été élevée au monastère de Beaumont-lès-Tours, près de sa tante Anne Babou de la Bourdaisière, abbesse du monastère de Beaumont-lès-Tours.

« Sa vocation, dit naïvement l'historien qui nous fournit ces détails sur l'intéressante personne dont nous nous occupons à cette heure, sa vocation n'était pas le couvent. A la mort de son père, il y avait dans la maison trois garçons et six filles. Elle avait donc, la pauvre enfant, été mise en religion pour faire à ses frères une meilleure part dans la fortune paternelle.

Henri avait tant d'esprit, qu'il n'eut pas grand'peine à persuader à mademoiselle ou plutôt à madame de Beauvilliers — on appelait les religieuses *madame* — qu'il y avait quelque chose de par le monde plus agréable que de servir la messe et de chanter vêpres.

Elle crut Henri et partit pour Senlis.

Mais le siège?

Ah! pardieu, Henri IV se moquait pas mal de Paris quand il s'agissait d'une belle jeune fille de dix-sept ans !

Voyez plutôt ce que dit un auteur presque contemporain :

« Si ce prince fût né roi en France, et roi paisible, probablement ce n'eût pas été un grand personnage. Il se fût noyé dans les voluptés, puisque, malgré toutes ses traverses, il ne laissait pas, pour suivre ses plaisirs, d'abandonner les plus importantes affaires. Après la bataille de Coutras, au lieu de poursuivre ses avantages, il s'en va badiner avec la comtesse de Guiche, et lui porte les drapeaux qu'il a gagnés. Durant le siège d'Amiens, il court après madame de Beaufort, sans se tourmenter du cardinal d'Autriche, depuis l'archiduc Al-

4.

bert, qui s'approchait pour tenter le secours de la place. »

Il en résulte que Sigogne fit contre lui cette épigramme :

> Ce grand Henri, qui vouloit être
> L'effroi de l'Espagnol hautain,
> Et suit le... d'une...

Ma foi, chers lecteurs, reconstruisez le dernier vers comme vous pourrez ; la rime, qui est riche, vous y aidera.

Il partit donc pour Senlis avec sa belle religieuse, ce bon Béarnais, ce spirituel Henri.

Bayle a dit de lui dans son dictionnaire :

» Si on l'eût fait eunuque, il n'eût point gagné les batailles de Coutras, d'Arques et d'Ivry. »

Les Narsès sont rares, et l'histoire ne nous a montré qu'une seule fois cette grande exception.

Malheureusement pour elle, la pauvre religieuse avait cédé un peu vite. Henri IV ne lui sut pas gré de sa faiblesse : il vit une autre femme qui descendait aussi de la Bourdaisière, et madame de Beauvilliers fut oubliée.

Oubliée comme maîtresse, mais non comme amie, rendons cette justice à Henri IV, car, en 1597, on retrouve une charte où l'ancienne maîtresse du vainqueur d'Ivry prend le titre d'abbesse, dame de Montmartre, des Porcherons et du Port-aux-Dames.

Elle mourut le 21 avril 1650, à l'âge de quatre-vingts ans.

Nous voici arrivés à la plus populaire des maîtresses de Henri IV, à Gabrielle d'Estrées.

Deux choses ont contribué à cette popularité :

La ravissante chanson intitulée *Charmante Gabrielle*.

Le mauvais poëme de *la Henriade*.

De la fameuse chanson, il n'y a qu'un couplet qui soit

réellement de Henri IV. Il le fit en partant pour un de ses nombreux voyages.

Le voici :

> Charmante Gabrielle,
> Je vous fais mes adieux.
> La gloire, qui m'appelle,
> M'éloigne de vos yeux.
> Fatale départie,
> Malheureux jour !
> Que ne suis-je sans vie
> Ou sans amour !

Quant au portrait de Gabrielle, par Voltaire, le voici :

> D'Estrée était son nom : la main de la nature
> De ses aimables dons la combla sans mesure ;
> Telle ne brillait point aux bords de l'Eurotas
> La coupable beauté qui trahit Ménélas ;
> Moins touchante et moins belle, à Tarse on vit paraître
> Celle qui des Romains avait dompté le maître,
> Lorsque les habitants des rives du Cydnus,
> L'encensoir à la main, la prirent pour Vénus.

Il y a ici une petite erreur. Antoine ne fut jamais le maître des Romains : ce fut Auguste ; et Cléopâtre, dont il est ici question, se fit au contraire mordre par un aspic, attendu qu'elle n'avait pas pu dompter Auguste, véritable *maître* des Romains.

Au reste, d'après un portrait original de la belle Gabrielle, qui avait appartenu à Gaston, frère de Louis XIII, c'est-à-dire à un des fils de Henri IV, ou plutôt de Marie de Médicis (nous dirons plus tard quel fut le père probable de Gaston), Gabrielle avait une des plus ravissantes têtes du monde, des cheveux blonds et en quantité, des yeux bleus et d'un brillant à éblouir, un teint de lis et de roses, comme on disait alors, et comme quelques-uns disent encore de nos jours.

Porchères a loué les cheveux et les yeux, et Guillaume de Sablé le reste.

SUR LES CHEVEUX DE LA BELLE D'ESTRÉES.

Doux chaînons de mon prince, agréables supplices,
Blonds cheveux, si je loue ici votre beauté,
On jugera mes vers, pour être vos complices,
Criminels, comme vous, de lèse-majesté.

Maintenant, voici un sonnet qui eut le bonheur de jouir pendant dix ans d'une énorme célébrité. S'il y avait eu une Académie à cette époque, Porchères en était de bon gré ou de force, comme en fut M. de Saint-Aulaire pour son quatrain.

Lisez ce sonnet, chers lecteurs, et prenez par lui une idée de l'esprit de ce temps.

SUR LES YEUX DE MADAME LA DUCHESSE DE BEAUFORT.

Ce ne sont point des *yeux*, ce sont plutôt des *dieux*.
Ils ont dessus les rois la puissance absolue.
Dieux ! non, ce sont des *cieux* ; ils ont la couleur bleue
Et le mouvement prompt comme celui des *cieux*.

Cieux ! non, mais *deux soleils* clairement radieux,
Dont les rayons brillants nous offusquent la vue.
Soleils ! non, mais *éclairs* de puissance inconnue,
Des foudres de l'amour signes présagieux.

Car, s'ils étaient des *dieux*, feraient-ils tant de mal ?
Si des *cieux*, ils auraient leur mouvement égal.
Deux soleils ne se peut, le soleil est unique.

Éclairs ! non, car ceux-ci durent trop et trop clairs.
Toutefois je les nomme, afin que je m'explique,
Des *yeux*, des *dieux*, des *cieux*, des *soleils*, des *éclairs !*

Après le quatrain sur les cheveux, après le sonnet sur les yeux, passons aux vers qui traitent de la généralité des perfections de la belle Gabrielle.

Ces derniers vers sont, comme nous l'avons dit, de Sablé :

> Mon œil est tout ravi quand il voit et contemple
> Ces beaux *cheveux orins* qui ornent chaque temple,
> Son beau et large front et *sourcils* ébénins,
> Son beau *nez* décorant et l'une et l'autre *joue*,
> Sur lesquelles l'amour à toute heure se joue,
> Et ces deux brillants *yeux*, deux beaux âtres bénins.
> Heureux qui peut baiser sa *bouche cinabrine*,
> Ses *lèvres* de *corail*, sa *denture* yvoirine,
> Son beau *double menton*, l'une des sept beautés,
> Le tout accompagné d'un petit *ris* folâtre !
> Une *gorge* de lys sur un beau *sein* d'albâtre,
> Où deux globes charmants sont assis et plantés.
> Mon Dieu, qu'il fait beau voir sa *main* blanche et polie,
> Ses beaux *doigts* longs, perleux, et qui plus embellie
> De riches diamants et rubis précieux.
> Sa belle *taille*, aussi, ne doit être oubliée,
> Avec la bonne *grâce* à la taille alliée,
> Et ces *petits pieds* faits pour le parquet des dieux !

Gabrielle était née vers l'an 1575. Elle n'avait point encore paru à la cour quand Henri la rencontra dans une de ses excursions aux environs de Senlis.

Elle habitait le château de Cœuvres; et ce fut dans la forêt de Villers-Cotterets qu'il la rencontra.

Demoustier a consacré l'endroit traditionnel où cette rencontre eut lieu en gravant sur un hêtre, ni plus ni moins qu'un berger de Virgile ou un héros de l'Arioste, les cinq vers suivants :

> Ce bois fut l'asile chéri.
> De l'amour autrefois fidèle.
> Tout l'y rappelle encore, et le cœur attendri
> Soupire en se disant : « C'est ici que Henri
> Soupirait près de Gabrielle. »

Je suis peut-être aujourd'hui le seul homme de France qui se souvienne de ces vers. C'est que, tout enfant, ma mère me les a fait lire sur l'arbre où ils étaient gravés, en me disant ce que c'était que Henri, que Gabrielle et que Demoustier.

Il y avait quelque doute sur la naissance de Gabrielle. Elle était bien née pendant le mariage de M. d'Estrées avec sa mère; mais il y avait, quand elle naquit, cinq ou six ans déjà que madame d'Estrées s'en était allée avec le marquis d'Allègre, dont elle partagea la mort tragique. Les habitants d'Issoire, qui tenaient pour la Ligue, ayant appris que, dans un hôtel de la ville, logeaient un seigneur et une dame qui tenaient pour le roi, se soulevèrent, et poignardèrent le marquis et sa maîtresse, puis les jetèrent tous deux par les fenêtres.

Cette dame d'Estrées était aussi une la Bourdaisière.

Cette madame d'Estrées eut six filles et deux fils.

Les six filles furent madame de Beaufort, madame de Villars, madame de Namps, la comtesse de Sauzay, l'abbesse de Maubuisson et madame de Balagny.

Cette dernière est la Diète de l'*Astrée*.

« Elle avait, dit Tallemant des Réaux, la taille un peu gâtée, mais c'était la plus galante personne du monde. Ce fut d'elle que M. d'Épernon eut l'abbesse Sainte-Glossine de Metz. »

On les appelait, elles et leur frère, — le second fils était mort — les sept péchés mortels.

A la mort de madame de Beaufort, madame de Neuvic avait fait sur son enterrement, qu'elle avait vu des fenêtres de madame de Bar, le sixain suivant :

> J'ai vu passer par ma fenêtre
> Les six péchés mortels vivants,
> Conduits par le bâtard d'un prêtre,
> Qui tous ensemble allaient chantants
> Un *Requiescat in pace*
> Pour le septième trépassé.

Mais, si jeune que fut la belle Gabrielle, son cœur, à ce que l'on assure, avait déjà parlé, et son cœur avait obéi à la voix de son cœur.

C'était pour Roger de Saint-Larry, célèbre sous le nom de Bellegarde, grand écuyer de France, et qu'en sa qualité de grand écuyer, on appelait M. *le Grand* tout court. C'était un des hommes les mieux faits et les plus aimables de la cour. Par malheur pour lui, il était aussi un des plus indiscrets. Comme le roi Candaule, il ne put tenir sa langue. Il vanta si fort à Henri IV la beauté de sa maîtresse, que celui-ci la voulut voir.

Il vint, la vit et l'aima.

C'était le pendant du *veni, vidi, vici* de César. Aussi le premier enfant qui résulta de ces amours fut-il appelé comme le vainqueur de Pharsale.

Gabrielle le voulait appeler Alexandre ; mais Henri secoua la tête :

— Non ! non ! dit-il ; on n'aurait qu'à l'appeler Alexandre *le Grand*...

Gabrielle rougit et n'insista point.

Nous avons dit qu'on appelait le grand écuyer M. le Grand. Par bonheur pour Bellegarde, la belle Gabrielle n'était point aussi rancunière que cette belle reine de Lydie qui fit tuer son mari par son amant, parce que son mari la lui avait montrée nue. — Non, au contraire, garda-t-elle toute sa vie pour Bellegarde des sentiments de tendresse qui firent damner Henri IV.

Plus de dix fois, dans ses moments de colère, il s'écria :

— Ventre-saint-gris ! ne trouverai-je personne pour me débarrasser de ce damné Bellegarde ?

Mais, cinq minutes après :

— Eh ! disait-il, vous qui avez entendu ce que je viens de dire, gardez-vous bien de le faire !

Cette jalousie, qui le tourmenta pendant les neuf ou dix années que dura sa liaison avec Gabrielle, date du commencement de cette liaison.

Nous avons vu comment Henri avait connu Gabrielle, par l'entremise de Bellegarde. La première chose que fit Henri IV fut d'emmener Gabrielle à Mantes, où était la cour, et de défendre à Bellegarde de l'y suivre.

L'amant éploré fut forcé d'obéir.

Mais mademoiselle d'Estrées trouva le procédé tyrannique.

Un matin, elle déclara à son royal poursuivant, — car on prétend que le roi n'était point son amant encore, — elle déclara, disons-nous, à son royal poursuivant, que sa conduite n'était point délicate, et que, s'il l'aimait véritablement, comme il lui faisait l'honneur de le lui dire, il ne s'opposerait point à l'établissement avantageux qu'elle trouvait près de Bellegarde, lequel lui offrait de l'épouser.

Après quoi, elle se retira.

Henri resta pensif.

A quoi pensait-il ?

A lui offrir ce qu'il offrait toujours : le mariage.

Mais l'offre ne semblait jamais tout à fait sérieuse. Henri était marié à Marguerite, et, si peu qu'il le fût, il l'était toujours beaucoup tant que son divorce n'était pas prononcé.

Il réfléchissait encore à ce qu'il pourrait dire à Gabrielle pour la retenir près de lui, quand on vint lui annoncer que Gabrielle était partie pour Cœuvres.

Par malheur, Gabrielle avait juste choisi un jour où elle savait que Henri ne pouvait la poursuivre.

Mais il lui envoya un message avec ces seuls mots :

« Attendez-moi demain. »

En effet, étourdi, tremblant, désespéré, fou d'amour comme aurait pu l'être un amant de vingt ans, il se résolut, coûte que coûte, à l'aller reprendre.

Il y avait plus de vingt lieues à faire et deux armées ennemies à traverser.

« Jamais César, dit l'historien auquel nous empruntons ces détails, ne risqua tant pour aller d'Apollonie à Brindes que Henri lorsqu'il alla de Mantes à Cœuvres. »

Il partit à cheval avec cinq amis seulement ; puis, à trois lieues de Cœuvres, probablement à Verberie, voyant les routes de la forêt de Compiègne gardées par l'ennemi, il mit pied à terre, revêtit les habits d'un paysan, mit un sac plein de paille sur sa tête et se rendit au château.

Il avait passé près de vingt patrouilles françaises et espagnoles, qui étaient bien loin de se douter que ce prétendu paysan portant un sac de paille était un amoureux allant voir sa maîtresse, et que cet amoureux était le roi de France.

Toute prévenue qu'elle était de l'arrivée du roi, Gabrielle, ne croyant pas qu'il fût capable d'une pareille folie, ne voulait pas le reconnaître, et, lorsqu'elle le reconnut, elle jeta un grand cri, ne trouvant à la suite de ce cri autre chose à lui dire que cette phrase peu gracieuse :

—Oh! sire, vous êtes si laid, que je ne saurais vous regarder.

Par bonheur pour le roi, Gabrielle avait à ses côtés la marquise de Villars, sa sœur. Gabrielle retirée, la marquise resta avec le roi et essaya de lui persuader que la crainte d'être surprise par son père avait seule fait retirer mademoiselle d'Estrées. Mais il fallut bien que le roi prît cette raison pour ce qu'elle valait, quand il vit que mademoiselle d'Estrées ne reparaissait point.

Or, quelques instances que l'on fît près de Gabrielle, elle ne voulut point reparaître, et force fut à Henri de repartir comme il était venu, sans tirer autre chose que ce fruit vert et acide de l'action la plus périlleuse qu'il eût jamais hasardée, et dans laquelle il avait risqué son salut, celui de ses amis, celui de sa couronne et celui de la France.

Et ce qu'il y a de plus étonnant dans tout cela, dit Tallemant des Réaux, — c'est qu'il n'était point grand abatteur de bois. Madame de Verneuil l'appelait le *capitaine bon vouloir*, et l'on disait de lui que *son second* avait été tué.

Son absence avait causé un grand effroi à la cour, surtout quand on avait appris le but de son voyage et à travers quels périls il s'accomplissait. Aussi Sully et Mornay, son Sénèque et son Burrhus, l'attendaient-ils pour le morigéner d'importance.

Henri IV courba la tête comme il avait l'habitude de le faire, mais moins cette fois sous les reproches de ses deux rudes amis que sous l'insuccès de l'aventure.

Il ne s'en tira qu'en jurant sa foi de gentilhomme qu'il ne recommencerait pas, et il prit en effet ses mesures pour n'avoir point besoin de recommencer.

Afin d'engager Gabrielle à venir à la cour, il manda son père sous prétexte de le faire entrer dans son conseil. Mais M. d'Estrées vint seul.

Un second prétendant s'était mis sur les rangs, offrant, lui aussi, d'épouser. C'était le duc de Longueville.

Gabrielle aimait Bellegarde pour le plaisir de l'amour; elle faisait semblant d'aimer Longueville pour l'espoir de l'ambition.

Le duc de Longueville s'aperçut à la fois du jeu que jouait Gabrielle et du danger qu'il courait, Gabrielle étant aimée à ce point du roi, qu'il s'effraya de rester de moitié dans son jeu.

Il feignit de lui renvoyer ses lettres et lui demanda les siennes.

Gabrielle les lui renvoya loyalement, depuis la première jusqu'à la dernière. Mais, en passant la revue de ses lettres à elle, elle s'aperçut qu'il lui en manquait deux, et des plus compromettantes.

Par bonheur, quelques jours après, le duc, faisant son entrée à Doullens, il lui fut tiré une salve d'honneur. *Par hasard*, un des mousquets était chargé à balle, et, *par hasard toujours*, cette balle traversa le corps du duc et le tua roide.

L'exemple profita à Bellegarde. Il résolut de ne se brouiller ni avec un roi si amoureux, ni avec une maîtresse si chanceuse; et, ayant appris que M. d'Estrées s'occupait de marier sa fille à Nicolas d'Armeval, seigneur de Liancourt, il s'effaça prudemment, quitte à reparaître plus tard.

Gabrielle jeta les hauts cris à la vue de son prétendant. L'esprit était méchant et le corps vilain. Elle eut recours à Henri IV, auquel elle essaya de faire accroire que son dégoût pour le seigneur de Liancourt, venait de l'attraction qu'elle ressentait pour lui. Henri, qui n'était pas bien convaincu de l'attraction, n'osa point se déclarer contre ce mariage, qui paraissait être le grand désir de M. d'Estrées. De son côté, Gabrielle continuait d'appeler le roi à son secours. Henri prit un milieu et promit de paraître, le jour des noces, comme le dieu de la machine antique, et de mettre la nouvelle épousée à l'abri des tentatives de son époux.

Malheureusement, le jour des noces, il était indispensablement occupé ailleurs, de sorte qu'il laissa à Gabrielle tout le soin et en même temps toute la difficulté de se défendre contre son mari.

Cependant M. de Liancourt n'avait encore rien obtenu d'elle. Gabrielle le jura du moins, lorsque Henri, étant parvenu à se rapprocher de Cœuvres, donna l'ordre à M. de Liancourt de le venir joindre à Chauny avec sa femme.

Le mari avait bonne envie de désobéir; mais il réfléchit aux risques qu'il courait à agir ainsi; puis il espéra peut-être qu'il y avait toute une fortune et tout un avenir à se rendre à l'invitation qu'il avait reçue.

Il amena donc sa femme à Chauny.

Le roi avait ses équipages prêts; il partait pour le siège de Chartres.

Sans plus s'inquiéter du mari que s'il n'existait pas, sans même l'inviter à accompagner sa femme, il fit monter Gabrielle dans son coche, monta près d'elle, et partit emmenant cette bonne marquise de Villars, qui avait fait de son mieux à Cœuvres pour lui faire oublier la façon dont il était reçu, et madame de la Bourdaisière, sa cousine.

Madame de Sourdis, tante de Gabrielle, qui craignait quelque nouvelle *sottise* de sa nièce, vint les y rejoindre.

Les conseils que donna à sa nièce cette excellente tante ne furent point étrangers au bonheur de Henri.

Aussi Henri récompensa-t-il la femme en nommant, une fois la ville prise, le mari au gouvernement de Chartres.

Une seule chose troublait Henri IV dans ses amours, sa jalousie contre Bellegarde.

Les deux jeunes gens avaient beau se surveiller eux-mêmes avec la plus scrupuleuse attention, on n'aime pas sans que, du feu d'amour, si bien caché qu'il soit, il ne jaillisse au dehors quelque étincelle.

Henri IV, un jour, les regardait danser ensemble; lui les voyait, eux ne le voyaient pas. Il secoua la tête à leur façon de se donner la main, et murmura entre ses dents :

— Ventre-saint-gris! il faut qu'ils soient serviteur et maîtresse.

Il voulut s'en assurer. Il prétexta une entreprise qui devait le tenir dehors toute la nuit et la journée du lendemain, partit à huit heures du soir et revint à minuit.

Le roi ne s'était pas trompé. A son retour, Gabrielle et Bellegarde étaient ensemble.

Tout ce que put faire *La Rousse*, confidente de Gabrielle, ce fut, pendant que sa maîtresse allait ouvrir au roi, de faire cacher Bellegarde dans un cabinet où elle couchait, près du lit de sa maîtresse.

Après quoi, elle sortit, emportant la clef.

Le roi prétendit qu'il avait faim et demanda à souper.

Gabrielle s'excusa sur ce qu'elle n'attendait point le roi et n'avait rien fait préparer.

— Bon! dit le roi, je sais que vous avez des confitures dans ce cabinet. Je mangerai des confitures et du pain.

Gabrielle fit semblant de chercher la clef, la clef ne se trouva point.

Henri ordonna de chercher La Rousse. La Rousse n'était nulle part.

— Allons, dit le roi, je vois bien qu'il faudra, si je veux souper, que j'enfonce la porte.

Et il se mit à frapper dans la porte à grands coups de pied.

La porte allait céder quand La Rousse entra, demandant pourquoi le roi faisait tout ce bruit.

— Je fais tout ce bruit, dit le roi, parce que je veux manger des confitures qui sont dans ce cabinet.

— Mais pourquoi le roi, au lieu d'enfoncer la porte, ne l'ouvre-t-il pas tout simplement avec la clef?

— Ventre-saint-gris! dit le roi, pourquoi?... pourquoi?... Parce que je n'ai pas la clef.

— La voilà! dit la Rousse.

Et, rassurant sa maîtresse d'un coup d'œil, elle donna la clef au roi.

Le roi entra, le cabinet était vide : Bellegarde avait sauté par la fenêtre.

Le roi sortit l'oreille basse, et tenant un pot de confiture de chaque main.

Gabrielle joua le désespoir. Henri tomba à ses pieds et lui demanda pardon.

Le scène a servi de modèle depuis à Beaumarchais pour son second acte du *Mariage de Figaro*.

Plus tard, quand Henri voulut épouser Gabrielle, M. de Praslin, capitaine des gardes du corps et depuis maréchal de France, pour empêcher son maître de faire une sottise qui lui eût aliéné l'estime de tous ses amis, lui offrit de lui faire surprendre Bellegarde dans la chambre de Gabrielle.

C'était à Fontainebleau. Le roi se leva, s'habilla, prit son épée et suivit M. de Praslin. Mais, au moment où celui-ci frappait à la porte pour se faire ouvrir, Henri IV lui arrêta le bras.

— Ah ! par ma foi, non, dit-il, cela lui ferait trop de peine !

Et il rentra chez lui.

Le bon roi, et surtout le digne homme, que ce brave et spirituel Béarnais !

Au milieu de tout cela, le roi était entré à Paris, après un siége de quatre ans, pris, interrompu, repris.

On sait les détails horribles de ce siége, qui est un nouvel exemple que les haines religieuses sont bien autre chose que les haines politiques.

D'abord ce fut M. de Nemours qui fit sortir de Paris les bouches inutiles.

Henri, en voyant ces pauvres chassés, hâves, suppliants, affamés, eut pitié d'eux.

— Laissez-les passer, dit-il aux avant-postes qui les repoussaient ; il y a pour eux des vivres dans mon camp.

Il mourait à Paris mille personnes de faim par jour, car Henri s'était emparé de tous les faubourgs. On essaya de faire du pain avec des os de morts pilés.

Cette nourriture redoubla la mortalité.

Henri se désespérait de voir que, malgré cette extrémité, Paris ne voulait pas se rendre.

M. de Gondy, archevêque de Paris, fut pris de pitié pour ses ouailles. Il se présenta au camp du roi, qu'il trouva entouré de toute sa noblesse, et, comme il se plaignait de ne pouvoir se faire jour au milieu de ses rangs :

— Ventre-saint-gris ! monsieur, dit le Béarnais, si vous la voyiez un jour de bataille, elle me presse bien autrement.

Le résultat de cette conférence fit de nouveau ressortir l'esprit et le cœur de Henri.

Comme M. de Gondi lui peignait la famine, mais en même temps le fanatisme auquel Paris était en proie, et lui disait qu'il n'aurait Paris que quand le dernier soldat en serait tué, et quand le dernier bourgeois en serait mort :

— Ventre-saint-gris! monsieur, dit-il, il n'en sera pas ainsi. Je suis comme la vraie mère de Salomon, j'aime mieux n'avoir point Paris que de l'avoir en lambeaux.

Et, le même jour, il ordonna qu'on fît, de sa part et en son nom, entrer des charrettes de vivres dans Paris.

Le fanatisme, comme l'avait dit l'archevêque, était si grand, que, malgré cette action sans exemple dans l'histoire des guerres, et surtout dans l'histoire des guerres civiles, ce ne fut que trois ans après que Henri entra dans sa capitale.

Encore y entra-t-il par surprise.

Il avait mis dans ses intérêts le gouverneur Brissac, la plupart des échevins et tout ce qui restait du parlement.

Le 22 mars fut choisi pour cette entrée.

Le prévôt des marchands, L'Huillier, et trois échevins, Langlois, Neret et Beaurepaire, rassemblèrent autour d'eux leurs parents et leurs amis, chassèrent les Espagnols de leurs corps de garde et s'emparèrent des portes Saint-Denis et Saint-Honoré.

Le roi leur avait donné le signal par une fusée tirée de Montmartre.

Il fit son entrée deux heures avant le jour, sans opposition aucune. L'armée royaliste se répandit dans la ville, en occupa les principaux postes, si bien qu'à leur réveil, les Parisiens, même les plus fanatiques, se trouvèrent hors d'état de faire aucune résistance.

Cependant les plus fidèles se taisaient encore ou restaient chez eux, quand tout à coup des hommes, portant des drapeaux blancs, tenant leur chapeau à la main, parcoururent toutes les rues en criant :

— Pardon général !

Alors, ce ne fut qu'une clameur dans Paris ; la ville tout entière éclata dans un immense cri de « Vive le roi ! »

Henri avait consenti à abjurer. On connaît le fameux mot devenu proverbe : « Paris vaut bien une messe ! » Sa première visite fut donc à Notre-Dame. Un cortége immense le suivit : les gardes voulaient écarter la foule.

— Laissez approcher, laissez approcher, cria Henri. Ne voyez-vous pas que tout ce peuple est affamé de voir son roi ?

Et le roi arriva sans accident à Notre-Dame, et sans accident se rendit de Notre-Dame au Louvre.

Gabrielle, qui suivait le roi, fut d'abord installée à l'hôtel du Bouchage, attenant au palais.

C'est chez elle que, cinq mois après, Henri faillit être assassiné par Jean Châtel.

Le roi recevait deux gentilshommes qui s'étaient agenouillés pour lui rendre leurs devoirs. Au moment où il se baissait pour les relever, il se sentit frappé d'un coup violent à la lèvre.

D'abord, il crut que c'était sa folle Mathurine qui, par maladresse, l'avait heurté.

— Au diable soit la folle ! dit-il, elle m'a blessé.

Il avait les lèvres fendues et une dent cassée.

Mais elle, courant à la porte et la fermant

— Non, non, père, dit-elle, ce n'est pas moi, c'est lui !

Et elle montra un jeune homme qui se cachait dans les rideaux d'une fenêtre.

Les deux gentilshommes s'élancèrent sur lui l'épée à la main.

— Ne lui faites point de mal, cria Henri IV, ce ne peut être qu'un fou.

Le roi ne se trompait que de bien peu, c'était un fanatique.

Le jeune homme fut arrêté, et l'on trouva sur lui le couteau dont il venait de frapper le roi.

Il se nommait Jean Châtel, était fils d'un riche marchand drapier, et étudiait au collége de Clermont.

Loin de nier son crime, il s'en vanta, déclara qu'il avait agi de son propre mouvement et par zèle pour la religion, persuadé qu'il était qu'on pouvait tuer tout roi non approuvé par le pape.

Puis il ajouta qu'il avait particulièrement un crime à expier aux yeux du Seigneur, et que le sang d'un hérétique lui avait paru une expiation qui devait être agréable à Dieu.

Quel était ce crime?

Celui pour lequel Dieu foudroya Onan.

Le roi avait bien raison de dire que Jean Châtel était un fou.

La punition fut terrible.

Les jésuites furent chassés de France comme corrupteurs de la jeunesse, perturbateurs du repos public, ennemis du roi et de l'État.

Le père Guignard, chez lequel on trouva des écrits séditieux, fut pendu ; son cadavre fut jeté au feu, ses cendres furent éparpillées au vent.

Jean Châtel subit le supplice des régicides.

On lui lia dans la main le couteau dont il s'était servi pour commettre le crime et on lui coupa la main.

Puis il fut tenaillé et tiré à quatre chevaux.

Puis son corps fut consumé dans un bûcher, et ses cendres, comme celles du père Guignard, furent jetées au vent.

Enfin, sa maison, qui était devant le palais de Justice, fut rasée, et l'on éleva sur son emplacement une pyramide à quatre faces portant sur chacune d'elles l'arrêt du parlement et des inscriptions grecques et latines.

Cette pyramide fut abattue par ordre du petit-fils de Henri IV, Louis XIV, en 1705, à la sollicitation des jésuites, qui venaient de rentrer en France.

Le prévôt des marchands, François Miron, fit, au lieu et place de cette pyramide, établir une fontaine, qui fut depuis transférée dans la rue Saint-Victor.

Les félicitations arrivèrent de tous côtés au roi : discours, adresses, imprimés, manuscrits en prose et en vers.

Parmi ces derniers, il y en avait un qui le fit songer longtemps.

Il était de d'Aubigné, resté ardent calviniste, malgré l'abjuration de son roi.

Le voici :

AU ROI.

Quand ta bouche renoncera
Ton Dieu, ton Dieu la percera,
Punissant le membre coupable.
Quand ton cœur, déloyal moqueur,
Comme elle sera punissable,
Alors Dieu percera ton cœur.

Cette menace devint une prophétie que, seize ans plus tard, Ravaillac se chargea d'accomplir.

Terminons par une anecdote : elle clôt admirablement l'entrée de Henri IV à Paris.

Le jour même de cette entrée, il se présenta chez sa tante,

madame de Montpensier, ligueuse enragée, qui fut tout étonnée de le voir entrer chez elle, sa grande ennemie, sans suite et comme un bon neveu qui viendrait lui faire une visite de fête ou de jour de l'an.

— Eh! lui demanda-t-elle après l'avoir fait asseoir, que venez-vous donc faire ici?

— Ma foi! dit Henri, vous aviez autrefois de si bonnes confitures, que l'eau m'en est venue à la bouche, et que je viens vous demander si vous en avez toujours.

— Ah! je comprends, mon neveu, vous voulez me prendre en défaut, car, à cause de la famine, vous croyez que je n'en ai plus.

— Non, ventre-saint-gris! répondit le roi, c'est tout simplement que j'ai faim.

— Manon, dit la princesse, faites apporter des confitures d'abricot.

Manon apporta un pot de confitures d'abricot.

Madame de Montpensier le décoiffa, et, prenant une cuiller, voulut en faire l'essai : c'était l'habitude à cette époque de goûter de tout ce que l'on présentait au roi.

Mais Henri l'arrêta.

— Oh! ma tante, dit-il, y pensez-vous?

— Comment, répondit-elle, ne vous ai-je point assez fait la guerre pour vous être suspecte?

— Vous ne me l'êtes point, ma tante.

Et, lui prenant le pot des mains, il le mangea sans que l'essai en eût été fait.

— Ah! répliqua-t-elle, je vois bien, sire, qu'il faut être votre servante.

Et, se jetant à ses genoux, elle lui demanda sa main à baiser.

Mais il lui tendit les deux bras et l'embrassa.

A propos d'essai, il arriva ceci un autre jour :

Le gentilhomme qui servait à boire au roi était fort distrait, de sorte que, lui servant le vin, au lieu de boire l'essai que l'on met dans le couvercle du verre, il but ce qui était dans le verre même.

Henri le regarda faire tranquillement ; puis, lorsqu'il eut fini :

— Un tel, dit-il, vous auriez au moins dû boire à ma santé, je vous eusse fait raison.

V

Après la rentrée au Louvre, vint le chapitre des récompenses. On fit une fournée de chevaliers du Saint-Esprit.

M. le comte de la Vieuville père, ancien maître d'hôtel de M. de Nevers, neveu de Henri IV, en était.

Quand ce fut son tour de recevoir le collier, il se mit à genoux comme d'habitude, et, comme d'habitude aussi, prononça les paroles sacramentelles : *Domine, non sum dignus.*

— Je le sais pardieu bien, répondit le roi ; mais mon neveu m'en a tant prié, que je n'ai pu le refuser.

La Vieuville raconta la chose lui-même, car il se doutait bien que, s'il gardait le silence sur l'anecdote, le roi, dans son humeur gasconne, ne manquerait pas, lui, de la raconter.

De la Vieuville était, au reste, un homme d'esprit. Un jour, il railla un certain spadassin ayant réputation de toujours tuer son homme.

Celui-ci lui envoya faire un appel par deux témoins, lesquels signifièrent au comte de la Vieuville que son adversaire l'attendrait le lendemain, derrière les Carmes déchaux, à six heures du matin.

— A six heures, répondit la Vieuville, je ne me lève pas de si bon matin pour mes propres affaires. Je serais bien sot de me lever de si bonne heure pour celles de votre ami.

Et il n'alla point au rendez-vous; mais il alla au Louvre, où, racontant l'histoire, il mit les rieurs de son côté.

Les hommes comme Henri IV se complètent par ceux qui les entourent.

On se rappelle la lettre qu'il écrivit à Crillon après la bataille d'Arques. Crillon le vint rejoindre et le quitta le moins possible.

Cependant, au moment où Henri IV entrait à Paris, lui, Crillon, était à Marseille avec le jeune duc de Guise, gouverneur de la Provence pour Henri IV.

A Blois, en 1588, Henri III avait proposé à Crillon d'assassiner le duc de Guise. Mais lui s'était contenté de répondre :

— Sire, vous me prenez pour un autre.

Et, tournant le dos à Henri III, il s'en était allé.

Le roi l'avait attaché au jeune duc de Guise, et Crillon était le véritable gouverneur de la Provence.

Or, une flotte espagnole croisait devant Marseille.

Une nuit que les jeunes gens buvaient et que Crillon dormait, on résolut de voir si ce Crillon, qu'on appelait *le brave*, était en réalité aussi brave qu'on le disait.

On fit irruption dans sa chambre en criant :

— Alarme! alarme! l'ennemi est maître de la ville.

Crillon, réveillé par toutes ces clameurs, demanda, avec son calme ordinaire, quelle était la cause de ce vacarme.

On lui répéta le conte convenu, c'est-à-dire qu'on lui cria aux oreilles que tout était perdu et que l'ennemi était maître partout.

— Eh bien, après ? demanda Crillon.

— Nous venons vous demander ce qu'il faut faire, dit le duc de Guise.

— Harnibieu ! dit Crillon passant ses chausses avec la même tranquillité que s'il se rendait à la parade, la belle demande ! il faut mourir en gens de cœur.

L'épreuve était faite, le duc de Guise avoua à Crillon que ce n'était qu'une épreuve.

Crillon défit ses chausses avec la même tranquillité qu'il les avait mises ; mais, en les défaisant :

— Harnibieu ! dit-il au jeune duc, tu jouais-là un jeu dangereux, mon enfant ; si tu m'eusses trouvé faible, je t'eusse poignardé.

Se remettant alors au lit, il tira les couvertures sur son nez et se rendormit.

Crillon était Gascon comme Henri IV, plus Gascon que lui peut-être. Henri IV n'avait prétention que de descendre de saint Louis, tandis que Crillon, qui descendait de Balbez de Crillon, avait la prétention de descendre de Balbus.

Il n'avait jamais voulu apprendre à danser ; car, dès la première leçon, son maître de danse lui ayant dit :

— Pliez, reculez !

— Harnibieu ! dit-il, monsieur le maître de danse, je n'en ferai rien ; Crillon ne pliera ni ne reculera jamais.

C'était un zélé catholique, et il en donna une preuve publique. Un jour de Passion qu'il se trouvait dans l'église et que le prêtre disait le crucifiement du Christ, les souffrances de Notre-Seigneur exaspérèrent Crillon.

— Harnibieu ! dit-il, monseigneur Jésus-Christ, quel malheur pour vous que Crillon n'ait pas été là, on ne vous eût jamais crucifié !

Lorsque Henri vint à Lyon pour y recevoir Marie de Médicis :

— Madame, dit-il à la future reine en lui désignant Crillon, je vous présente le premier capitaine du monde.

— Vous en avez menti, sire, répondit Crillon, c'est vous.

Le 2 décembre 1615, il mourut. Le 3, les médecins l'ouvrirent ; il avait le corps couvert de vingt-deux blessures, et le cœur du double de grosseur qu'il est chez les autres hommes.

Revenons au roi, qui eut à se reprocher de n'avoir pas fait Crillon maréchal de France. Il est vrai qu'avec Sully, Crillon avait empêché Gabrielle d'être reine.

Nous avons dit la visite que le roi Henri IV avait faite à madame de Montpensier, sa tante, en rentrant à Paris.

Il en fit une à son autre tante, madame de Condé, veuve du prince de Condé tué à Jarnac.

Elle était sortie, et, comme personne n'était là pour le lui dire, il pénétra jusque dans sa chambre à coucher.

M. de Noailles en sortait, et il avait laissé sur le lit un papier où étaient ces deux vers :

> Nul bien, nul heur ne me contente
> Absent de ma divinité.

Henri prit une plume, et, achevant le quatrain, il mit ces deux derniers vers au-dessous des deux premiers :

> N'appelez pas ainsi ma tante :
> Elle aime trop l'humanité.

Après quoi, il sortit.

Il s'agissait d'instruire le roi dans la religion catholique.

Ce fut M. Duperron, évêque d'Évreux, qui reçut cette charge difficile toujours, plus difficile avec un homme d'esprit comme Henri IV qu'avec tout autre.

L'évêque commença par lui expliquer ce que c'était que l'enfer.

Henri IV parut prêter une grande attention à ce que disait monseigneur.

Cela encouragea le prélat.

— Sire, dit-il, nous allons maintenant passer au purgatoire.
— Inutile, dit le roi.
— Pourquoi inutile? demanda l'évêque.
— Je sais ce que c'est.
— Comment, sire, vous savez ce que c'est que le purgatoire?
— Oui.
— Qu'est-ce que c'est, alors?
— Monseigneur, dit le roi, c'est le pain des moines; n'y touchons pas.

L'instruction n'alla pas plus loin.

Aussi Henri IV ne passa-t-il jamais pour un catholique bien ardent.

Cependant, il arriva que, dans sa guerre contre le duc de Savoie, Henri IV faisait en personne le siége de Montmeillan. Le roi, abrité avec Sully derrière un rocher, dirigeait les travaux de l'artillerie; un boulet lancé par la ville vint s'aplatir contre le rocher, dont il fit voler une partie en éclats.

— Ventre-saint-gris! s'écria Henri en faisant le signe de la croix.

— Ah! sire, dit Sully, que l'on ne vienne plus me chanter maintenant que vous n'êtes pas bon catholique.

En se rendant à ce siége, il s'était arrêté pour dîner dans

un petit village. Comme Sully était occupé à donner des ordres pour la marche de son artillerie, et qu'il vit qu'il allait dîner seul :

— Que l'on m'aille chercher, dit-il, l'homme du village qui passe pour avoir le plus d'esprit.

Cinq minutes après, on lui amenait un paysan à l'œil futé, à la bouche moqueuse.

— Approche, lui dit-il.

— Me voilà, sire.

— Assieds-toi là.

Henri lui indiquait un siége en face de lui, de l'autre côté de la table.

— J'y suis, dit le paysan en s'asseyant.

— Comment t'appelle-t-on ?

— Gaillard.

— Ah ! ah ! Et quelle différence vois-tu entre Gaillard et Paillard ?

— Sire, je ne vois que la largeur d'une table entre les deux.

— Ventre-saint-gris ! dit le roi, j'en tiens. Je ne croyais pas trouver un si grand esprit dans un si petit village.

Comme, en revenant de cette campagne, il traversait une ville où d'avance, ayant très faim, il avait envoyé ses fourriers pour lui préparer à dîner, il se trouva tout à coup arrêté par une députation ayant son maire en tête.

— Ventre-saint-gris ! dit-il, rien ne pouvait m'être plus désagréable en ce moment qu'un long discours ; enfin, n'importe, il faut prendre patience.

Et il arrêta son cheval.

Le maire arrive jusqu'à son étrier, et là, tenant à la main un grand papier sur lequel le discours qu'il devait lire était écrit, il mit un genou en terre. Mais le digne magistrat avait mal choisi l'endroit. Son genou porta sur un caillou qui lui fit si grand mal, qu'il ne put se retenir.

— F..... ! dit-il.

— Bon! dit Henri IV, restons-en là, mon ami ; tout ce que vous ajouteriez gâterait ce que vous venez de dire. Allons dîner.

Henri IV aimait les harangues courtes.

— Ce sont les longues harangues, disait-il, qui ont fait mes cheveux gris.

Après le dîner, le maire l'invita à visiter la ville.

Le roi, qui avait une heure devant lui, accepta la promenade offerte.

Au détour d'une rue, il se trouva face à face avec une vieille femme accroupie au pied d'un mur. A la vue du roi, elle voulut se lever.

— Restez, restez, ma bonne, lui dit Henri IV : j'aime mieux voir la poule que l'œuf.

Pendant le siége de la Rochelle, il entendit raconter qu'un certain épicier, par suite de ses relations avec le mauvais esprit, avait obtenu de celui-ci une *main de gloire*, à l'aide de laquelle il faisait fortune.

Cette fortune que faisait l'épicier excitait l'envie des autres commerçants, si bien qu'ils firent insinuer à Henri IV qu'il n'y avait pas de mal à faire son procès au sorcier, et à le brûler. La réputation du Béarnais comme bon catholique ne pouvait qu'y gagner.

Par malheur, Henri IV ne croyait pas facilement à toutes ces histoires de magie; un jour qu'on le pressait de prendre un parti à l'endroit de cet homme, dont la fortune rapide scandalisait la ville, il promit de rendre une réponse positive le lendemain.

Le lendemain, les zélés arrivent.

— Eh bien, sire, l'opinion de Votre Majesté est-elle fixée?

— Oui, dit Henri IV, cette nuit, à minuit, j'ai envoyé frapper à sa porte pour acheter une chandelle de trois deniers. Il s'est levé, a ouvert sa porte et a vendu la chandelle. Voilà sa *main de gloire*; cet homme ne perd pas une occasion de gagner, et c'est pourquoi il fait si bien ses affaires.

Henri IV comprenait d'autant mieux la probité chez les autres, qu'il était né avec un irrésistible penchant au vol. Il ne pouvait s'empêcher de prendre et de fourrer dans sa poche tous les objets précieux qu'il trouvait sous sa main, et même de l'argent; mais, le même jour, ou le lendemain au plus tard, il renvoyait ce qu'il avait pris.

— Si je n'avais été roi, avait-il l'habitude de dire, j'eusse bien certainement été pendu.

Il était de mine assez peu avantageuse, et son air un tant soit peu vulgaire justifiait ce mot de Gabrielle, le voyant déguisé en paysan :

— Ah! sire, que vous êtes laid!

Louise de l'Hôpital, demoiselle de Vitry, mariée à Jean de Seymer, maître de la garde-robe du duc d'Alençon, habituée qu'elle était à la bonne mine de Henri III, interrogée sur l'effet que lui avait produit le roi, qu'elle venait de voir pour la première fois :

— J'ai vu le roi, dit-elle, mais je n'ai pas vu Sa Majesté.

Lorsqu'il voyait une maison tombant en ruine, il avait l'habitude de dire :

— Ceci est à moi ou à l'Église.

Les amours de Henri IV avec Gabrielle, au lieu d'aller en

diminuant, suivaient une progression qui faisait, comme nous l'avons dit, craindre aux amis du roi qu'il ne fît la folie de l'épouser. Au mois de juin 1591, elle lui avait donné un fils, celui qu'il n'avait point, et pour cause, appelé *Alexandre*, mais César.

Cet événement, qui combla le roi de joie, lui fit changer le nom de sa maîtresse, c'est-à-dire la seule chose qu'elle eût reçue de son mari. A son nom de dame de Liancourt, il substitua celui de marquise de Monceaux.

Ce fut à partir de l'heure où Gabrielle eut donné un fils à son amant qu'elle commença à faire ce beau rêve de devenir un jour reine de France. Il faut dire qu'elle marchait dans cet espoir, appuyée d'un bras sur madame de Sourdis, sa tante, et de l'autre sur M. de Chiverny, chancelier de France.

Son mariage avec M. de Liancourt était un obstacle qui semblait infranchissable. Elle fit prononcer d'abord la séparation, ensuite la nullité.

De son côté, le roi fit des démarches pour obtenir de Marguerite qu'elle consentît au divorce.

En attendant, César de Vendôme fut légitimé par lettres enregistrées le 3 février au parlement de Paris.

En récompense de ce bon procédé du roi, Gabrielle rompit tout à fait avec Bellegarde.

Au reste, sur deux points, son influence avait été heureuse. C'était elle qui avait obtenu du roi qu'il abjurât. Elle obtint de lui qu'il nommât Sully surintendant des finances.

Les finances étaient à François d'O, et, s'il faut en croire cette lettre de Henri IV, ne prospéraient pas entre ses mains.

Le roi, étant devant Amiens, écrivit à Sully :

« Mon cher Sully, je suis proche des ennemis, et je n'ai quasi pas un cheval sur lequel je puisse combattre, ni un harnais complet que je puisse endosser. Mes chemises sont toutes déchirées, mes pourpoints troués aux coudes, ma marmite est souvent renversée, et, depuis deux jours, je dîne et je soupe chez les uns et chez les autres, mes pourvoyeurs disant n'avoir plus moyen de me rien fournir pour ma table, d'autant qu'il y a plus de six mois qu'ils n'ont reçu d'argent. »

Quelque temps après, Sully fut nommé surintendant.

Gabrielle accoucha encore successivement de deux enfants : Catherine-Henriette, légitimée de France, depuis duchesse d'Elbeuf, et Alexandre de Vendôme, grand prieur de France.

Ce siége d'Amiens avait été des plus inopinés. Le 12 mars 1597, veille de la mi-carême, tandis que le roi dansait un ballet avec la marquise, on vint annoncer qu'Amiens avait été surpris par les Espagnols. Naturellement une pareille nouvelle interrompit ce ballet. Le roi resta un instant pensif; puis, prenant sa résolution :

— C'est assez faire le roi de France, dit-il, il est temps de faire le roi de Navarre [1].

Puis, comme la marquise pleurait :

— Allons, ma maîtresse, ajouta-t-il, il faut prendre les armes et faire une autre guerre.

Il partit, et, le 25 septembre 1597, Amiens fut repris.

Ce fut pendant ce siége, c'est-à-dire le 10 juillet 1597, que Henri IV fit Gabrielle duchesse de Beaufort.

Nous avons dit que Gabrielle avait eu sa bonne part dans la conversion de Henri IV. Voici la lettre que son amant lui écrivait quelques jours auparavant ;

---

[1] L'empereur a dit quelque chose de pareil à Montereau : « Allons, Bonaparte, sauve Napoléon. »

« J'arrivai au soir de bonne heure et fus importuné de *Dieugard* jusqu'à mon coucher. Nous croyons à la trêve et qu'elle se doit conclure aujourd'hui. Pour moi, je suis à l'endroit des ... de Saint-Thomas, je commence ce matin à parler au... ques. Outre ceux que je vous mandai hier pour escorte, je vous envoie cinquante arquebusiers qui valent bien des cuirassiers. L'espérance que j'ai de vous voir demain retient ma main de vous faire plus long discours. Ce sera dimanche que je ferai le *saut périlleux*. A l'heure que je vous écris, j'ai cent importuns sur les épaules qui me feront haïr Saint-Denis comme vous faites moult. Bonjour, mon cœur! venez demain de bonne heure, car il me semble déjà qu'il y a un an que je ne vous ai vue. Je baise un million de fois ces belles mains de mon ange, et la bouche de ma belle maîtresse.

» Ce 23 juillet. »

Quelques jours après la naissance de César, il écrivait cette autre lettre à Gabrielle :

« Mon cher cœur, je n'ai rien appris de nouveau, sinon qu'hier je renouai le mariage de mon cousin, et tous les contrats en furent passés. Je jouai au soir, jusqu'à minuit, au reversi. Voilà toutes les nouvelles de Saint-Germain, mon menon. J'ai un extrême désir de vous voir; ce ne sera pas avant que vous soyez *relevée*, car je ne puis commencer ma diette à cause de l'ambassadeur de Savoie qui me vient jurer la paix, qui ne peut être que samedi. Mes chères amours, aimez-moi toujours bien, et soyez assurée que vous serez toujours la seule qui posséderez mon amour. Sur cette vérité, je vous baise un million de fois et le petit bonhomme.

» Ce 14 novembre. »

Terminons notre échantillon du style amoureux et épistolaire de Henri IV par ce dernier billet, qu'on croirait bien plutôt écrit par M. de Scudéri que par le vainqueur de Coutras et d'Ivry :

« Mon cher cœur, j'ai pris le cerf en une heure avec tout le plaisir du monde, et je suis arrivé en ce lieu à quatre heures. Je suis descendu à mon petit logis, où il fait admirablement beau. Mes enfants m'y sont venus trouver, ou plutôt on me les y a apportés. Ma fille amende fort et se fait belle; mais mon fils sera plus beau que son aîné : vous me conjurez, mes chères amours, d'emporter autant d'amour que je vous en ai laissé. Ah! que vous me faites plaisir, car j'en ai eu tant, que, croyant avoir tout emporté, je pensais qu'il ne vous en fût point demeuré. Je m'en vais, las! entretenir Morphée. Mais, s'il me représente autre songe que vous, je fuirai à tout jamais sa compagnie. Bonsoir pour moi, bonjour pour vous, ma chère maîtresse! je baise un million de fois vos beaux yeux. »

Encore une lettre, et ce sera la dernière.

« Mes belles amours, deux heures après l'arrivée de ce porteur, vous verrez un cavalier qui vous aime fort, que l'on appelle roi de France et de Navarre, titre certainement honorable, mais bien pénible; celui de votre sujet est bien plus délicieux. Au reste, tous trois sont bons en quelque sauce qu'on les puisse mettre et n'ai résolu de les céder à personne. J'ai vu, par votre lettre, la hâte qu'avez d'aller à Saint-Germain. Je suis fort aise qu'aimiez bien ma sœur, c'est un des plus assurés témoignages que vous me pouvez rendre de votre bonne grâce, que je chéris plus que ma vie, encore que je l'aime bien.

» Bonjour, mon tout; je baise vos beaux yeux un million de fois.

» De nos délicieux déserts de Fontainebleau, ce 12 septembre. »

On voit où en étaient les amours du roi pour Gabrielle. Il négociait en cour de Rome la rupture de son mariage avec Marguerite. Il pressait celle-ci de consentir au divorce, ce à quoi elle se refusait obstinément. Mais il était résolu à passer par-dessus tout.

On déclarait Henri de Bourbon, prince de Condé, bâtard. M. le comte de Soissons se faisait cardinal, et on lui donnait trois cent mille écus de rente en bénéfices. François de Bourbon, prince de Conti, avait épousé Jeanne de Coëme, comtesse de Montafix, mère de la comtesse de Soissons, mais qui ne pouvait plus avoir d'enfants. Enfin le maréchal de Biron devait épouser la fille de madame d'Estrées, qui fut depuis madame de Sauzay.

Et cependant les avertissements ne manquaient au roi ni d'en haut ni d'en bas.

Un soir qu'il revenait de la chasse, vêtu fort simplement et n'ayant avec lui que deux ou trois gentilshommes, il passa la rivière au quai Malaquais, à l'endroit où est aujourd'hui le pont des Saints-Pères, et où autrefois était un bac. C'était en 1598, on venait de signer la paix de Vervins.

Voyant que le batelier ne le connaissait pas, il lui demanda ce que l'on pensait de la paix.

— Ma foi, dit le batelier, je ne sais pas ce que c'est que cette belle paix mais ce que je sais, c'est qu'il y a des impôts sur tout, et jusque sur ce misérable bateau avec lequel j'ai bien de la peine à vivre.

— Eh! reprit Henri, le roi ne compte-t-il donc pas mettre ordre à tous ces impôts-là?

— Peuh ! le roi est un assez bon diable, répondit le passeur ; mais il a une maîtresse à laquelle il faut faire tant de belles robes et tant d'affiquets, que cela n'en finit point, et c'est nous qui payons tout cela.

Puis il ajouta d'un grand air de commisération :

— Passe encore si elle n'était qu'à lui, mais on dit qu'elle se fait caresser par bien d'autres !

Le roi se mit à rire. Rit-il de bon cœur ? rit-il à contre-cœur ? Nous ne sommes pas assez avant dans les mystères de la jalousie royale pour décider cela.

Mais, en tout cas, le lendemain, il envoya chercher le batelier et lui fit tout redire devant la duchesse de Beaufort.

Le batelier répéta tout, sans omettre une parole. La duchesse était furieuse et voulait le faire pendre.

Mais Henri, haussant les épaules :

— Vous êtes folle ! dit-il ; c'est un pauvre hère, que la misère met de mauvaise humeur ; je ne veux plus qu'il paye rien pour son bateau, et, dès demain, je vous en réponds, il chantera : *Vive Henri IV* et *Charmante Gabrielle !*

Et le batelier quitta le Louvre avec une bourse contenant vingt-cinq écus d'or et la franchise de son bateau.

Une chose tourmentait la duchesse, au reste, bien autrement que tout ce que les bateliers du monde pouvaient dire d'elle.

C'étaient les horoscopes qu'elle faisait tirer sur sa fortune et qui tous étaient désespérants.

Les uns disaient qu'elle ne serait mariée qu'une fois.

Les autres, qu'elle mourrait jeune.

Ceux-ci, qu'un enfant lui ferait perdre toute espérance.

Ceux-là, qu'une personne à laquelle elle donnait toute sa confiance lui jouerait un mauvais tour.

Plus son bonheur semblait proche aux autres, plus à elle il semblait mal assuré, et Gratienne, sa femme de confiance, disait à Sully :

— Je ne sais ce qu'a ma maîtresse, mais elle ne fait que pleurer et gémir toute la nuit.

Et cependant Henri pressait Sillery, son ambassadeur à Rome, menaçant de refaire une France protestante si l'on ne brisait son mariage, et envoyait courriers sur courriers à Marguerite, menaçant d'un procès en adultère si elle ne donnait son adhésion au divorce.

Sur ces entrefaites, une nouvelle grossesse se déclara.

Gabrielle était à Fontainebleau avec le roi. Les fêtes de Pâques approchaient. Le roi pria Gabrielle de les aller faire à Paris, afin que le peuple, qui, on ne sait pourquoi, la traitait de huguenote, n'eût point cette occasion de crier contre elle.

D'ailleurs, René Benoît, son confesseur, la pressait, de son côté, de revenir à Paris pour cette solennité.

Il fut donc résolu que les deux amants se sépareraient pour quatre ou cinq jours, et se retrouveraient aussitôt les fêtes de Pâques passées.

C'était bien peu de chose qu'une si courte absence pour des gens qui avaient été si souvent séparés, et cependant jamais départ n'avait été plus douloureux. On eût dit qu'il y avait entre eux quelque pressentiment mortel, et qu'une voix funèbre leur disait au fond du cœur qu'ils ne se verraient plus. Ils ne pouvaient se résoudre à se séparer; ils se quittaient, Gabrielle faisait vingt pas et revenait pour recommander au roi ses enfants, ses domestiques, sa maison de Monceaux; puis le roi prenait congé d'elle, et alors c'était, à son tour, lui qui la rappelait. Henri la conduisit à plus d'une lieue, puis revint tout triste et tout éploré à Fontainebleau, tandis que Gabrielle, non moins triste et non moins éplorée, continuait son chemin vers Paris.

Gabrielle arriva enfin à Paris. Elle était accompagnée du valet de chambre de Henri IV, nommé Fouquet, dit La Varenne. C'était le confident actif des amours du roi. Il jouait près de lui le rôle que Lebel jouait près de Louis XV. Le malheureux mourut de peur parce qu'une pie apprivoisée qu'il agaçait, au lieu de l'appeler de son nom de famille, Fouquet, ou de son surnom, La Varenne, l'appela d'un nom de poisson.

Il paraît que la pie savante n'avait pas fait, à tout prendre, une aussi terrible erreur que le singe de la Fontaine, qui avait pris le Pirée pour un nom d'homme.

Ce n'était pas sans raison que la pauvre Gabrielle avait des pressentiments.

Toute la cour était liguée contre elle.

Henri IV avait beaucoup aimé et de bon nombre de façons; mais il n'avait jamais aimé personne comme Gabrielle.

Il avait fait, ou fait faire pour elle, sur un air de vieux psaume probablement, la ravissante chanson populaire alors, et restée populaire aujourd'hui encore, de *Charmante Gabrielle*.

De toute la monarchie, il reste dans la bouche du peuple un nom — Henri IV — et deux chansons — *Charmante Gabrielle* et *Malbrouk s'en va-t-en guerre*.

Ah! il est resté un mot aussi :

La poule au pot.

On venait d'entrer, depuis quarante ans de guerre, dans une période de paix; tout le monde avait faim et soif, n'ayant ni bu ni mangé depuis un demi siècle. Le sobre Gascon lui-même semblait être devenu gastronome. « Envoyez-moi des oies grasses du Béarn, dit-il; les plus grosses que vous pourrez trouver, et qu'elles fassent honneur au pays. »

Comme à toutes ses maîtresses, Henri IV avait promis *le mariage* à Gabrielle. Gabrielle avait vingt-six ans ; elle était grasse, replète, positive, — forte mangeuse ; — c'était pour elle, selon toute probabilité, que Henri IV demandait ces oies grasses de Béarn. Dans le dernier portrait qu'on a d'elle, et qui est le dessin que possède la Bibliothèque, son gras et frais visage s'épanouit comme un bouquet de lis et de roses.

« Si ce n'était la reine encore, dit Michelet, c'était bien la maîtresse du roi de la paix, — le type et le brillant augure des sept années grasses qui devaient succéder aux sept années maigres dont à Paris on vit l'aurore. »

C'était, de plus, la mère d'enfants que le roi aimait fort, des gros Vendômes. — Faible avec ses maîtresses, Henri IV était encore bien autrement faible avec ses enfants, avec ceux qu'il croyait de lui du moins. Il ne fut jamais faible avec Louis XIII, qu'il commandait par écrit de *fouetter serré*. On se rappelle le Béarnais à quatre pattes, recevant l'ambassadeur d'Espagne ses enfants sur le dos.

Henri avait quarante-cinq ans ; depuis trente, il portait le harnais de la guerre, — l'ayant à peine déposé, — et toujours pour le reprendre presque aussitôt. Il arrivait à cet âge où l'homme a besoin de repos, de bonheur calme, d'intérieur. Il avait, comme tous les hommes faibles, l'orgueil de paraître absolu. Gabrielle, qui était réellement la maîtresse, lui laissait prendre des airs de maître. Cela lui allait.

Maigre, vif, vieilli de corps et fort entamé en amour, il était resté infiniment jeune d'esprit, et, par son extrême activité, imposait à l'Europe et se maintenait dans l'opinion. Jamais on ne le voyait assis ; jamais il ne paraissait fatigué : l'intrépide marcheur du Béarn semblait avoir, pour quelque pché, reçu du ciel défense de prendre repos ; c'était debout qu'il écoutait les ambassadeurs ; c'était debout qu'il présidait le conseil ; puis, les ambassadeurs entendus, le conseil présidé, il montait à cheval, chassait d'une façon enragée. Il semblait avoir le diable au corps. Aussi le peuple, si juste dans ses appréciations, l'appelait-il le Diable à quatre.

Toute cette vigueur s'était soutenue tant qu'avait duré la guerre. La paix faite, Henri IV s'aperçut qu'il était non-seulement fatigué, mais épuisé.

Six mois après la paix faite, une trilogie effroyable, lasse probablement d'attendre, s'abattit sur lui : une rétention d'urine, la goutte, la diarrhée. — Pardon, cher lecteur, nous racontons les rois en robe de chambre.

Le pauvre Henri IV en pensa mourir.

Il avait tant vu, tant fait, tant souffert !

Sur un seul point Henri IV resta ce qu'il avait toujours été : un coureur de femmes, et même un coureur de filles.

Madame de Motteville se plaint que, de son temps, les femmes n'étaient plus honorées comme sous Henri IV. C'est que Henri IV aimait les femmes et que Louis XIII les détestait.

Comment le fils de Henri IV détestait-il les femmes ?

Nous n'avons jamais dit, nous, historien d'alcôve, que Louis XIII fût le fils de Henri IV.

Nous dirons peut-être tout le contraire au moment de sa naissance.

La situation était donc bonne pour Gabrielle : elle devenait, en tourmentant un peu, la femme d'un roi fatigué auquel elle apportait en dot, non de l'or, non des provinces, mais quelque chose de bien autrement précieux : des enfants tout faits.

Mais l'Espagne battue espérait bien prendre sa revanche en introduisant dans le lit du roi une reine espagnole.

De là les craintes de la pauvre Gabrielle. Elle se sentait un *obstacle*. Et, en face de l'Espagne et de l'Autriche, les obstacles duraient peu.

Le roi de France était le seul roi soldat de l'Europe : la France était la seule nation guerrière. On n'avait pas pu s'emparer de la France ; il fallait s'emparer du roi.

Il fallait *le marier*.

Et, si l'on ne pouvait pas le marier, *le tuer*.

On le maria, ce qui n'empêcha point qu'on ne le tuât.

Comme politique, il était aussi le plus fort. Il avait plus d'esprit à lui seul que tous ses ennemis ensemble. Tout en ayant l'air de faire tout ce que Rome voulait, il finissait toujours par faire à sa guise.

Il avait promis au pape le rétablissement des jésuites, mais il se gardait bien de tenir sa promesse.

Le rétablissement des jésuites, il le savait bien, c'était sa mort.

Le pape le pressait par l'intermédiaire du nonce. Mais lui, toujours spirituel, toujours éludant, glissant toujours :

— Si j'avais deux vies, répondit-il, j'en donnerais volontiers une pour Sa Sainteté. Mais je n'en ai qu'une, et je la dois garder pour son service.

Et il ajouta :

— Et pour l'intérêt de mes sujets.

Il fallait donc marier le roi, ou le tuer !

Il faut rendre cette justice au pape, qu'il était pour le mariage.

Pour un mariage italien ou espagnol, — pour un mariage toscan, par exemple.

Les Médicis étaient tout à la fois Italiens et Espagnols.

Il est vrai qu'à Bruxelles, le légat Malvezzi organisait à tout hasard l'assassinat. Voyez de Thou.

Le roi avait été et était encore bien pauvre. Dans sa grande misère, il avait eu recours à un prince banquier, despote de Florence. C'était l'habitude de nos rois de tendre la main par-dessus les Alpes, et les Médicis ont encore dans leurs armes les fleurs de lis avec lesquelles Louis XI leur a payé ses dettes. Mais, en leur qualité de banquiers, les Médicis avaient pris leurs précautions. Henri leur avait fait des délégations sur les impôts futurs, et ils avaient en France deux percepteurs qui recevaient directement et en leur nom :

Gondi et Zamet.

Remarquez bien que c'est chez ce dernier que va mourir Gabrielle.

Chez l'homme du grand-duc Ferdinand qui, un an après, va marier sa nièce, Flamande par sa mère, Jeanne d'Autriche, Flamande par son grand-père, l'empereur Ferdinand, cousin de Philippe II et de Philippe III, à Henri IV, veuf de Gabrielle.

Il avait, à tout hasard, le grand-duc Ferdinand, envoyé le portrait de Marie de Médicis à Henri IV.

— N'avez-vous pas peur de ce portrait? demandait-on à Gabrielle.

— Non, répondit-elle, je n'ai pas peur du portrait, mais j'ai peur de la caisse.

Ce qui soutenait Gabrielle, c'est qu'avec un homme comme Henri IV, on sentait le besoin d'une *reine française*.

Mais elle avait contre elle un homme à qui il n'était pas facile d'arracher son consentement, c'était Sully ; et Henri IV ne faisait rien que du consentement de Sully. Les d'Estrées avaient fait la faute de mécontenter le rancunier financier.

Sully désirait être grand maître de l'artillerie, et les d'Estrées avaient pris cette grande maîtrise pour eux.

Ce grand astrologue des choses de la terre vit, dans son esprit éminemment juste, que Gabrielle ne réussirait pas, quoique elle eût pour elle le roi.

Mais qu'était-ce que le roi en pareille matière !

Il pouvait donner son corps tout entier, moins sa main.

Puis on n'avait pas le sou. Sully commençait à peine cette grande restauration des finances qui, au bout de dix ans, au lieu d'un déficit de vingt-cinq millions, donna un excédant de trente. L'Italienne était riche. Sully, financier avant tout, était pour l'Italienne.

Henri IV avait près de lui deux hommes dans lesquels il avait toute confiance :

La Varenne, ex-aumônier ;

Zamet, ex-cordonnier.

C'étaient des drôles, le roi le savait, mais il ne pouvait pas plus se passer d'eux que de maîtresses.

Nous allons avoir à nous occuper particulièrement de Zamet.

Maintenant que nous avons vu la situation, passons au drame.

VI

En arrivant à Paris, on ne sait pourquoi, au lieu de descendre chez elle — les grandes catastrophes ont leurs mystères — au lieu de descendre chez elle, Gabrielle descendit chez Sébastien Zamet, dont la maison était sous la Bastille, juste où est aujourd'hui la rue de la Cerisaie.

La Cerisaie, le verger de nos anciens rois, formait alors une partie du jardin de Zamet.

En racontant la vie privée du roi, comment n'avons-nous point encore parlé de ce riche partisan? Nous-même n'y comprenons rien.

Sébastien Zamet, père d'un maréchal de camp des armées du roi et d'un évêque de Langres, avait été cordonnier sous Henri III. Il était le seul qui fût parvenu à chausser convenablement le délicieux pied de Sa Majesté. Il était natif de Lucques. Son caractère jovial, ses plaisanteries florentines lui donnèrent entrée près de Henri IV. C'était ce que l'on appelait à cette époque à Paris un *partisan*, ce que l'on appelait à Jérusalem un pharisien, ce que l'on appelle aujourd'hui dans tous les pays du monde un usurier.

Au contrat de mariage d'une de ses filles, comme le notaire, embarrassé, demandait quelle qualité il voulait prendre dans l'acte :

— Mettez, dit Zamet, seigneur de dix-sept cent mille écus.

Le roi l'aimait, nous l'avons dit, et allait souvent souper chez lui avec ses amis et ses maîtresses. Il l'appelait *Bastien*, tout court.

Gabrielle, au lieu de descendre en son hôtel, où elle n'était sans doute pas attendue, descendit donc chez Sébastien Zamet.

Sully raconte lui-même qu'il alla l'y voir et qu'elle fut fort tendre pour lui; alors, il lui envoya sa femme; cela gâta tout. Gabrielle, croyant être aimable, dit à madame de Sully, qu'elle pouvait compter sur son amitié, et qu'elle la recevrait toujours à ses *levers* et à ses *couchers*.

Ces façons de reine mirent madame de Sully hors des gonds.

Elle rentra au château de Rosny furieuse; mais Sully la calma en lui disant :

— Soyez tranquille, ma mie, les choses n'iront pas loin.

Zamet avait paru enchanté du grand honneur que lui faisait Gabrielle ; il fit préparer un dîner des plus délicats et soigna lui-même les mets qu'il savait que la duchesse aimait le mieux.

Elle avait communié le matin, c'est-à-dire le jeudi de la semaine sainte.

Grosse mangeuse et enchantée d'être quitte d'un devoir qu'elle n'accomplissait qu'à contre-cœur, Gabrielle, enceinte d'ailleurs, mangea beaucoup.

L'après-midi, la duchesse alla aux *Ténèbres*, qui se devaient dire à grande musique dans l'église du Petit-Saint-Antoine. Elle marchait en litière, avec un capitaine des gardes à côté de sa litière. On lui avait gardé une chapelle, où elle entra pour n'être ni trop pressée, ni trop en vue. Mademoiselle de Guise était avec elle, et, pendant l'office la duchesse lui fit lire des lettres de Rome, par lesquelles on l'assurait qu'elle verrait bientôt le divorce du roi avec la reine Marguerite, et deux lettres que lui avait écrites le roi le même jour.

Ces lettres étaient peut-être les plus vives et les plus passionnées que le roi eût jamais écrites à la duchesse de Beaufort. Il lui annonçait qu'il dépêcherait incessamment le sieur de Fresne à Rome avec de nouveaux ordres.

Après les Ténèbres, et en sortant de l'église, elle s'appuya sur le bras de madame de Guise, en lui disant :

— Je ne sais ce que j'ai, mais je me trouve mal.

Puis, arrivée à la porte, et en montant dans sa litière :

— Venez m'entretenir, je vous prie, dans la soirée, dit-elle.

Et elle se fit reconduire chez Zamet, et, là, se trouvant un peu mieux, elle essaya de faire une promenade dans les jardins.

Mais, au milieu de sa promenade, une seconde crise la prit. Alors, comme si tout à coup un éclair passait dans son esprit, elle jeta de grands cris, demandant qu'on la tirât de chez Zamet, et qu'on la conduisît chez sa tante, madame de Sourdis, au cloître Saint-Germain.

« Ce qu'on fut obligé de faire, dit la Varenne à Sully, à cause de la passion extrême qu'elle témoignait avoir à déloger de la maison du sieur Zamet. »

Aussitôt arrivée chez madame de Sourdis, la duchesse se fit déshabiller. Elle se plaignait d'un grand mal de tête.

Madame de Sourdis n'y était pas, elle se trouva seule avec la Varenne. Il lui portait toute sorte de soins, mais n'envoyait pas chercher de médecin.

On n'en n'envoya chercher un que lorsque les crises devinrent fréquentes et terribles.

Pendant qu'on déshabillait la malade, elle fut prise d'une effroyable convulsion.

Une fois revenue, elle demanda une plume et de l'encre pour écrire au roi; mais une autre convulsion l'en empêcha.

Revenue de cette seconde convulsion, elle prit une lettre du roi qui arrivait à l'instant même. C'était la troisième qu'elle recevait depuis la veille. Elle voulut la lire; mais elle tomba dans une troisième convulsion, qui alla toujours augmentant.

Le médecin arriva; mais le médecin dit qu'il ne pouvait rien ordonner à une femme enceinte; qu'il fallait laisser agir la nature.

Le vendredi, elle fit une fausse couche; l'enfant avait quatre mois.

Le médecin n'en fit pas davantage. C'était cependant La Rivière, le médecin du roi.

Le soir du vendredi, elle perdit connaissance.

Vers onze heures, elle expira.

Le médecin l'avait littéralement regardée mourir.

Ainsi s'accomplirent les quatre prédictions qui disaient :

La première, *qu'elle ne serait jamais mariée qu'une fois;*

La seconde, *qu'elle mourrait jeune;*

La troisième, *qu'un enfant lui ferait perdre connaissance;*

La quatrième, *qu'une personne à laquelle elle donnait toute sa confiance lui jouerait un mauvais tour.*

« Après sa mort, dit Mézeray, elle parut si hideuse et le visage si défiguré, qu'on ne pouvait la regarder qu'avec horreur. Ses ennemis, ajoute-t-il, prirent de là occasion de faire accroire au peuple que c'était le diable qui l'avait mise en cet état, parce que, disaient toujours ces mêmes ennemis, elle s'était donnée à lui afin de posséder seule les bonnes grâces du roi, et qu'il lui avait rompu le col. »

Le diable, bien entendu !

Ce qui avait donné lieu à ce conte, c'est que ce même La Rivière, qui s'était contenté de la regarder mourir, eut l'imprudence de dire en sortant :

— *Hic est manus Domini.*

Au reste, quelque chose de pareil se raconta, vers le même temps, sur Louise de Budé, seconde femme de Henri de Montmorency. Quant à celle-ci, voici ce qu'en dit Sully dans ses Mémoires :

« Elle était, dit-on, en compagnie, lorsqu'on lui annonça qu'un gentilhomme d'assez bonne mine, mais de teint et de poils noirs, était là qui demandait à lui parler sur des choses de conséquence. Elle parut interdite, éperdue, et lui fit dire de revenir une autre fois. Il répondit alors que, si elle ne venait pas, il irait la chercher. Il lui fallut quitter la compagnie et, en s'en séparant, elle dit adieu, les larmes aux yeux à trois dames de ses amies, comme si elle allait à une mort certaine. En effet, elle mourut quelques jours après, ayant le visage et le col tournés sens devant derrière. Voilà le conte qu'on tient, ajoute Sully, des trois dames à qui madame de Montmorency dit adieu. »

Revenons à Henri IV.

Il était à Fontainebleau, comme nous avons dit.

Aux premières nouvelles, il en partit à cheval et ventre à terre. A Villejuif, il rencontra un courrier qui venait lui annoncer la mort de la duchesse. D'Ornano, Roquelaure et Frontenac, qui l'accompagnaient, le tirèrent en arrière, et finirent par le ramener à l'abbaye de Saussaie, au-dessus de Villejuif, où il se jeta sur un lit, en donnant des marques de la plus vive douleur.

Quelques heures après, il vint de Paris un carrosse dans lequel il monta ; puis, dans ce carrosse, il revint à Fontainebleau, où les principaux seigneurs accoururent.

Mais, en arrivant, étant entré dans la grande salle du château :

— Messieurs, dit-il, je prie la compagnie de s'en retourner à Paris et de prier Dieu pour ma consolation.

Les gentilshommes saluèrent et se retirèrent. Le roi ne garda près de lui que Bellegarde, le comte de Lude, Termes, Castelnau, de Chalosse, Monglat et Frontenac.

Et, comme Bassompierre, qui avait conduit, par eau, de Fontainebleau à Paris, la duchesse de Beaufort, se retirait avec les autres, le roi le retenant :

— Bassompierre, lui dit-il, vous avez été le dernier auprès de ma maîtresse. Demeurez aussi auprès de moi pour m'en entretenir.

« De sorte, dit Bassompierre, que je demeurai ainsi, et nous fûmes cinq ou six jours sans que la compagnie se grossît, sinon de quelques ambassadeurs qui venaient se consoler avec lui, et s'en retournaient aussitôt. »

Passé ces huit jours, Henri IV ne retint plus près de lui que Bussy, Zamet et le duc de Retz.

Ce dernier, après avoir laissé le roi exhaler quelques plaintes, lui dit presque en riant :

— Ah! par ma foi, sire, au bout du compte, cette mort me paraît un coup du ciel.

— Un coup du ciel, et pourquoi? demanda Henri IV.

— Mais songez donc à l'énormité que vous alliez faire, sire.

— Quelle énormité?

— D'épouser cette femme!... de faire de mademoiselle d'Estrées une reine de France! Oh! pour la seconde fois, je jure Dieu que la Providence vous a fait là une belle grâce.

Le roi laissa tomber sa tête sur sa poitrine et rêva quelque temps.

Puis, relevant la tête :

— Peut-être, au bout du compte, avez-vous raison, duc, lui dit-il ; soit grâce, soit épreuve, je crois qu'à tout hasard je dois remercier Dieu.

« Et il remercia Dieu et se consola si bien, dit l'auteur des *Amours du grand Alexandre*, que, trois semaines après, il devint amoureux de mademoiselle d'Entragues. »

Ce qui n'empêcha point que le roi ne portât le deuil trois mois et en noir, contre l'habitude : les rois portent le deuil en violet.

Quant à la pauvre Gabrielle, on n'apprit rien de plus sur sa mort. Seulement, le bruit subsista qu'elle avait été **empoisonnée**.

La joie fut grande à Rosny. Gabrielle mourut le samedi au matin ; mais, dès le vendredi soir, La Varenne avait envoyé un messager à Rosny.

De sorte qu'à l'heure même où Gabrielle mourait, Sully embrassa sa femme, qui était au lit, et lui dit :

— Ma fille, vous n'irez point aux levers de la duchesse, la corde a rompu.

Quant à Zamet et à La Varenne, ils restèrent tous deux fort en faveur : — Zamet appelant sa caisse le *Mont-de-Piété des rois*, — et La Varenne fondant l'église de la Flèche.

VII

Un soir, Henri et Sully causaient en tête-à-tête, dans la chambre à coucher du roi, les pieds sur les chenets, comme deux simples bourgeois de la rue Saint-Denis.

C'était trois ou quatre mois après la mort de Gabrielle, et un mois ou six semaines après que mademoiselle d'Entragues avait succédé à la duchesse de Beaufort.

— Sire, disait Sully, voici que nous avons le consentement au divorce de Marguerite, voici que votre mariage va être cassé en cour de Rome. Il faudrait songer à vous choisir une femme parmi les princesses régnantes ; car, sans que je vous rappelle votre âge à mauvaise intention, sire, vous allez avoir quarante-six ans au 13 décembre prochain, et c'est l'heure de vous marier, si vous voulez conduire votre dauphin jusqu'à sa majorité.

Henri resta un instant pensif ; puis, secouant la tête :

— Mon ami, dit-il, c'est chose grave que de prendre une

seconde femme, quand la première s'appelait Marguerite de Valois ; car supposez que je réunisse en une seule créature toutes les beautés et toutes les qualités de toutes les maîtresses que j'ai eues, je lui souhaiterais encore autre chose.

— Mais que vous faudrait-il donc trouver en une femme, sire, pour que vous fussiez content?

— Il me faudrait trouver *beauté* en sa personne, *pudicité* en sa vie, *complaisance* en son humeur, *habileté* en esprit, *fécondité* en génération, *éminence* en extraction, et *grands États* en possession ; et, mon ami, je crois que cette femme n'est encore née, ni prête à naître.

— Eh bien, dit Sully, cherchons donc un objet réel.

— Cherchons, si cela peut te faire plaisir, Rosny.

— Que dites-vous de l'infante d'Espagne, sire?

— Je dis que, quoique laide et vieille à plaisir, elle me conviendrait assez, pourvu qu'avec elle j'épousasse les Pays-Bas.

— Ne voyez-vous pas quelque princesse en Allemagne?

— Ne m'en parlez pas, Sully : une reine de cette nation a failli tout ruiner en France.

— Les sœurs du prince d'Orange?

— Elles sont huguenotes et me mettraient mal avec Rome et avec les catholiques zélés.

— La nièce du duc Ferdinand de Florence?

— Elle est de la maison de la reine Catherine, qui a fait bien du mal à la France et à moi en particulier.

— Mais alors, voyons au dedans du royaume. Vous avez, par exemple, votre nièce de Guise.

— Elle est de bon lignage, belle, grande, bien faite, un peu coquette, et aime, à ce que l'on assure, autant les poulets en papier qu'en fricassée ou à la broche. Douce, spirituelle, amusante, elle me plairait beaucoup ; mais je craindrais sa passion pour l'agrandissement de ses frères et celui de sa maison. L'aînée de la maison de Mayenne, quoique noire, ne me déplairait pas non plus ; mais elle est trop jeune. Il y a une fille dans la maison de Luxembourg, une dans celle de Guéménée, ma cousine Catherine de Rohan. Encore cette dernière est-elle huguenote, et, quant aux autres, elles ne me plaisent pas.

— Enfin, sire, dit Sully, comme, au bout du compte, il faut vous marier, à votre place, moi, je m'arrêterais tout simplement à une femme qui fût d'humeur douce et complaisante, qui me donnât des enfants, et qui fût en état de conduire le royaume et sa famille, si je laissais, en mourant, un dauphin trop jeune pour régner par lui-même.

Henri IV poussa un soupir. Sully vit bien qu'il fallait faire des concessions.

— Quitte, dit-il, à chercher dans une maîtresse les qualités qui manqueraient à ma femme.

Ce dernier point parut toucher Henri IV.

— La maîtresse, je l'ai déjà, dit-il ; reste la femme.

— Eh bien, sire, cherchons !

— Je ne vois que celles que je t'ai nommées.

— Eh bien, cherchons parmi celles que vous m'avez nommées.

Et les deux hommes se mirent à chercher.

Enfin, après avoir bien cherché, débattu, discuté, le préjugé du nom des Médicis fut écarté, et le choix s'arrêta sur Marie de Médicis, nièce de Ferdinand de Médicis, grand-duc de Florence, fille de François de Médicis, dernier duc, et de Jeanne d'Autriche.

Ce n'était déjà plus une jeune fille, lorsque Henri IV songea à l'épouser, c'était une femme de vingt-sept ans. On parlait avec éloge de sa beauté ; voyons si c'était justice.

Elle avait le front élevé, dit l'histoire, les cheveux du plus beau brun du monde, le teint d'une blancheur admirable, les yeux vifs, le regard fier, l'ovale du visage parfait, le col et la gorge admirables, les bras et les mains dignes de servir de modèle aux grands peintres et aux grands statuaires de sa patrie ; le tout complété par une taille riche et bien prise.

Voyons ce que dit la réalité.

Voyez Rubens : Rubens y a succombé. La Discorde, avec ses cheveux noirs, son corps tout frissonnant, ses yeux de flammes, est splendide. La Néréide, la blonde, est charmante, c'est un rêve d'amour pétri de lis et de rose. Mais la reine dans tout cela, — la *grosse marchande*, comme l'appelaient nos Français, — grasse et grande femme fort blanche, avec de beaux bras et une belle gorge, est essentiellement vulgaire et la vraie fille des bons marchands, ses aïeux !

Voilà pour les qualités physiques.

Quant aux qualités morales, elle était loin d'avoir toutes celles que Henri IV espérait trouver en elle. Elle avait le cœur bon, généreux même ; son esprit était d'une certaine délicatesse ; mais elle avait plus de présomption que de capacité, plus d'entêtement que de valeur réelle. Attachée avec opiniâtreté à ses sentiments ou à ceux des personnes qui la conseillaient, elle avait le goût de l'intrigue, l'instinct de cette politique italienne qui consiste à créer des partis et à les diviser ensuite. Une fois ces partis créés et divisés, elle ignorait l'art de les réunir en sa faveur et d'en tirer avantage, ce qui fit qu'au contraire elle en fut toujours victime. Le roi, dans ses moments de mauvaise humeur, l'accusait d'être fière, orgueilleuse, défiante, amie du faste et de la dépense, paresseuse et vindicative. Seulement, il ajoutait, non pas comme contre-poids de ces défauts, mais peut-être comme complément de reproches, qu'elle était discrète et qu'il était difficile de découvrir ce qu'elle voulait cacher.

Elle apportait des espérances, comme on dit en matière de contrat de mariage.

Une énorme somme d'argent, d'abord.

Et la promesse d'un pape de parti français.

Voilà pour la femme.

Quant à la maîtresse dont s'était déjà précautionné Henri IV, c'est-à-dire quant à Henriette d'Entragues, c'était — parlons d'abord de sa naissance — c'était la fille de Marie Touchet et de François de Balzac, seigneur d'Entragues, de Marcoussis et du Bois de Malesherbes, fait par Henri III chevalier de son ordre en 1573. Née en 1579, c'était la sœur cadette du fameux comte d'Auvergne, devenu plus tard duc d'Angoulême, lequel était fils naturel de Charles IX, et qui, s'il eût été fils légitime au lieu d'être fils naturel, ayant vécu soixante-dix-huit ans, c'est-à-dire jusqu'à 1659, eût supprimé Henri III, Henri IV, Louis XIII et Louis XIV.

Cette *veuve* de Charles IX, cette femme de François de Balzac, était une rude gardienne de l'honneur de sa fille. Un jour, un de ses pages s'étant émancipé avec elle, elle le tua de sa main.

Sa fille, mademoiselle d'Entragues, avait dix-neuf ans lors de la mort de Gabrielle.

Voici, sous ce rapport, ce qu'en dit Bertault dans un de ses sonnets :

> Flambeaux étincelants, clairs astres d'ici-bas,
> De qui les doux regards mettent les cœurs en cendre,

> Beaux yeux qui contraignez les plus fiers à se rendre,
> Ravissant aux vainqueurs le prix de leurs combats ;
>
> Riches filets d'amour semés de mille appâts,
> Cheveux où tant d'esprits font gloire de se prendre.
> Doux attraits, doux dédains de qui l'on voit dépendre
> Ce qui donne aux plus grands la vie et le trépas ;
>
> Beau tour où nul défaut n'a pu trouver de place,
> Et je serais stupide et je suis plein d'audace
> De taire votre gloire et d'oser la toucher ;
>
> Car, voyant des beautés si dignes de louange,
> Pour ne les louer pas, il faut être un rocher,
> Et, pour les bien louer, il faudrait être un ange.

Je ne sais si nos lecteurs ont remarqué que les trois poëtes, faisant à cette époque ces sortes de vers ayant pour but d'exalter les beautés visibles et secrètes des maîtresses du roi, étaient l'abbé Desportes, l'évêque Bertault et le cardinal du Perron.

Revenons à mademoiselle d'Entragues.

Elle s'appelait Henriette : c'était un esprit pétillant ; plus qu'un esprit, une flamme ; elle était fière, disputeuse, aigre, subtile, trèsjeune,—dix-neuf ans, avons-nous dit ;— une taille de nymphe contrastant avec la taille épaisse de Gabrielle.

Elle avait cette ressemblance avec Henri IV, de faire ce que l'on appelait alors des *saillies*, ce que nous appelons, nous, des mots. « C'était, dit Sully, *un bec affilé qui, par ses bonnes rencontres*, rendait au roi sa compagnie des plus agréables. » L'érudition ne lui manquait point, et, s'il faut en croire, Hemery d'Amboise, d'une de ses belles mains elle lisait les *Confessions de saint Augustin*, et de l'autre *les Dames galantes* de Brantôme.

Mais elle était méchante, emportée, vindicative, et bien

plus ambitieuse que tendre. Henri IV doutait qu'il eût jamais été aimé d'elle, et, à plus forte raison, nous en doutons bien autrement que lui.

Son moyen d'attraction fut de faire par intérêt ce que mademoiselle de Tignonville et Antoinette de Pons avaient fait par vertu.

« Les personnes, dit Sully, qui n'ont pour se faire estimer que quelques intrigues de cour, le mérite de faire au roi un conte avec grâce, de pousser des exclamations à tout ce qu'il peut dire, et d'être de ces parties de plaisir où les princes s'oublient comme les autres hommes, ces personnes-là lui firent tellement valoir les charmes, l'enjouement, les grâces et la vivacité de mademoiselle d'Entragues, qu'elles lui firent naître l'envie de la voir, puis de la revoir, puis de l'aimer. »

Cette répulsion de Sully pour mademoiselle d'Entragues n'était que de l'instinct ; mais elle devint bientôt de la haine, lorsque Henri IV pria son surintendant des finances de payer cent mille écus à mademoiselle d'Entragues.

C'était le prix que celle-ci, ou plutôt le père de celle-ci, avait mis à son amour.

Sully, qui jouait près de Henri IV le rôle de raisonneur, fit observer au roi qu'au moment même où il lui demandait cette somme, s'élevant à six ou sept cent mille francs de nos jours, il était forcé, lui, de faire un fonds de quatre millions pour le renouvellement de l'alliance des Suisses.

Malgré ses remontrances, force fut à Sully de donner les cent mille écus.

Mais à peine mademoiselle d'Entragues eut-elle les cent mille écus, qu'elle fit intervenir, dans des refus qui pouvaient désormais paraître singuliers au roi, son père et sa mère.

Elle écrivait en conséquence à Henri :

« Mon grand roi, je suis observée de si près, qu'il m'est impossible absolument de vous donner toutes les preuves de reconnaissance et d'amour que je ne puis refuser au plus grand roi et au plus aimable des hommes. Il faut une occasion, et ne me les ôte-t-on pas toutes avec soin et avec une cruauté presque invincible? Je vous ai tout promis, je vous accorderai tout; mais il faut le pouvoir, et le puis-je au milieu des argus dont je suis obsédée? Ne nous flattons pas, nous n'aurons jamais de liberté si nous ne l'obtenons de M. et de madame d'Entragues : ce n'est plus moi qu'il s'agit de vous rendre favorable, je n'y suis que trop disposée. Vous avez obtenu mon cœur, que n'êtes-vous pas en droit de me demander? »

Or, ce moyen d'obtenir un peu plus de liberté de M. et de madame d'Entragues, c'était de faire à mademoiselle d'Entragues une promesse de mariage.

D'abord Henri refusa.

Mais mademoiselle d'Entragues était si belle!

Henri offrit une promesse verbale faite devant les grands parents.

Mademoiselle d'Entragues répondit :

« Mon cher sire, j'ai fait parler et j'ai parlé à M. et à madame d'Entragues. Il n'en faut rien espérer. Je ne conçois rien à leur procédé. Mais ce que je puis dire à Votre Majesté, c'est que jamais ils ne se rendront, si, pour mettre leur honneur à l'abri, vous ne consentez à leur faire une promesse de mariage. Il n'a pas tenu à moi qu'ils ne se contentassent d'une promesse verbale. Ils se sont opiniâtrés à exiger une promesse par écrit. Ce n'est point cependant que je ne leur aie démontré l'inutilité et l'injustice de cette formalité, et que les écrits n'auraient pas plus d'effet que les paroles, puisqu'il n'y avait pas d'official qui pût citer devant lui un homme qui avait tant de courage, et une si bonne épée, et qui, pour ses moyens, avait toujours quarante mille hommes bien armés, et quarante canons tout prêts.

» Et cependant, sire, puisqu'ils s'entêtent à cette vaine formalité, quel risque y a-t-il à se prêter à leur manie? et, si vous m'aimez autant que je vous aime, pouvez-vous faire difficulté de les satisfaire à mon égard? Mettez-y toutes les conditions que vous désirez y mettre; tout ce que m'assurera mon amant me satisfera. »

Henri était un joueur acharné à ce dangereux jeu des femmes. On pouvait l'en tirer facilement tant qu'il gagnait, jamais tant qu'il était en train de perdre.

« Et, dit Sully, cette pimbêche et rusée femelle sut si bien cajoler le roi et le tourner de tant de côtés et gagner de telle sorte les porte-poulets et cajoleurs qui étaient tous les jours à ses oreilles, qu'il consentit à cette promesse sans laquelle on lui faisait croire qu'il ne pourrait rien obtenir de ce qu'il avait déjà payé si cher.»

Par bonheur, Sully était là.

Henri IV ne faisait rien sans le consulter.

Or, Henri IV, étant à Fontainebleau et prêt à monter à cheval pour aller à la chasse, envoya chercher Sully, et, le prenant par la main, entrelaça ses doigts aux siens, ainsi que c'était sa coutume quand il allait lui faire une demande qui l'embarrassait.

— Eh bien, sire, demanda Sully, qu'y a-t-il encore ?

— Il y a, mon cher Sully, dit le roi, que, puisque je te fais part de tous mes secrets, je vais encore t'en confier un, et te montrer ce que je veux faire pour la conquête d'un trésor que peut-être je ne trouverai pas.

Et, mettant un papier dans la main de Sully, et se tournant d'un autre côté, comme s'il eût eu honte de le voir lire :

— Lis cela, lui dit-il, et donne-m'en ton avis.

Sully lut. C'était la promesse de mariage du roi à mademoiselle d'Entragues.

Cette promesse était cependant soumise à une éventualité.

Elle portait que Henri ne s'engageait à épouser que dans le cas où, dans l'espace d'un an, mademoiselle d'Entragues mettrait au monde un enfant mâle.

Sully, après avoir lu, vint au roi.

— Eh bien, lui demanda Henri, que t'en semble?

— Sire, lui répondit le surintendant, je n'ai point encore assez réfléchi sur une affaire qui vous affecte si fort pour vous en dire mon avis.

— La, la, reprit Henri, parle librement, mon cher, et pas tant de discrétion. Ton silence m'offense plus que ne le pourraient faire toutes tes observations et toutes tes critiques; car, sur le sujet dont il s'agit, et sur lequel je ne m'attends pas à ton approbation, après les cent mille écus que je t'ai fait donner et qui te tiennent encore au cœur, je te permets de me dire tout ce qu'il te plaira, et t'assure que je ne m'en fâcherai point. Parle donc librement et dis-moi ce que tu penses, je le veux, je l'ordonne.

— Sire, c'est bien vrai que vous le voulez?

— Oui.

— Et quelque chose que je dise ou fasse, vous ne vous en fâcherez point?

— Non.

— Sire, dit alors Sully en déchirant en deux la promesse, voici mon avis, puisque vous voulez le savoir.

— Ventre-saint-gris! que venez-vous de faire là, monsieur? dit Henri. Mon avis à moi est que vous êtes un fou.

— Oui, sire, répondit Sully, je suis un fou et même un sot, et voudrais l'être si fort, que je le fusse tout seul en France.

— Je vous entends, dit le roi, et ne veux point vous en dire davantage, pour ne pas manquer à la parole que je vous ai donnée.

Alors, il quitta Sully.

Mais, en quittant Sully, il entra sans rien dire dans son cabinet, demanda de l'encre et du papier à Loménie, et fit, de sa main, une nouvelle promesse qui, celle-ci, fut envoyée.

Après quoi, il rencontra Sully au bas de l'escalier, passa devant lui sans lui parler, et s'en alla chasser pendant deux jours au Bois de Malesherbes.

En revenant à Fontainebleau, Henri trouva une somme de cent mille écus comptés à terre dans son cabinet.

Il fit appeler Sully.

— Qu'est-ce que cela? lui demanda-t-il.

— Sire, dit Sully, c'est de l'argent.

— Je le vois bien, que c'est de l'argent.

— Devinez, sire, combien il y a là.

— Comment veux-tu que je devine cela? Tout ce que je sais, c'est qu'il y en a beaucoup.

— Non, sire.

— Comment, non?

— Il n'y a que cent mille écus.

Henri comprit; puis, après un moment de silence :

— Ventre-saint-gris! dit-il, voilà une nuit bien payée.

— Sans compter la promesse de mariage, sire.

— Ah! quant à la promesse de mariage, dit Henri IV, comme elle n'est valable qu'à la condition qu'il y aura un enfant, et que cela me regarde...

— Peut-être pas tout seul, sire?

— Oui, mais mâle, mâle, il faut que l'enfant soit mâle.

— Confions-nous donc à Dieu, sire ! Dieu est grand !

— Et, en mon absence, demanda Henri, il n'est rien arrivé de nouveau ?

— Si fait, sire. Il est arrivé que votre divorce a été canoniquement prononcé à Rome.

— Ah ! diable, fit Henri un peu dégrisé, voilà qui change bien les affaires.

Ce fut quelques jours après cette nouvelle, qui changeait bien les affaires, en effet, que Henri IV et Sully, raccommodés, avaient tête à tête et les pieds sur les chenets cette conversation matrimoniale que nous avons rapportée au commencement de ce chapitre.

VIII

Le choix, comme nous l'avons dit, s'arrêta donc sur Marie de Médicis. Cependant, Henri hésitait encore.

Sully, qui connaissait sa puissance sur son maître, se chargea de tout, et signa avec Villeroy et Sillery le contrat de mariage.

Puis, comme, pendant cette opération, le roi l'avait deux fois demandé, il se rendit aux ordres du roi.

— D'où diable viens-tu donc, Rosny ? lui dit le roi dès qu'il l'aperçut.

— Ma foi, répondit Sully, de vous marier, sire.

— Ah ! ah ! fit Henri, de me marier ?

— Oui ; ainsi, il n'y a plus à vous en dédire, le contrat est signé.

Henri fut une demi-heure à garder le silence, se grattant la tête et se rongeant les ongles.

Enfin il rompit le silence, et, frappant d'une main sur l'autre :

— Eh bien soit, dit-il, marions-nous, puisque, pour le bien de mon peuple, il faut que je sois marié. Mais je crains bien de rencontrer *une mauvaise tête*, qui me réduise à des contestations domestiques, que je crains plus que tous les embarras réunis de la guerre et de la politique.

De quelle mauvaise tête parlait le roi ? Était-ce d'Henriette de Balzac d'Entragues, ou de Marie de Médicis ?

Dans l'un ou l'autre cas, il en fut fait comme voulait Sully. Et en effet, c'était presque toujours ainsi que les choses se passaient entre le ministre et le roi.

Disons quelques mots de Sully, l'homme, après Henri IV, le plus populaire de son époque.

C'est une excellence assez inconnue, et qu'il n'y a pas de mal à voir un peu aussi en robe de chambre.

Nous profitons du moment où Henri IV se dispute avec sa maîtresse, à propos de son mariage qu'elle vient d'apprendre, pour nous occuper de son ministre.

Vous devinez bien, n'est-ce pas ? ce qu'ils peuvent se dire, tandis que vous ne devinez pas ce que je puis vous dire de Sully.

Sully prétendait descendre de la maison des comtes de Béthune en Flandre, tandis que ses ennemis prétendaient qu'il descendait tout simplement d'un Écossais nommé *Béthun*.

Ce fut au siége d'Amiens que commença en réalité sa grande fortune près du roi ; poussé par Gabrielle d'Estrées, il passa sur le corps de M. Harlay de Sancy, alors surintendant.

Harlay de Sancy avait rendu de grands services à Henri IV, et, entre autres, pour lui procurer des secours, il avait mis en gage, chez les juifs de Metz, un très-beau diamant, réuni aujourd'hui aux diamants de la couronne, *le Sancy*.

Mais, un jour que Henri IV le consultait sur son mariage avec Gabrielle d'Estrées :

— Ma foi, sire, avait-il répondu, catin pour catin, j'aime autant la fille de Henri II que celle de madame d'Estrées.

Henri IV avait très-bien pardonné ce mot à Sancy, qu'il aimait et qu'il estimait.

Mais Gabrielle ne le lui pardonna point et poussa Sully à sa place.

Sully faisait une cour fort assidue à Gabrielle ; mais, une fois nommé surintendant, il tourna tout naturellement contre elle.

Nous avons vu le chagrin qu'il ressentit de sa mort.

Quant à Sancy, qui passait pour aussi honnête homme que Sully pour grand pillard, il rentra dans la vie privée et mourut si pauvre, des dettes qu'il avait contractées au service du roi, que Henri rendit une ordonnance qui défendait à tout créancier de faire conduire Sancy à la prison et à tout huissier de l'y conduire. Le bonhomme ne marchait jamais sans son ordonnance, qu'il portait sous son pourpoint, dans un portefeuille retenu par une chaîne. Il lui arriva souvent d'être pris par les sergents. Il se laissait conduire jusqu'à la porte de la prison, puis, à la porte de la prison, montrait son ordonnance et force était aux sergents de le lâcher.

Quand on lui demandait pourquoi il faisait cela, il répondait avec un rire moitié gai, moitié triste :

— Je suis si pauvre, que c'est la seule récréation que je puisse me donner.

Encore un mot sur M. de Sancy, sous le nom duquel a paru *le Divorce satirique* de d'Aubigné, ou plutôt sur ses enfants, puis nous reviendrons à Sully, et, après Sully, à Henri IV.

M. de Sancy avait deux fils.

L'un des deux était page de la chambre de Henri IV. Las de porter le flambeau à pied devant le roi, il trouva bon d'acheter une haquenée et de porter le flambeau à cheval. Le roi trouva le luxe un peu bien grand pour un page. Il s'informa, apprit que c'était le fils de Sancy, et ordonna qu'en rentrant au Louvre, on lui donnât le fouet.

Pendant tout le temps que dura l'exécution, le jeune homme jurait *par la mort!* Mais, comme il zézeyait, et qu'au lieu de dire *par la mort*, il disait *pa-la-mort*, le nom lui en resta, et, de ce jour, on ne l'appela plus que *Palamort*.

C'était un plaisant homme, dit Tallemant des Réaux. Il trouva une fois madame de Guéménée sur le chemin d'Orléans. Elle revenait à Paris, lui s'ennuyait d'être à cheval, car il faisait mauvais temps. Il s'approcha du carrosse de madame de Guéménée et le fit arrêter.

— Ah! madame, dit-il, il y a des voleurs à la vallée de Torfou, et, comme vous êtes seule, je m'offre à vous escorter.

— Je vous rends grâce, lui dit-elle, je n'ai pas peur.

— Ah! madame, reprit Palamort, il ne sera pas dit que je vous ai abandonnée dans le besoin.

Et, ce disant, il baissa la portière, et, quoi qu'elle dît, se mit dans le carrosse, laissant son cheval suivre comme un chien.

A Rome, un jour que madame de Brissac, femme de l'ambassadeur, devait aller visiter la vigne des Médicis, il partit devant pour voir si rien n'y manquait. Une niche était vide. On avait emporté la statue la veille pour la réparer.

— Ah! voilà qui fait mal, dit-il.

Et, s'étant déshabillé et ayant caché ses habits dans un massif, il se mit dans la niche et prit la pose de l'Apollon Pythien.

A cinquante ans, il se fit père de l'Oratoire. On ne l'appelait que le *père Palamort*. Son nom de Sancy était complétement oublié.

Sa conduite était irréprochable. Seulement, il n'avait dans sa chambre que des saints à cheval et portant l'épée, comme saint Maurice et saint Martin.

L'autre fils de M. de Sancy, après avoir été ambassadeur à Constantinople, se fit aussi père de l'Oratoire.

Un jour, il passa par un couvent de carmélites fondé par son grand-père. Les religieuses ne lui firent pas plus d'honneur qu'à un homme à la famille duquel elles n'eussent eu aucune obligation.

Il s'en plaignit.

Un autre jour qu'il repassait, la supérieure voulut réparer sa faute; mais il se trouvait justement que la clef de la grille était perdue. On fut une demi-heure à la retrouver, puis il y eut toute sorte de cérémonies pour décider la supérieure à lever son voile.

Enfin elle le leva, et le moine vit un visage jaune comme un citron.

— Peste soit de la béguine, dit-il, qui me fait attendre mon dîner une demi-heure et qui me montre une omelette!

Et il lui tourna le dos.

Revenons à Sully.

Son premier emploi avait été d'être contrôleur des passeports au siége d'Amiens. Fort ignorant en matière de finances, il s'adjoignit, à peine nommé surintendant, un certain Ango Cappel, sieur de Luat, qui était en même temps auteur, et qui, fidèle à son maître, chose rare, fit imprimer, lors de la disgrâce de Sully, un petit livre à sa louange intitulé *le Confident*.

De Luat fut arrêté et mis en prison à cause de ce livre.

Arrivé devant le juge instructeur, celui-ci lui ayant dit :

— Promettez-vous de dire la vérité ?

— Peste ! répondit-il, je m'en garderai bien. Je ne suis dans ce moment devant vous que pour l'avoir dite.

Tout surintendant des finances qu'il était, Sully n'avait point de carrosse et allait au Louvre *en housse*, comme on disait à cette époque, pour dire à cheval. Était-ce avarice ? était-ce parce que Henri IV, qui ne voulait pas que son page eût une haquenée, ne voulait pas que son ministre eût un carrosse ?

Le marquis de Cœuvres et le marquis de Rambouillet furent les premiers qui eurent des carrosses. Le dernier donnait pour raison sa mauvaise vue, l'autre une faiblesse dans le tendon d'Achille. Le roi grondait toujours à cause d'eux, et ils se cachaient quand ils se trouvaient sur son chemin.

Louis XIII avait la même répugnance à voir les seigneurs se donner ce luxe. Un jour, il rencontra M. de Fontenay-Mareuil en carrosse.

— Comment un garçon a-t-il un carrosse ? dit-il.

— Il va se marier, lui répondit-on.

Ce n'était pas vrai.

Du temps de Henri IV, à peine savait-on même ce que c'était que les chevaux marchant l'amble. Le roi seul avait une haquenée, on trottait derrière lui.

Quand le roi fit M. de Sully surintendant, celui-ci fit ce

que sont habitués de faire les rois de France quand on les appelle à la couronne. Il fit l'inventaire de ses biens qu'il donna au roi, jurant qu'il ne voulait vivre que de ses appointements et de l'épargne de sa terre de Rosny.

Le roi, qui était Gascon, rit beaucoup de la gasconnade.

— Vraiment, dit-il, jusqu'ici j'avais hésité à décider si Sully était d'origine écossaise ou flamande. Décidément, il est Écossais.

— Pourquoi cela, sire ? lui demanda-t-on.

— Parce que les Écossais sont les Gascons du Nord.

C'est que Henri IV ne voyait que ce qu'il voulait voir, témoin le jour où M. de Praslin voulut lui montrer Bellegarde chez Gabrielle. Sully ne lui en imposait donc pas avec sa prétendue rigidité.

Un jour qu'il était au balcon regardant venir Sully, Sully le salua, et, en le saluant, faillit choir.

— Oh! ne vous en étonnez pas, dit le roi à ceux qui étaient près de lui, si le plus ivrogne de mes Suisses avait autant de pots-de-vin que lui dans la tête, il serait tombé tout de son long.

IX

Sully, si populaire depuis sa mort, était médiocrement aimé de son vivant. Cela tenait à sa brusquerie et à son air rébarbatif.

Un soir, après dîner, cinq ou six seigneurs des mieux reçus au Louvre vinrent lui faire la cour à l'Arsenal.

Leurs noms l'empêchaient de les mettre à la porte : ayant

leurs entrées chez le roi, ils pouvaient bien les avoir chez lui.

Il les reçut donc, mais avec l'air maussade qui lui était habituel.

— Que me voulez-vous, messieurs ? leur demanda-t-il.

L'un d'eux, croyant être mieux reçu en prévenant tout de suite le surintendant qu'il n'avait, ni lui ni ses compagnons, aucune grâce à demander, répondit :

— Tranquillisez-vous, monsieur, nous ne venons que pour vous voir.

— Ah ! si vous ne venez que pour cela, dit Sully, ce sera bientôt fait.

Et, s'étant tourné devant et derrière pour se faire voir, il rentra dans son cabinet et ferma la porte sur lui.

Un Italien, de ceux qui étaient venus à la suite de Marie de Médicis, avait eu affaire à lui pour de l'argent et en avait reçu tout un monde de rebuffades sans en avoir tiré une pistole. Une dernière fois, revenant de l'Arsenal, il passa par la Grève, juste au moment où l'on pendait trois ou quatre malfaiteurs.

— *O beati impeccati*, s'écria-t-il, *che non avete da fare con quel Rosny !* (O bienheureux pendus ! qui n'avez pas affaire à ce Rosny !)

Sa difficulté à donner de l'argent faillit lui mal tourner. Un vieux maître d'hôtel du maréchal de Biron, fort connu du roi, et qui s'appelait Pradel, ne pouvait avoir raison de Sully, qui se refusait à lui payer ses gages. Un matin, comme il avait pénétré jusque dans la salle à manger, que Sully s'entêtait à l'en faire sortir, et Pradel à y rester, Sully le voulut pousser dehors par les épaules ; mais Pradel prit un couteau sur la table et déclara à Sully que, s'il le touchait seulement du bout du doigt, il lui planterait son couteau dans le ventre.

Sully rentra dans son cabinet et le fit mettre dehors par ses gens.

Pradel alla trouver le roi.

— Sire, dit-il, j'aime mieux être pendu que de mourir de faim, c'est plus vite fait. Si d'ici à trois jours je ne suis pas payé, j'aurai le regret de vous annoncer que j'ai tué votre surintendant des finances.

Il l'eût fait comme il disait; mais, sur l'ordre précis de Henri IV, Sully le paya.

Celui-ci avait eu l'idée, bonne idée au reste, de faire planter des ormes sur les grands chemins pour les orner.

Ces ormes, on les appelait des *Rosnys*.

Le surintendant était si fort détesté, que les paysans les coupaient pour lui faire pièce.

— C'est un *rosny*, disaient-ils, faisons-en un *biron*.

Biron, on se le rappelle, fut décapité en 1602.

A propos de ce même Biron, auquel nous reviendrons naturellement, comme à tous les grands hommes du règne de Henri IV, Sully dit dans ses Mémoires :

« M. de Biron et douze des plus galants seigneurs de la cour ne pouvaient venir à bout d'un ballet qu'ils avaient entrepris.

» Il fallut, pour qu'il réussît, ajoute-t-il, que le roi me fît venir et me commandât de m'y mettre. »

Vous ne voyez pas Sully en maître de ballet, n'est-ce pas, chers lecteurs? et cependant c'était, sinon sa vocation, du moins son orgueil. Tout au contraire de Crillon, qui n'avait jamais voulu apprendre à danser, parce qu'il fallait *plier* et *reculer*, la danse était la folie de Sully. Tous les soirs, jusqu'à la mort de Henri IV, un valet de chambre du roi, nommé La Roche, montait chez Sully et lui jouait, sur le luth, des danses du temps, et Sully les dansait tout seul, coiffé d'un bonnet fantastique qu'il portait d'habitude dans son cabinet, n'ayant d'autres spectateurs que Duret, depuis président de Chivry, et son secrétaire La Clavelle.

Parfois cependant, les jours de grande fête, on amenait des filles et l'on bouffonnait avec elles.

Veuf en premières noces d'Anne de Courtenay, il s'était remarié en secondes à Rachel de Cochefilet, veuve elle-même de Châteaupers.

C'était une gaillarde qui ne se privait point d'amants. Sully, au reste, n'en était pas dupe, et, pour qu'on ne l'accusât point d'ignorer ce qu'il savait parfaitement, dans les comptes qu'il tenait de l'argent donné à sa femme, il mettait :

« Tant pour votre table,

» Tant pour votre toilette,

» Tant pour vos domestiques,

» Tant pour vos amants. »

Il avait fait faire, pour aller chez sa femme, un escalier tout à fait indépendant du sien.

L'escalier fini, il en donna la clef à la comtesse, et, en la lui donnant :

— Madame, lui dit-il, faites passer les gens que vous savez par cet escalier. Tant qu'ils entreront par là, je n'ai rien à dire. Mais je vous préviens que, si je rencontre un de ces messieurs dans mon escalier à moi, je lui en fais sauter toutes les marches.

Il était calviniste, et, tout en donnant au roi le conseil d'abjurer, jamais il n'avait voulu abjurer lui-même.

— On peut se sauver en toute religion, disait-il.

Au moment de sa mort, il ordonna qu'à *tout hasard*, on l'enterrât en terre sainte.

Vingt-cinq ans après que tout le monde avait renoncé à porter des chaînes et des ordres en diamants, lui en portait tous les jours et s'en allait se promener, ainsi chamarré, sous les porches de la place Royale, qui était près de son hôtel.

Sur la fin de ses jours, il se retira à Sully, où il entretenait une espèce de garde suisse qui battait aux champs et lui présentait les armes quand il entrait et quand il sortait.

« Il avait, en outre, dit Tallemant des Réaux, quinze ou vingt vieux paons, et sept ou huit vieux reîtres de gentilshommes qui, au son de la cloche, se mettaient en rang pour lui faire honneur quand il allait à la promenade, et qui le suivaient par derrière. »

Enfin il mourut dans son château de Villebon, trente et un ans après Henri IV.

Louis XIII l'avait fait maréchal en 1634.

La terre de Rosny fut, en 1817 ou 1818, je crois, achetée deux millions par le duc de Berry.

M. de Girardin était en marché pour vendre au prince la terre d'Ermenonville.

— Combien veux-tu me la vendre, la terre d'Ermenonville? lui demanda le prince pendant une chasse à Compiègne.

— Deux millions, monseigneur.

— Comment! deux millions?

— Sans doute; n'est-ce point le prix que Votre Altesse a payé Rosny?

— Et l'ombre de Sully, la comptes-tu pour rien? répondit le prince.

M. de Girardin eût pu répondre: « Altesse, nous avons

celle de Jean-Jacques Rousseau, qui vaut bien l'ombre d'un ministre. »

Revenons à Henri IV.

X

Nous l'avons laissé disputant avec mademoiselle d'Entragues, au moment où celle-ci avait appris son mariage avec Marie de Médicis.

Elle était d'autant plus furieuse que la promesse, on se le rappelle, portait que Henri l'épouserait si, dans l'espace d'un an, elle mettait au monde un enfant mâle.

Or, mademoiselle d'Entragues était enceinte.

La question n'était donc plus que de savoir si l'enfant serait mâle ou femelle.

La cour était à Moulins, et mademoiselle d'Entragues à Paris.

Elle faisait tout au monde pour que le roi vînt à Paris et assistât à ses couches.

Mais la Providence avait décidé que Henri ne serait point mis dans ce nouvel embarras.

Il se fit un grand orage, le tonnerre tomba dans la chambre où mademoiselle d'Entragues était couchée, passa sous le lit, et, sans lui faire aucun mal, lui causa une telle frayeur, qu'elle accoucha d'un enfant mort.

Le roi accourut à cette nouvelle, et prit grand soin de la malade. Mademoiselle d'Entragues commença par lui faire des reproches sur ses trahisons et ses parjures; mais, voyant qu'une trop longue obstination de sa part pouvait lasser son royal amant, et qu'il n'y avait plus d'espérance de le faire revenir à elle, comme époux du moins, elle finit par accepter, en manière de dédommagement, le titre de marquise de Verneuil. Puis, passant de l'extrême hauteur à une extrême soumission, elle demanda tout au moins de conserver le titre de maîtresse, ne pouvant obtenir celui de femme.

Ce qui avait surtout déterminé le roi à consentir à son mariage si bien escamoté par Sully, c'étaient les soupçons qu'il avait sur Bellegarde. Bellegarde, qui avait été, assurait-on, l'amant de cœur de la duchesse de Beaufort, n'était point maltraité, disait-on toujours, de mademoiselle d'Entragues.

Deux mots de ce rival, que Henri IV trouvait toujours sur son chemin ou plutôt sur le chemin de la chambre à coucher de ses maîtresses.

Rocher de Saint-Lary, duc de Bellegarde, grand écuyer de France, avait, à l'époque où nous sommes arrivés, c'est-à-dire en 1599, trente-six ans à peine.

Racan disait qu'on avait cru de M. de Bellegarde trois choses qui n'étaient point :

La première, qu'il était brave ;

La seconde, qu'il était galant ;

La troisième, qu'il était libéral.

Il était fort beau, et on l'accusait, à cette époque où la beauté était à la cour un grand moyen de faire sa fortune, d'avoir usé de ce moyen-là. Il avait été le favori de Henri III, et l'on avait, à cette époque, tenu de fort méchants propos sur lui.

— Voyez, disait-on à un courtisan malheureux, comme M. de Bellgarde avance, tandis que vous ne pouvez rien obtenir, vous !

— Morbleu ! répondit celui-ci, ce n'est pas un grand miracle qu'il avance, on le pousse assez par derrière pour cela.

Il avait la voix très-belle et chantait bien, était fort propre d'habits et fort élégant de langage. Mais, malgré cette élégance et cette propreté, comme il prenait beaucoup de tabac, « dès trente-cinq ans, dit Tallemant des Réaux, il avait la roupie au nez. »

Avec le temps, cette incommodité augmenta.

Louis XIII, qui fit Saint-Simon duc parce qu'il *ne bavait pas* dans son cor, détestait fort cette roupie de Bellegarde, et cependant il n'osait rien lui en dire, lui portant respect comme à un ami du feu roi son père.

— Maréchal, dit-il un jour à Bassompierre, chargez-vous donc de faire savoir à Bellegarde que sa roupie me gêne.

— Ma foi, sire, dit Bassompierre, je prierai Votre Majesté de faire, s'il lui plaît, à quelque autre que moi l'honneur de le charger de cette commission.

— Alors, trouvez-moi un moyen d'arriver à mon but.

— Ah! quant à cela, c'est bien facile, dit Bassompierre. La première fois que M. de Bellegarde sera à votre lever ou à votre coucher, vous n'avez qu'à ordonner, en riant, à tout le monde de se moucher.

Le roi ne manqua pas de suivre ce conseil.

Mais Bellegarde, se doutant de qui lui venait cette botte secrète :

— Sire, dit-il, il est vrai que j'ai cette incommodité que vous me reprochez; mais vous la pouvez bien souffrir puisque vous souffrez bien les pieds de M. de Bassompierre.

Le mot faillit amener une rencontre entre Bassompierre et Bellegarde. Mais le roi s'entremit, et le duel n'eut pas lieu.

Quant à ce reproche qu'on lui faisait de ne point être brave, c'était bien à tort; et, sur ce point, le duc d'Angoulême, bâtard de France, ce fils de Charles IX et de Marie Touchet duquel nous aurons à nous occuper tout à l'heure, lui rend pleine justice dans ses Mémoires :

« Parmi ceux qui donnèrent, au siége d'Arques, le plus de marques de leur valeur, dit-il, il faut nommer M. de Bellegarde, grand écuyer, duquel le courage était accompagné d'une telle modestie, et l'humeur d'une si affable conversation, qu'il n'y en avait point qui, parmi les combats, fît paraître plus d'assurance, ni dans la cour plus de gentillesse. Il vit un cavalier tout plein de plumes, qui demanda à faire un coup de pistolet pour l'amour des dames, et, comme il en était le plus chéri, il crut que c'était à lui que s'adressait le cartel, de sorte que, sans attendre, il part de la main sur un genet nommé Fregouze, et attaqua avec autant d'adresse que de hardiesse ce cavalier, lequel, tirant M. de Bellegarde d'un peu loin, le manqua. Mais lui, le serrant de près, lui rompit le bras gauche, si bien que, tournant le dos, le cavalier chercha son salut en faisant retraite dans le premier escadron qu'il trouva des siens. »

Il ne pouvait pas se déshabituer de faire sa cour aux maîtresses ou aux femmes des rois. Après avoir été l'amant de la duchesse de Beaufort et de mademoiselle d'Entragues, après avoir passé pour être celui de Marie de Médicis, il faisait sa cour à Anne d'Autriche, quoi qu'il eût déjà cinquante ou cinquante-cinq ans.

Un de ses tics était de dire à tout propos : « Ah! je suis mort ! »

— Que feriez-vous à un homme qui vous parlerait d'amour? demandait-il à l'épouse de Louis XIII.

— Je le tuerais, répondit la sévère princesse.

— Ah ! je suis mort ! s'écria Bellegarde.

Et il se laissa aller à la renverse, comme s'il était mort en effet.

Or, comme nous l'avons dit, des bruits avaient couru, qui étaient revenus à Henri IV, sur l'intimité de ce gentilhomme avec mademoiselle d'Entragues.

Mademoiselle d'Entragues, à qui ces bruits faisaient perdre une couronne qu'elle croyait déjà tenir, les attribua à l'indiscrète fatuité de Bellegarde.

Alors, elle s'adressa à Claude de Lorraine, qu'on appelait alors le prince de Joinville, et qui passait pour n'être pas trop mal non plus avec elle, pour qu'il la débarrassât de de M. de Bellegarde.

Le prince, qui voyait en lui un rival, ne demanda pas mieux. Il attendit le duc devant la maison de Zamet, près de l'Arsenal, où couchait le roi, et l'attaqua. Surpris à l'improviste, Bellegarde fut blessé ; mais ses gens accoururent à son secours et poursuivirent le prince, lequel eût été tué s'il n'eût été secouru lui-même par le marquis de Rambouillet, qui était de la maison d'Angennes, et qui, dans cette estocade, fut dangereusement blessé.

Le roi apprit la chose et entra dans une grande colère contre le prince de Joinville, qu'il soupçonnait n'être point haï de la belle Henriette d'Entragues, et il ne fallut pas moins que les prières de sa mère et de mademoiselle de Guise pour tout apaiser.

Mais enfin la grande affaire qui était sur le tapis écarta toutes ces tracasseries.

Quelle était cette grande affaire ?

C'était la guerre avec Charles-Emmanuel, duc de Savoie.

Le duc de Savoie, pendant la Ligue, et quand chacun mordait dans la France à belles dents, le duc de Savoie avait mordu de son côté. Seulement, lui, il avait enlevé le morceau.

Ce morceau, c'était Saluces, cette porte de l'Italie dont Henri III, mais non Henri IV, pouvait laisser la clef aux mains de la Savoie.

En 1599, c'est-à-dire quelque temps après la mort de Gabrielle, il prit une fantaisie au duc de Savoie, c'était de venir à Fontainebleau.

Son arrivée y produisit sensation : il était fait comme son duché, — bossu et ventru.

Avec cela, le cœur plein de fiel et la tête pleine de malice; tout maussade encore d'un tour que venait de lui faire son beau-père, Philippe II, mort enragé, l'année précédente, d'avoir été obligé de signer la paix avec Henri IV.

Quel était le tour que Philippe II lui avait fait ?

Il avait légué à la femme du duc de Savoie un magnifique crucifix; tandis qu'il léguait, à son autre fille, les Pays-Bas, ce qu'il en restait du moins, les neuf provinces du Sud.

Le bossu était venu pour voir la France, mais il n'avait pas dit sous quel point de vue il comptait la regarder.

Nous verrons la chose à propos de Biron.

Il endormit le roi, qui, du reste, horriblement fatigué, à cette époque, ne demandait pas mieux que de dormir, lui promit Saluces ou la Bresse; puis, une fois sorti de France, après avoir fait, comme nous le verrons plus tard, de Biron un traître, il avait déclaré qu'il ne rendrait ni Saluces ni la Bresse.

C'était la guerre.

Mais la France était ruinée et Henri IV n'avait pas le sou. Si le roi épousait Marie de Médicis, la dot de la princesse faisait les frais de la guerre.

Mais la promesse de mariage d'Henriette d'Entragues? — Ah! le bon billet qu'a la Châtre!

Seulement, Henri IV se vendait cher. Il voulait une dot de quinze cent mille écus.

C'était impossible, si riche que fût Ferdinand. Après avoir bien marchandé, bien débattu, Henri IV céda à six cent mille.

Il fallait que les marchands florentins crussent faire une bonne spéculation pour se dessaisir d'une pareille somme.

Encore voulait-il la dot tout de suite, tant il était pressé; le mariage viendrait après.

Henri IV, avec son régiment de maîtresses, avait moins besoin de la femme que de l'argent.

Ah! si l'on eût voulu se contenter là-bas, comme l'avait fait Henriette d'Entragues, d'une promesse de mariage!

Il n'y eut pas moyen : le grand-duc répondit que l'on n'aurait l'argent qu'avec la femme.

Sully fit alors des miracles. Avant la mort de Gabrielle, il était surintendant des finances; depuis sa mort, grand maître de l'artillerie.

L'artillerie avait été fondée, en réalité, par Louis XI. Jean Bureau l'avait inventée. — Peut-être nous chicanerait-on sur le mot *appliquée*. — A Marignan, François Ier s'en était servi avec succès.

A Arques, Henri IV lui avait mis des ailes.

C'est d'Arques que date l'artillerie volante.

Pour faire marcher son artillerie, Sully arrêta les payements et poussa tout l'argent de la France vers la guerre.

Le 19 octobre 1599, Henri IV apprit, à Chambéry, que son mariage avait été célébré à Florence.

Le même jour, ayant près de lui Henriette d'Entragues, encore toute désespérée de ce coup de tonnerre, — qui tuait à la fois et son enfant et l'espérance d'être reine de France, — ne pouvant résister au torrent de larmes que lui arrachait la nouvelle de ce mariage célébré à Florence, elle fit tant que Henri lui donna, pour la consoler, une lettre de créance pour un *agent spécial*, qu'il l'autorisait à envoyer à Rome, dans le but d'invalider le mariage toscan.

La raison donnée, par Henri IV lui-même, était qu'étant engagé avec Henriette d'Entragues, ses ministres n'avaient pu l'engager avec Marie de Médicis.

Ce messager fut un capucin nommé le père Hilaire. — On faillit le pendre à Rome. — C'était peut-être ce que désirait Henri IV.

Henri IV, qui ne pouvait pas se passer d'avoir de l'esprit en toute chose, s'était douté qu'il existait quelque compromis tacite entre le bossu et Biron.

Il y avait, en conséquence, envoyé Biron contre le bossu.

Mais il avait passé en Bresse pour ne pas perdre de vue son général.

Occupons-nous un peu de Charles de Gontaud, duc de Biron.

XI

Biron avait un an de plus que Bellegarde, était de moyenne taille, avait le visage d'un brun très-marqué, avait les yeux enfoncés et le regard sinistre. Au reste, brave jusqu'à la témérité.

Après son exécution, le bourreau compta vingt-sept blessures sur son corps.

Biron semblait être né sur un champ de bataille, tant, si jeune qu'il fût, il paraissait apte à la guerre. Au siége de Rouen, où il était ayant à peine quatorze ans, il dit à son père, à la vue d'un gros d'assiégés qui allaient en fourrage :

— Mon père, donnez-moi cinquante hommes seulement et je me charge de faire toute cette masse d'ennemis, car, de la façon dont ils se sont engagés ils ne pourront pas se défendre.

— Je le vois aussi bien que toi, lui répondit son père ; mais cela pourrait faire finir la guerre, et à quoi serions-nous bons s'il n'y avait pas de guerre ?

Il avait fait ses premières campagnes dans l'armée de la Ligue, et nous avons vu la reine Marguerite fort irritée de l'inconvenance qu'il avait commise de lui envoyer un boulet à quatre pieds au-dessous d'elle.

A la mort de Henri III, il se rallia à Henri IV, fut admirable de courage à Arques, à Ivry et au siége de Paris et de Rouen, au combat d'Aumale et à celui de Fontaine-Française, où Henri IV lui sauva la vie.

Aussi, à quatorze ans, était-il colonel des Suisses, et, à vingt, maréchal de camp ; à vingt-cinq, lieutenant général, en 1592. Après la mort de son père, le roi lui donna le titre d'amiral de France, qu'il lui retira en 1594 pour lui donner celui de maréchal de France. Enfin, en 1595, Henri l'avait nommé gouverneur de la Bourgogne.

Par malheur, Biron, tête sans cervelle, était aussi orgueilleux que brave ; malgré toutes ces récompenses, il se plaignait sans cesse, disant que tous ces jean-... de princes n'étaientbons qu'à noyer, et que, sans lui, Henri IV n'aurait qu'une couronne d'épines ; avide de louanges encore plus que de faveurs et d'argent, il se trouvait que le roi ne louait jamais que lui-même et ne lui avait jamais dit une bonne parole sur son courage.

Sans doute avait-il oublié cette phrase de la lettre qu'il remit à la reine Élisabeth de la part de Henri IV :

Je vous envoie le plus tranchant instrument de mes victoires.

Avec cela Biron était savant, plus savant qu'il ne convenait à cette époque à un homme de guerre. Aussi était-il presque aussi honteux de sa science qu'orgueilleux de sa bravoure.

Un jour, Henri IV était à Fresnes ; le roi demandait l'explication d'un vers grec qui était dans la galerie. Ceux à qui il le demandait étaient des maîtres des requêtes qui, ne sachant pas le grec, faisaient semblant de ne pas entendre.

Or, le maréchal, qui passait, avait entendu la question du roi.

— Sire, dit-il, voilà ce que veut dire ce vers.

Il le dit et se sauva, tout contrit qu'il était d'en savoir plus que des gens de robe.

S'il aimait l'argent, c'était pour le dépenser, et il était fort magnifique et fort humain. Son intendant Sarran le pressait depuis longtemps de réformer son train, et, un jour, il lui apporta la liste de ceux de ses domestiques qui lui étaient inutiles. Le maréchal prit la liste, et, après l'avoir examinée :

— Voilà donc, dit-il, ceux dont vous prétendez que je puis me passer ; mais... il faut savoir si eux peuvent se passer de moi.

Et, malgré les instances de Sarran, il n'en chassa aucun.

Or, Biron, malgré tout ce qu'il devait à Henri IV, avait fait un pacte avec Charles-Emmanuel et le roi d'Espagne.

Voici la conspiration en deux lignes :

Henri n'avait pas d'enfant légitime. A la mort de Henri, le roi d'Espagne devenait roi de France. Le duc de Savoie prenait la Provence et le Dauphiné. Biron épousait une de ses filles, et recevait la principauté d'une province de France.

Un gentilhomme attaché à Biron, et que celui-ci avait mécontenté dans un mouvement d'orgueil, révéla tout à Henri IV.

Henri IV se contenta d'ôter son commandement à Biron, et d'envoyer ambassadeur en Angleterre le *plus tranchant instrument de ses victoires.*

Puis, se mettant lui-même à la tête de ses troupes, il battit à plate couture le duc de Savoie. Pendant ce temps, Marie de Médicis abordait en France. Le 13 octobre 1799, elle fit ses adieux à sa famille.

Le dernier mot du grand-duc à sa nièce fut :

— Soyez enceinte.

Il se rappelait la longue stérilité de Catherine de Médicis, et le danger où cette stérilité l'avait mise d'être répudiée.

Cet oncle prudent, le grand-duc, avait tout fait pour que sa recommandation s'accomplît.

La fiancée partait avec une armée de cavaliers servants.

Parmi ces cavaliers servants, ces sigisbés, comme on les appelait alors, trois étaient au premier rang.

Le premier était le cousin de la fiancée, Virginio Orsini, duc de Bracciano ;

Le second, Paolo Orsini ;

Le troisième Concino Concini.

Les mauvais plaisants, il y en a partout, même dans le cortége des fiancées, disaient que c'étaient — le passé, — le présent — et l'avenir.

Virginio Orsini était *le passé*.

Paolo Orsini était *le présent*.

Concino Concini était *l'avenir*.

Marie de Médicis venait avec trois flottes, une de Toscane, une du pape, une de Malte, en tout dix-sept galères.

Ces dix-sept galères étaient montées par six à sept mille Italiens.

Cela ressemblait à une invasion.

Le 17 octobre, on s'embarqua à Livourne.

Le 3 novembre seulement, on arriva à Marseille.

On avait mis dix-sept jours à faire la route.

Malherbe en donna la raison. Selon lui, Neptune, amoureux de la future reine de France, l'aurait retardée de dix jours.

> Dix jours ne pouvant se distraire
> Du plaisir de la regarder,
> Il a, par un effort contraire,
> Essayé de la retarder.

C'est ce bâtiment paresseux, retardé par l'amour de Neptune, qu'entourent les néréides dans le beau tableau de Rubens.

La chronique scandaleuse du temps prétendit autre chose.

Elle prétendit que l'on n'avait marché doucement qu'afin que la prudente Marie pût s'assurer, avant d'aborder en France, qu'elle ne serait point répudiée pour cause de stérilité.

Au reste, rien de plus magnifique que la galère sur laquelle Marie de Médicis toucha la terre de France; elle avait soixante et dix pas de long, avec vingt-sept rameurs de chaque côté; tout l'intérieur était doré; la poupe était une marqueterie de canne d'Inde, de grenadier, d'ébène, de nacre, d'ivoire et de lapis; elle était garnie de vingt grands cercles de fer s'entre-croisant, enrichis de topazes, d'émeraudes et d'autres pierreries, avec un grand nombre de perles. Les Médicis ont toujours eu le luxe absurde des pierres non montées. Au dedans, vis-à-vis du fauteuil de la reine, étaient les armes de France, dont les fleurs de lis étaient faites en diamants; à côté étaient les armes des Médicis, formées de cinq gros rubis et d'un saphir, les rubis représentant les tourteaux de gueules, et le saphir le tourteau d'azur introduit par Louis XI dans le blason des ducs florentins, qui, à cette époque, n'étaient encore que de riches marchands. Les rideaux des fenêtres étaient de drap d'or à franges, et les tapisseries des murailles d'étoffe pareille.

En abordant, la future reine fut reçue par le connétable de France. Quatre consuls de Marseille lui présentèrent les clefs de la ville, et elle fut conduite au palais sous un dais de drap d'argent.

Elle était vêtue à l'italienne, d'une robe de drap d'or à fond bleu, coiffée très-simplement, sans poudre, et la gorge complétement couverte.

A Avignon, elle fut reçue par Suarès, assesseur d'Avignon, qui la harangua un genou en terre, tandis que les trois plus belles filles de la ville, habillées en Grâces, lui offraient les clefs des portes.

L'archevêque la reçut dans l'église, où il la bénit, *elle et sa postérité*.

Savait-il déjà à quoi s'en tenir sur cette postérité qu'il bénissait ?

Le consulat de la ville la logea au grand palais, et lui donna cent cinquante médailles d'or où étaient son portrait et celui du roi, et au revers la ville d'Avignon.

Enfin, le samedi 2 décembre, elle arriva à Lyon et entra dans la ville aux flambeaux par la porte Dauphine, au-dessus de laquelle on lisait cette inscription :

>Pour une princesse si belle,
>Je pourrais paraître autrement ;
>Mais j'ai gardé mon ornement
>Pour le dauphin qui naîtra d'elle.

La reine attendit le roi huit jours. Le roi, qui était parti en poste de Savoie, avait été retardé par les mauvais chemins et par Henriette d'Entragues.

Les deux époux n'avaient rien à s'envier. Si l'une venait avec ses amants, l'autre venait avec sa maîtresse.

Le roi arriva sur les onze heures du soir ; mais il fut obligé d'attendre très-longtemps, au bout du pont de Lyon, qu'on vînt lui ouvrir la barrière : il n'avait pas voulu donner avis de son arrivée.

Marie de Médicis soupait après un bal qui lui avait été donné.

Henri, pour la voir, se mêla à la foule, et la trouva médiocrement belle. Le portrait qu'il avait d'elle datait de dix ans. — Elle, grande, grosse, ronde, avait l'air triste et dur ; en outre, elle ne savait pas le français, — langue d'hérétique, disait-elle.

Le roi ne s'en fit pas moins connaître avec sa galanterie ordinaire, lui disant gaiement :

— Me voilà, madame. Je suis venu à cheval et sans apporter de lit ; ce qui fait que, vu le grand froid qui souffle, je vous prierai de me donner la moitié du vôtre.

Marie fit une profonde révérence, voulut s'agenouiller pour baiser la main du roi ; mais Henri ne le souffrit point : il la releva et l'embrassa au visage, avec cette charmante politesse dont il savait si bien accompagner ses compliments.

Puis, après un récit abrégé des retards qu'avait subis son voyage, quelques mots du succès de ses armes contre le duc de Savoie, il se retira à son tour pour souper ; mais, un quart d'heure après, il rentrait dans la chambre de la princesse.

Disons en passant qu'à quelque heure que l'on y vînt, cette chambre était gardée par une espèce de guenon, petite de taille, noire de peau, avec des yeux de braise, comme ceux que donne Dante à son Caron.

C'était la sœur de lait de la reine, fille d'un charpentier, qui se faisait appeler d'un nom noble, Éléonora Galigaï.

C'était elle qui tenait le fil à l'aide duquel se mouvait la pesante et sotte poupée qui arrivait de Florence.

Les cavaliers servants avaient fort déplu à Henri IV.

La sœur de lait lui déplut peut-être encore davantage. Elle semblait être là pour garder, contre le seul qui eût le droit d'y entrer, la porte de la chambre à coucher de sa maîtresse.

Henri IV entra, quoiqu'il n'y fût pas entraîné. La même nuit, dit l'histoire, *le mariage fut consommé*.

La cour resta à Lyon pour en finir avec les affaires de Savoie et conclure la paix ; tout fut terminé en six semaines. La reine, *enceinte du dauphin Louis XIII*, arriva à Paris au mois de mars 1601, descendit chez M. de Gondi, son premier gentilhomme d'honneur, fit quelque séjour dans cette fatale maison de Zamet où la pauvre Gabrielle avait été frappée de mort, et quitta enfin cette maison, qui a été depuis l'hôtel Lesdiguières, près la Bastille, pour prendre son appartement au Louvre.

Du Louvre, et au commencement du printemps, le roi emmena sa femme à Saint-Germain, où il faisait bâtir le château neuf; puis il alla faire son jubilé à Orléans, et, du même coup, posa la première pierre de l'église Sainte-Croix.

La reine, à son arrivée, avait reçu assez froidement, cela se comprend, la marquise de Verneuil, qui lui avait été présentée par ordre du roi, et sous le chaperon de la vieille duchesse de Nemours.

Mais une femme se chargea d'accommoder la femme et la maîtresse. C'était Éléonora Galigaï, à qui la reine voulait donner le titre de dame d'atours, et à laquelle, malgré les instances de la reine, le roi refusait ce titre.

Éléonora, voyant qu'elle ne pouvait rien gagner de ce côté, alla trouver la marquise de Verneuil, et lui promit, si elle voulait bien s'employer pour elle et lui faire obtenir cette place de dame d'atours, objet de son ambition, de la mettre, de son côté, en aussi grand crédit qu'elle voudrait près de la reine.

Le traité se fit à ces conditions, et fut exécuté de bonne foi de part et d'autre.

Éléonora fut nommée dame d'atours, et la marquise de Verneuil fut mieux reçue de la reine.

Henri IV profita de ce sourire de Marie de Médicis à madame de Verneuil pour loger celle-ci au Louvre.

Au reste, la reine et la maîtresse étaient enceintes toutes deux.

Cette coïncidence ramena quelque jalousie dans l'esprit de Marie de Médicis, mais madame de Verneuil lui rendit de nouveaux services.

Éléonora désirait épouser Concini, qui fut depuis le maréchal d'Ancre. Le roi n'y voulait pas consentir, détestant ces deux Italiens.

La duchesse de Verneuil s'entremit, et le mariage fut fait, à la grande satisfaction de Marie de Médicis.

Le 27 septembre 1601, la reine accoucha du dauphin Louis XIII. Il était né au bout de neuf mois et dix jours, dans la dixième lune.

Étienne Bernard, lieutenant général au bailliage de Châlons, fit sur cette naissance le distique suivant, qui comprend l'an, le jour de la semaine, le signe du zodiaque, le mois et l'heure de la naissance de Louis XIII :

LVce JoVIs prIMA, QVa soL sVB LanCe repVLget
nata saLVs regno est JVstitIae QVe CapVt.

Les lettres numérales du distique donnent l'année 1601.

Le premier vers apprend que le dauphin naquit le jeudi du mois de septembre ;

Le second, que ce fut sous le signe de la Balance qu'il naquit ; circonstance, ajoute naïvement l'historien, qui lui fit donner le surnom de *Juste*.

L'enfant n'avait du visage aucun trait de son père, et dans le caractère, par la suite, aucune ressemblance.

Rien du côté des Bourbons, rien du côté des Valois.

Rien surtout du côté de la France.

Quant à la marquise de Verneuil, elle accoucha sans bruit, et vers la fin d'octobre, d'un garçon qui reçut au baptême les noms de Gaston-Henri, et fut d'abord évêque de Metz, puis duc de Verneuil.

Il y eut de grandes fêtes pour ces relevailles ; un ballet (nous ne savons pas si c'est celui pour lequel Sully fut consulté) en fut la pièce capitale. La reine, pour l'exécution de ce ballet, choisit les quinze plus jolies femmes de sa cour ; la marquise de Verneuil fut de ce nombre. L'évêque Berthault fit un poëme sur ce ballet, où il apprenait au spectateur que la reine et les quinze dames représentaient les seize vertus. Apollon, sa lyre à la main et suivi des neuf Muses, en fit l'entrée, et des vers furent chantés, dont voici le refrain :

> Il faut que tout vous rende hommage,
> Grand roi, miracle de notre âge !

Huit filles de la reine dansèrent à la seconde entrée du ballet ; à la troisième parut la reine elle-même et sa suite, divisée en quatre quadrilles.

Les diamants et les pierreries dont étaient chargées les dames composant le quadrille jetaient un si prodigieux éclat, qu'on n'avait jamais rien vu de pareil.

Le roi lui-même, tout ébloui de ce spectacle, se tournant vers le nonce du pape :

— Monseigneur, demanda-t-il, avez-vous jamais vu plus bel escadron ?

— *Bellissimo*, répondit-il, *e pericolosissimo !* (Splendide et fort dangereux !)

Par malheur, cette bonne harmonie, qui régnait entre le roi, la femme et la maîtresse, ne dura pas longtemps.

Madame de Villars, la sœur de Gabrielle, qui, du vivant de madame de Beaufort, avait eu quelques regards du roi, ne voyait dans la marquise de Verneuil qu'une rivale dont elle songeait incessamment à se venger.

Elle se concerta avec la reine, qui, sous l'apparence de l'amitié, nourrissait pour la marquise une antipathie florentine.

La reine ne demandait pas mieux que d'entrer dans cette vengeance.

Comment se vengerait-on ?

Voici le moyen qu'on en eut.

Joinville, nous l'avons dit, avait été bien traité de la marquise ; il avait d'elle nombre de lettres qui dénonçaient leur intimité ; mais, de peur de se perdre à la cour, il s'était brouillé avec elle et lié avec madame de Villars.

Madame de Villars fit si bien, qu'elle tira de lui les lettres de la marquise de Verneuil. La reine y était fort maltraitée, sous le nom de la *grosse banquière*. Le roi n'y était pas ménagé non plus ; toutes les douceurs étaient pour le prince.

On porta les lettres à la reine.

Son premier cri fut :

— Il faut que le roi les voie ?

Madame de Villars ne demandait pas mieux ; on décida donc que le roi les verrait.

Cette décision fut prise en dehors d'Éléonora Galigaï, qui, trop prudente pour permettre une si hasardeuse entreprise, s'y fût opposée.

Madame de Villars demanda au roi une conversation particulière.

Le roi accorda l'entretien demandé.

Madame de Villars commença par des protestations d'un respect et d'un dévouement qui étaient cause, dit-elle, qu'elle ne pouvait dissimuler au roi l'outrage qui lui était fait, et qu'elle se serait regardée elle-même comme criminelle si elle eût pu voir trahir dans le plus grand des rois, le meilleur des maîtres et le plus honnête homme qui fût au monde.

Sur quoi, madame de Villars glissa au roi son petit paquet de lettres.

Henri IV les lut et entra dans une rage de jalousie.

Il remercia madame de Villars, et, dans son impatience de se venger, rompit l'entretien. Puis, madame de Villars sortie, il appela le comte du Lude, son confident, et le chargea d'aller trouver la marquise de sa part, et de lui dire qu'elle était une perfide, la plus méchante de toutes les femmes, un monstre enfin, et qu'il protestait de ne la revoir jamais.

La marquise, le sourire sur les lèvres, laissa le messager s'acquitter de sa difficile mission.

Puis :

— Dites au roi, répondit-elle avec respect, que, bien assurée de n'avoir jamais fait rien qui puisse offenser Sa Majesté, je ne puis deviner pourquoi il me traite avec si peu de ménagements. On lui a donné de fausses impressions, je n'en saurais douter : la vérité me vengera.

Mais, le messager parti, comme elle était loin d'être sans reproche, elle se retira toute troublée dans son cabinet.

On envoya chercher le prince de Joinville, mademoiselle de Guise et le duc de Bellegarde.

Le prince de Joinville avoua avoir remis les lettres à madame de Villars.

Dès lors, on sut d'où partait le coup.

Il ne s'agissait pas de parer le coup : il était porté ; mais il s'agissait de l'atténuer.

On tint conseil.

Tout fut rejeté sur la méchanceté d'un secrétaire du duc de Guise, fort habile à contrefaire toute sorte d'écritures.

Le piége était grossier ; mais on savait une chose : c'est que Henri IV ne demandait pas mieux que d'être trompé.

Ce point arrêté, le secrétaire prévenu, muni d'une bonne promesse de rente, ne devait nier que tout juste ce qu'il fallait pour être convaincu. La marquise écrivit à Henri IV, lui demandant la permission de se justifier.

9.

Une heure après, le roi était chez elle.

Le résultat de la justification fut un don de six mille livres et le châtiment du coupable.

Madame de Villars fut exilée et brouillée naturellement avec M. de Joinville.

M. de Joinville fut envoyé faire la guerre en Hongrie. Le secrétaire fut mis en prison.

Maintenant, les faux semblants d'amitié de la reine pour la marquise avaient disparu; la haine était à jour; il n'y avait plus que deux rivales en face l'une de l'autre.

De son côté, le roi n'avait été dupe que tout juste, la marquise n'était pas innocente à ses yeux. Par malheur, tout ingrate, toute perfide, tout infidèle qu'elle était, il la trouvait chaque jour plus charmante que la veille.

Ce fut alors que, pour se donner des armes contre elle, il devint amoureux de madame de Sourdis, plus tard comtesse d'Estanges; de mademoiselle de Beuil, qui épousa depuis M. de Chauvallon, et qui est connue sous le nom de comtesse de Moret; qu'il renoua avec mademoiselle de Guise, et qu'il essaya, mais inutilement, de se faire aimer de la duchesse de Montpensier et de la duchesse de Nevers.

Cela donna à songer à madame de Verneuil; elle comprit qu'un capricieux hasard de caractère et de tempérament suffisait pour qu'une rivale pût lui enlever le roi. Elle rêva alors cette étrange conspiration qui, si étrange qu'elle fût, prit cependant une certaine consistance.

C'était, grâce à la promesse de mariage du roi, de faire déclarer nul son mariage avec Marie de Médicis, et de se faire reconnaître, elle, comme femme légitime, et ses enfants comme les vrais héritiers de la couronne.

Était-ce aussi insensé que cela le paraît au premier abord?

Non, quand on pense à la lettre écrite à Rome par Henri IV, le jour même où on le mariait à Florence.

Le comte d'Auvergne, fils de Charles IX et de Marie Touchet, frère par conséquent de la marquise de Verneuil, et le roi Philippe III d'Espagne jugèrent la chose possible et entrèrent dans le complot.

Le comte d'Entragues, père de la marquise, vieux gentilhomme de soixante-treize ans, et deux Anglais, nommés, l'un Fortan et l'autre Morgan, entrèrent aussi dans la conspiration.

Disons quelques mots du comte d'Auvergne, qu'on appela plus tard M. d'Angoulême.

« Si M. d'Angoulême eût pu se défaire de l'humeur d'escroc que Dieu lui avait donnée, c'eût été, dit Tallemant des Réaux, un des plus grands hommes de son siècle. Il était bien fait, brave, spirituel, avait de l'acquis, savait la guerre ;... mais il n'avait fait toute sa vie que *griveller* pour dépenser et non pour thésauriser. »

Griveller est un vieux mot français qui frise poliment le mot voler.

En outre, il avait un atelier de fausse monnaie, non pas qu'il en fît lui-même, il était trop grand seigneur pour cela, mais il laissait faire.

— Combien gagnez-vous par an à la fausse monnaie? lui demanda un jour Henri IV.

— Ma foi, je ne saurais vous répondre précisément, sire, dit-il ; ce qu'il y a de vrai, c'est que je loue une chambre à Merlin, dans mon château de Grosbois, et qu'il me donne quatre mille écus de cette chambre.

C'était bien loué, comme on voit.

Par malheur, la chose ne dura qu'un an ou deux. Henri IV

donna l'ordre d'arrêter Merlin ; mais le comte d'Auvergne fut prévenu et le fit évader.

Un jour, il demandait à M. de Chevreuse :

— Combien donnez-vous donc par an à vos secrétaires ?

— Cent écus.

— Ce n'est guère, répondit-il ; moi, j'en donne deux cents aux miens... Il est vrai que je ne les paye pas.

Quand ses gens lui réclamaient leurs gages, il haussait les épaules.

— Mais, disait-il, c'est à vous de vous les payer. Quatre rues aboutissent à l'hôtel d'Angoulême, vous êtes en beau lieu, profitez-en si vous voulez.

L'hôtel d'Angoulême, connu depuis sous le nom d'hôtel Lamoignon, était situé rue Pavée-au-Marais.

Le cardinal de Richelieu, en lui donnant un corps d'armée à commander, lui dit :

— Le roi vous donne ce corps d'armée, monsieur, mais il entend que vous vous absteniez de...

Et, avec la main, il faisait la patte de chapon rôti.

Un autre se serait fâché ; mais lui, en souriant et en haussant les épaules à la fois :

— Monsieur, dit-il, on fera ce que l'on pourra pour contenter Sa Majesté.

A soixante et dix ans, tout courbé, tout estropié de goutte, il épousa une fille de vingt ans, bien faite et agréable, que l'on appelait mademoiselle de Nargonne, et qui lui survécut de soixante-cinq ans.

Il en résulte qu'il y avait encore à la cour de Louis XIV, en 1715, année de la mort du roi, la duchesse d'Angoulême, bru de Charles IX.

« Aussi, dit Boursault dans ses Mémoires, depuis les premiers âges du monde, où les hommes vivaient si longtemps, n'y a-t-il de bru que madame d'Angoulême qu'on ait vue, dans une pleine santé, cent vingt ans après la mort de son beau-père. »

Revenons à la conspiration de la marquise de Verneuil.

Elle fut découverte.

Le comte d'Entragues fut conduit à la Conciergerie du Palais, le comte d'Auvergne à la Bastille, et madame de Verneuil eut sa maison pour prison.

Un instant, on crut à un procès mortel, dans le genre de celui de Biron; mais cette perspective n'effrayait nullement la marquise.

« La mort, disait-elle alors, n'a rien qui m'effraye; au contraire, je la désire. Si le roi me faisait mourir, on dirait au moins qu'il a tué sa première femme pour vivre sans remords avec la seconde; j'étais reine avant l'Italienne. Au surplus, je n'ai que trois choses à demander au roi :

» Un pardon pour mon père,

» Une corde pour mon frère,

» Justice pour moi. »

En véritable chenapan qu'il était, le comte d'Auvergne, une fois pris, avait tout avoué.

Il avait été arrêté à Aigueperse. Nérestang, qui le prit, lui demanda son épée.

— Tiens, dit-il en la donnant, tu ne fais pas une grande prise, elle ne m'a encore servi qu'à la chasse du sanglier.

En allant à Paris pour être jugé, on eût dit qu'il allait au bal; il est vrai qu'il était encore jeune, ayant trente ans à peine.

Tout le long de la route, il s'amusait à conter ses bonnes fortunes et les aventures les plus drolatiques de sa vie.

La nuit du jour où il fut arrêté, il dormait tout tranquillement, et, le lendemain, quand on le réveilla :

— Ah ! pardieu ! dit-il, vous eussiez bien dû m'arrêter plus tôt ; cela m'eût épargné de grandes inquiétudes.

Aussi, La Chevallerie, lieutenant de Sully, qui était parmi les gardes, le voyant aussi gai qu'à l'ordinaire, sauter, danser comme de coutume, ne put s'empêcher de lui dire :

— Il ne s'agit pas de figures de ballet dans votre affaire, mais de quelque chose de plus sérieux.

La Chevallerie n'y gagna rien. Le comte mis en prison à la Bastille, il lui vint un message de sa première femme, Charlotte, fille aînée de Henri de Montmorency ; n'ayant pu obtenir du roi de pénétrer jusqu'à son mari, elle lui faisait demander ce qu'il désirait qu'elle fît pour lui.

— Qu'elle ne s'inquiète de rien, répondit-il, et m'envoie régulièrement tous les huit jours du fromage et de la moutarde.

L'arrêt fut rendu le 1er février 1605. Le comte et M. d'Entragues furent condamnés à mort.

Quant à la marquise, il y eut un plus ample informé à son égard. C'est dans cette affaire que le frère Archange, bâtard de Marguerite, devenu moine et confesseur de madame de Verneuil, joua le rôle de conseiller.

Huit jours après l'arrêt, la peine de mort prononcée contre le comte d'Auvergne fut commuée en celle de prison perpétuelle.

Quant à la marquise, elle eut des lettres de grâce, avec liberté de se retirer dans sa maison de Verneuil.

Son père fut interné — pour nous servir d'un mot moderne — dans sa maison de Malesherbes.

Quant au comte d'Auvergne, il resta à la Bastille, où il fit un bail de douze ans.

Trois mois après, le roi vivait aussi familièrement avec madame de Verneuil que s'il ne s'était rien passé.

Seulement, il se cachait de sa femme.

Mais, on le comprend bien, cela ne pouvait durer longtemps sans que la cour en fût instruite.

Le roi n'avait qu'un lit avec la reine, et, pour aller à Verneuil, il fallait découcher.

La reine fit suivre son mari et sut où il allait.

Déjà furieuse, un nouvel événement l'aigrit encore.

En 1606, le roi et la reine allant à Saint-Germain en Laye, accompagnés du duc de Montpensier et de la princesse de Conti, faillirent périr par un accident.

Les chevaux du carrosse eurent peur en passant le bac, et versèrent la voiture dans la rivière.

Peu s'en fallut que la reine ne fût noyée.

Au retour, le roi alla voir la marquise.

— Ah! dit celle-ci en apprenant l'événement, si j'eusse été là!

— Eh bien, ma mie, demanda Henri IV, si vous eussiez été là, que fût-il arrivé?

— Que j'eusse été bien inquiète jusqu'au moment où je vous eusse vu sauvé.

— Mais après?

— Après?

— Oui.

— Eh bien, après, je vous avoue que, de grand cœur, j'eusse crié : « La reine boit! »

Henri ne put s'empêcher de répéter le mot, et le mot vint à la reine.

Si la liaison de la reine avec Bassompierre eut lieu, c'est à cette époque.

Nous dirons plus tard à quelle époque eut lieu celle de la reine avec Concini.

XII

Au moment où nous sommes arrivés, c'est-à-dire vers l'an 1606, Bassompierre était un beau gentilhomme de vingt-sept ans.

Il était né le 12 avril 1579, d'une bonne maison tirant son nom d'une terre située entre la France et le Luxembourg. Cette terre avait deux noms : un nom allemand et un nom français. Elle s'appelait Belstein en allemand, et Bassompierre en français.

Il y avait, dans la famille et du côté maternel, une légende étrange.

Un seigneur d'Orgevilliers, marié à une comtesse de Kinspein, en avait eu trois filles ; lorsqu'un jour, en revenant de la chasse et cherchant quelques ustensiles dont il avait besoin, dans une chambre située au-dessus de la grande porte de la maison, et qui depuis longtemps n'avait pas été ouverte, il trouva, à son grand étonnement, une très-belle femme couchée dans cette chambre sur un lit de chêne admirablement sculpté.

Le jour de la semaine était un lundi.

La femme était une fée.

Pendant l'espace de quinze années, le comte d'Orgevilliers passait la nuit du lundi au mardi dans cette petite chambre ;

en outre, quand il revenait tard de la chasse, ou quand, le lendemain, il devait partir de bonne heure, il y couchait aussi, afin de ne point réveiller la comtesse.

Mais les fréquentes absences de son mari inquiétèrent celle-ci ; elle s'informa où couchait le comte, on lui montra cette espèce de petite mansarde. Elle voulut connaître les motifs de cette retraite. Elle en fit faire une fausse clef.

Or, un lundi, à minuit, sur la pointe du pied, elle entra dans la chambre mystérieuse, et trouva son mari couché près de la fée.

Ils étaient tous deux endormis.

Alors, elle se contenta d'ôter son couvre-chef, l'étendit sur le pied du lit et s'en alla sans faire aucun bruit.

Le lendemain, à son réveil, se voyant découverte, la fée déclara qu'elle ne pouvait plus voir le comte, ni là ni ailleurs ; et, après avoir versé beaucoup de larmes, elle lui dit que sa destinée l'obligeait à s'éloigner de lui de plus de cent lieues, mais qu'en témoignage de son amour, elle lui laissait, pour la dot de ses trois filles, un verre, une bague et une cuiller ; que chacun de ces objets était un talisman qui porterait bonheur à la famille dans laquelle il entrerait, mais que, si quelqu'un dérobait l'un ou l'autre de ces talismans, l'objet, au lieu de lui porter bonheur, lui deviendrait funeste.

Les trois filles épousèrent : l'aînée, un gentilhomme de la maison de Croy ; la seconde, un gentilhomme de la maison de Salm ; la troisième, un gentilhomme de la maison Bassompierre.

Croy eut le gobelet ; Salm, la bague ; Bassompierre, la cuiller.

Trois abbayes restaient dépositaires des trois gages, tant

que les enfants étaient mineurs : Nivelle, pour Croy; Remenecourt, pour Salm, et Épinal, pour Bassompierre.

Un jour, la marquise d'Havré, de la maison de Croy, en montrant le gobelet, le laissa tomber, et il se brisa en plusieurs pièces. Elle les ramassa et les remit dans l'étui, disant :

— Si je ne puis l'avoir entier, je l'aurai du moins par morceaux.

Le lendemain, en rouvrant l'étui, elle retrouva le gobelet aussi entier qu'auparavant.

On se rappelle ce qu'avait dit la fée :

— Quiconque dérobera l'un de ces gages sera maudit.

M. de Pange ne tint compte de cette menace, et déroba la bague au prince de Salm, un soir que le prince s'était endormi à la suite d'une orgie.

M. de Pange avait quarante mille écus de revenu, quatre terres magnifiques. Il était intendant des finances du duc de Lorraine. Eh bien, à partir de ce moment, tout lui tourna mal.

Envoyé comme ambassadeur en Espagne, afin d'obtenir du roi Philippe une de ses filles pour son maître, il échoua dans sa négociation.

A son retour, il trouva sa femme enceinte d'un jésuite.

Enfin, ses trois filles, mariées et heureuses jusque-là, furent toutes trois abandonnées par leurs maris.

Le père du maréchal, c'est-à-dire de notre héros, était grand ligueur. M. de Guise, non-seulement le traitait en compagnon, mais encore ne parlait jamais de lui qu'en l'appelant *l'ami du cœur*. C'était un homme de beaucoup d'esprit, ce qui ne l'empêcha point d'attraper une maladie dans le genre de celle dont venait de mourir François I*er*.

— Ah ! s'écria sa femme désolée, j'avais tant prié Dieu qu'il vous en gardât !

— Eh bien, dit le père Bassompierre, vos prières ont été exaucées, ma mie... Il m'en a gardé, et de la plus fine, même.

Il était si beau garçon, il avait si grande mine, qu'on disait qu'il jouait à la cour le rôle que Belacueil joue dans le *Roman de la Rose*.

On appelait des *Bassompierres* tous ceux qui étaient beaux, galants, ou qui excellaient en élégance.

Une courtisane très-belle se fit appeler *la Bassompierre*.

Un garçon qui portait en chaise sur les montagnes de Savoie fut surnommé *Bassompierre*, parce que, pendant un voyage de trois jours à Genève, il avait trouvé le temps de se faire aimer des deux plus jolies filles de Genève, et de leur faire à chacune un enfant. Enfin, un jour que Bassompierre naviguait lui-même sur la rivière de Loire, et que, dans une intention fort galante, il s'approchait de la cabine où était couchée une belle voyageuse, il entendit le patron du bateau qui criait au timonier :

— Vire le peautre, Bassompierre !

Ce qui voulait dire : « Tourne le gouvernail, Bassompierre. »

Bassompierre crut qu'il était découvert, et qu'on l'invitait à tourner le gouvernail d'un autre côté, et se retira tout penaud dans sa chambre.

Le lendemain, il apprit que c'était au garçon qui tenait le gouvernail que s'était adressé le patron du bâtiment.

On l'avait surnommé Bassompierre, parce qu'il était le plus beau batelier de toute la rivière. Et cette réputation de galanterie du maréchal n'était point usurpée : elle était même si réelle, qu'elle s'étendait jusqu'à ses gens.

Un de ses laquais ayant vu la comtesse de la Suze traverser la cour du Louvre, sans que personne lui portât sa robe, alla prendre la queue, et la porta en disant :

— Il ne sera pas dit qu'un laquais de M. de Bassompierre, voyant une dame dans l'embarras, l'y aura laissée.

Le lendemain, la comtesse raconta l'anecdote au maréchal, qui, sur-le-champ, éleva son laquais au rang de valet de chambre.

Il était, en outre, fort généreux. Un soir, au Louvre, il jouait avec Henri IV, qui, tout au contraire de lui, était ladre et tricheur.

Tout à coup, le roi parut s'apercevoir qu'il y avait des demi-pistoles avec les pistoles.

— Eh ! eh ! dit-il à Bassompierre, qu'est-ce que cela ?

— Parbleu ! dit Bassompierre, ce sont des demi-pistoles.

— Et qui les a mises au jeu ?

— Vous, sire.

— Moi ?

— Oui, vous.

— Non, c'est toi, Bassompierre.

— C'est moi ?

— Oui, je te le jure.

— Bien, dit Bassompierre.

Et, remplaçant les demi-pistoles par des pistoles, il prit les demi-pistoles, les alla jeter par la fenêtre aux pages et aux laquais qui jouaient dans la cour, et revint tranquillement s'asseoir à sa place.

Tandis qu'il accomplissait cet acte de grand seigneur, Henri IV et Marie de Médicis le suivaient des yeux.

— Eh ! eh ! dit Marie, le roi fait Bassompierre, et Bassompierre fait le roi.

— Oui-da, reprit Henri, vous voudriez bien qu'il le fût, roi !

— Et pourquoi cela ?

— Parce que vous auriez un mari plus jeune et plus beau.

Sans avoir jamais eu la réputation de tricher, Bassompierre était heureux au jeu. Il gagnait tous les ans cinquante mille écus à M. de Guise. Madame de Guise lui offrit dix mille écus de rente viagère, s'il voulait s'engager à ne plus jouer contre son mari.

Bassompierre réfléchit un instant ; puis, se décidant :

— Ah ! par ma foi, non, dit-il, j'y perdrais trop !

Plusieurs fois, il fut employé par Henri IV comme ambassadeur. Au retour d'une de ces ambassades en Espagne, il contait au roi qu'il avait fait son entrée à Madrid sur la plus belle petite mule qui fût au monde.

— Ah ! dit Henri IV, le beau spectacle que cela devait faire, de voir un âne monté sur une mule.

— Tout beau, sire, dit Bassompierre, je représentais Votre Majesté !

Il était magnifique, comme nous l'avons dit, si bien qu'il prit la capitainerie de Monceaux rien que pour y traiter la cour.

Marie de Médicis lui dit un jour :

— Vous mènerez là bien des filles, Bassompierre.

— Je gage, madame, répondit-il, que vous y en mènerez encore plus que moi.

— Ah çà ! mais, à vous entendre, Bassompierre, répliqua la reine, toutes les femmes seraient donc des catins ?

— Il y en a peu qui ne le soient pas, reprit Bassompierre, qui ne voulait pas avoir le dernier mot.

— Eh bien, mais moi ? dit-elle.

— Ah ! vous, madame, répliqua Bassompierre en s'inclinant, vous êtes la reine.

Non content d'avoir la capitainerie de Monceaux, il acheta encore Chaillot. La reine mère, qui s'amusait toujours à chercher noise à Bassompierre, quoique celui-ci lui rendit grandement coup pour coup, le querella encore sur cette nouvelle acquisition.

— Eh! Bassompierre, lui dit-elle, pourquoi donc avez-vous acheté cette maison? C'est une maison de bouteilles.

— Que voulez-vous, madame! je suis Allemand.

— Mais ce n'est pas être à la campagne, à Chaillot : c'est être dans un faubourg de Paris.

— Madame, j'aime tant Paris, que je n'en voudrais jamais sortir.

— Mais cela n'est bon qu'à y mener des drôlesses.

— J'y en mènerai, madame, dit Bassompierre en s'inclinant avec le plus profond respect.

La reine mère était comme Bassompierre, elle aimait fort Paris, mais elle aimait fort aussi Saint-Germain.

— J'aime tant Paris et Saint-Germain, disait-elle un jour, que je voudrais avoir un pied à Paris et un pied à Saint-Germain.

— Et moi, dit Bassompierre en faisant le geste de chercher quelque chose au plafond, je voudrais être à Nanterre.

Il était l'amant, peut-être même le mari de la princesse de Conti.

M. de Vendôme lui disait un jour :

— Vous allez, dans telles circonstances, être du parti de M. de Guise.

— Pourquoi cela?

— Parce que vous êtes l'amant de sa sœur.

— Bon! répondit Bassompierre, j'ai été l'amant de toutes vos tantes, et je ne vous en aime pas plus pour cela.

Il avait aussi été l'amant de mademoiselle d'Entragues, sœur de madame de Verneuil, et cela, juste au moment où Henri IV était amoureux de cette sœur de sa maîtresse. C'était le chevalier du guet Testu qui était, dans cette occasion, le messager d'amour de Henri IV.

Une fois que Bassompierre était chez mademoiselle d'Entragues, et que Testu venait pour lui parler, elle fit cacher Bassompierre derrière une tapisserie ; et, comme Testu lui exprimait la jalousie que ressentait Henri IV contre Bassompierre :

— Bassompierre ! dit mademoiselle d'Entragues, qui tenait une houssine à la main : tenez, je m'en soucie comme de cela.

Et, en même temps, elle frappait de sa houssine à l'endroit juste où était Bassompierre.

Un jour, le père Coton, confesseur du roi, lui reprochait de ne pas avoir plus de pouvoir sur ses passions.

— Ah ! père Coton, dit Henri IV, je voudrais bien voir ce que vous feriez si l'on vous mettait dans le même lit que mademoiselle d'Entragues ?

— Je sais ce que je devrais faire, sire, répondit le jésuite ; mais je ne sais pas ce que je ferais.

— Bon ! dit Bassompierre qui entrait, vous feriez le devoir de l'homme et non pas celui du père Coton.

Bassompierre fit si bien son devoir de Bassompierre près de mademoiselle d'Entragues, que celle-ci accoucha d'un fils qu'on appela longtemps l'abbé de Bassompierre, et que l'on appela depuis l'abbé de Xaintes. Elle prétendit alors obliger Bassompierre à l'épouser, comme sa sœur, madame de Verneuil, avait voulu faire pour le roi.

Or, comme on causait de cela chez la reine, le conseiller Bautru, qui fut depuis un des premiers membres de l'Aca démie française, quoiqu'il n'ait jamais rien écrit, s'amusait par derrière à faire des cornes à Bassompierre.

— Que faites-vous donc là? demanda la reine.

— Oh! ne faites pas attention, madame, répondit Bassompierre, qui l'avait vu dans une glace : c'est Bautru qui montre tout ce qu'il porte.

Le procès eut lieu; mais mademoiselle d'Entragues le perdit.

On se rappelle ce fameux ballet où le nonce du pape exprimait son opinion sur l'escadron féminin que lui montrait Henri IV, et qu'il appelait très-dangereux (*pericolosissimo*); Bassompierre y dansait un pas.

Au moment où il s'habillait, on vint lui annoncer que sa mère était morte.

— Vous vous trompez, répondit-il, elle ne sera morte que quand le ballet sera dansé.

Avec un cœur si commode, qu'il pouvait attendre, pour pleurer sa mère, que son ballet fût dansé; avec un estomac si complaisant, que Bassompierre disait, un mois avant sa mort, ignorer encore où il était, Bassompierre possédait tout ce qu'il lui fallait pour bien vivre et pour bien mourir.

Aussi mourut-il bien, après avoir bien vécu.

Il revenait à Paris, quand, en passant à Provins, il y trépassa, la nuit en dormant, et cela, si doucement, qu'on le trouva dans la posture où il avait coutume de dormir, une main sous le chevet, à l'endroit de sa tête, et les genoux repliés.

Son agonie n'avait pas même eu l'influence de lui faire étendre les jambes.

Avant de revenir aux amours de Sa Majesté Henri IV, disons quelques mots du chevalier Concini.

Il est au plus haut degré de sa faveur, et la reine est

grosse de M. Gaston d'Orléans, qui donnera tant de fil à retordre, plus tard, à son cher frère Louis XIII.

Concini, nous l'avons vu, a épousé un peu malgré lui Éléonora Dosi, dite Galigaï ; il a eu, lui, beau, jeune, élégant, quelque peine à devenir le mari de cette naine basanée et quinteuse, qui croit aux sorts et qui porte constamment un voile contre le mauvais œil.

Il est vrai qu'on lui fit sentir que, par cette favorite de la reine, il pouvait sans danger et sans inconvénient devenir le favori.

Il le devint. Alors, il s'attacha au solide, mais ce ne fut point assez ; avec le réel de la faveur, il voulut l'éclat du scandale. Il se fit jaloux, jaloux de Virginio Orsini, jaloux de Paolo Orsini, jaloux de l'évêque de Luçon.

Cette jalousie, il la paya cher. Richelieu, prévenu la veille que Concini devait être assassiné le lendemain, mit la lettre sous son chevet, en disant : *La nuit porte conseil.* Le lendemain, il ne se réveilla qu'à onze heures, c'est-à-dire quand Concini fut assassiné.

Concini, qui était venu en France un peu plus pauvre que Job, avait mis, depuis quatre ans, deux ou trois millions de côté. Ces millions, ce n'était point à coup sûr Henri IV, qui laissait mourir de faim son lévrier Citron, et qui se laissait traiter de ladre vert par d'Aubigné ; ces millions, ce n'était pas, disons-nous, Henri IV qui les lui avait octroyés, lui qui par économie avait donné des diamants de Gabrielle à Marie de Médicis. D'un de ces millions, Concini voulut acheter la terre de la Ferté, une terre princière. Le roi se plaignit de cette énormité, non point à la reine, peste ! il n'eût osé, il la connaissait froidement et obstinément boudeuse, et rien ne lui était antipathique comme les visages re-

10

frognés, mais à madame de Sully, qui en parla à la reine. La reine en dit un mot à son cavalier servant.

Le cavalier servant entra en fureur. Le mari se révoltant contre l'amant, c'était tellement à l'envers des mœurs italiennes, que Concini lava vigoureusement la tête à la reine, disant que, si Henri IV bougeait, il aurait affaire à lui.

Le propos revint au roi, qui, au lieu de le punir, s'en alla tristement à Sully, disant :

— Cet homme me menace ; tu verras, Sully, qu'il m'arrivera quelque malheur. Ils me tueront.

Pauvre roi ! il y voyait clair, et il ne voulait pas être tué, non pas à cause de la mort, mais parce qu'il avait encore beaucoup de choses à faire, non-seulement en France, mais en Europe.

En attendant, pour se dédommager, Concini arrangea une fête.

Le goût des tournois était passé ; le dernier qui avait eu lieu en France avait mal tourné pour Henri II, son principal tenant; cette fois, sur le même emplacement, il signor Concini donna une course de bagues.

Il tint contre tous les princes, contre tous les grands seigneurs français et étrangers. La reine, étant reine et dame du tournoi, couronnait le vainqueur : le vainqueur fut l'illustrissime faquin.

Le roi fut furieux d'une pareille audace. On lui écrivit des lettres dans lesquelles on lui disait qu'il n'avait qu'à faire un signe et qu'on lui tuerait Concini.

Ce signe, il ne le fit pas.

Il chercha l'oubli dans deux choses : dans le romanesque projet de la république élective et de la monarchie héréditaire (voir ce projet dans Sully), et dans de nouvelles amours.

Au reste, malgré ses cinquante-huit ans, le roi était le seul qui persistât à aimer, à la façon française du moins ; car on aimait fort à la façon italienne. Son cher petit Vendôme, à quinze ans, avait les goûts les plus étranges, et, quand Henri IV fut assassiné, on prétendit qu'il allait chez mademoiselle Paulet, la lionne, pour qu'elle réformât ce vice chez le jeune prince.

Condé, à vingt ans, exécrait les femmes, et il ne lui fallut pas moins qu'un emprisonnement de trois ans à la Bastille pour lui faire consommer son mariage avec mademoiselle de Montmorency. De cet *accident* naquit le grand Condé.

Le roi était donc résolu à chercher de nouvelles amours.

Toutes ces querelles qu'il était obligé de soutenir à chaque instant contre la marquise de Verneuil le refroidissaient peu à peu pour elle, et il ne fallait qu'une occasion pour que cet amour, si plein de troubles, s'envolât tout à fait de son cœur.

Cette occasion ne tarda point à se présenter.

Au mois de février 1609, la reine mère fit un ballet, dont elle mit les plus belles dames de la cour.

Au nombre de ces dernières était Charlotte-Marguerite de Montmorency, charmante enfant qui venait d'atteindre sa quatorzième année.

« Sous le ciel, dit Bassompierre dans ses Mémoires, il n'y avait rien de plus beau que mademoiselle de Montmorency, ni de meilleure grâce, ni plus parfaite. »

C'était la fille du connétable de Montmorency, second fils du fameux Anne de Montmorency, fait prisonnier à la bataille de Saint-Quentin, et tué à celle de Saint-Denis.

Ce Montmorency-là — nous ne parlons pas du connétable — n'était guère connu que par la façon dont il montait à cheval. Il plaçait une petite pièce de monnaie sur la barre de son étrier, posait son pied dessus et manœuvrait son cheval un quart d'heure sans que la pièce tombât.

Il menait une vie fort désordonnée, et l'on tenait sur lui et ses filles d'assez singuliers propos, que Tallemant des Réaux résume en cette manière :

« Il prenait la peine de percer lui-même le tonneau avant de donner à boire à ses gendres. »

A l'âge de quinze ans, la belle Charlotte avait déjà été fort recherchée. Le marquis de Sourdis l'avait demandée en mariage; puis Bassompierre, qui avait fait tout le possible pour qu'on le crût bien avec elle.

C'était au moment où il était question de ce mariage de Bassompierre avec mademoiselle de Montmorency que la reine la désigna pour être du ballet.

Ce ballet était un sujet de querelle entre elle et Henri.

Henri voulait qu'on y mît Jacqueline de Reuil, comtesse de Moret, sa nouvelle maîtresse. La reine ne le voulait pas, et proposait, pour la remplacer, madame de Verdeconne, la femme du président des comptes.

Enfin la reine l'emporta : la comtesse de Moret fut exclue, et madame de Verdeconne prit sa place.

La reine l'emportait toujours ; le moyen de refuser une reine si féconde.

On répétait donc le ballet sans songer à mademoiselle de Montmorency, et, pour répéter le ballet, les danseuses passaient devant la porte du roi ; mais le roi fermait sa porte.

Cependant, un jour, il ne la ferma point si hermétiquement, qu'il ne vît passer mademoiselle de Montmorency.

Alors, au lieu de la fermer, il l'ouvrit toute grande pour la voir repasser.

Le lendemain, il fit mieux encore, il alla voir la répétition.

Or, les dames étaient vêtues en nymphes, portant des javelots dorés à la main.

A un moment convenu, et pour exécuter une des figures du ballet, elles levèrent leurs javelots comme si elles eussent voulu les lancer.

Or, mademoiselle de Montmorency se trouvait justement en face du roi lorsqu'elle leva son javelot, si bien qu'on eût dit qu'elle l'en voulait percer.

Le roi avoua, depuis, qu'elle avait fait ce geste de si bonne grâce, qu'il lui sembla, en effet, être frappé au cœur, et cela, si profondément, qu'il faillit s'en évanouir.

A partir de ce moment, le roi ne ferma plus la porte de sa chambre. Il ne fut plus question de la comtesse de Moret, et il laissa faire à la reine tout ce qu'elle voulut.

Le ballet eut lieu et fut des plus beaux qu'on eût encore vus. Il était composé de douze dames, ce qui est constaté par cette strophe de Malherbe :

> C'étaient douze rares beautés,
> Qui, de si dignes qualités,
> Tirent un cœur à leur service,
> Que leur souhaiter beaucoup d'appas,
> C'est vouloir avec injustice
> Ce que les cieux ne veulent pas.

Mademoiselle de Montmorency avait non-seulement attiré et fixé les yeux du roi, mais encore excité la verve du poëte.

Voici les deux strophes que Malherbe fit sur elle dans une ode qui commence par ces mots :

> Laissez-moi, raison importune.

Ces deux strophes sont le portrait de mademoiselle de Montmorency :

> A quelle rose ne fait honte
> De son teint la vive fraîcheur ?
> Quelle neige a tant de blancheur
> Que sa gorge ne la surmonte ?
> Et quelle flamme luit aux cieux
> Claire et nette comme ses yeux ?
>
> Soit que de ses douces merveilles
> Sa parole enchante les sens,
> Soit que sa voix, de ses accents,
> Frappe les cœurs et les oreilles,
> A qui ne fait-elle avouer
> Qu'on ne peut assez la louer ?

On comprend que le roi Henri IV, inflammable comme il était, ne pouvait passer près d'une si belle personne sans l'aimer ; aussi aima-t-il à la fureur mademoiselle de Montmorency.

Mais il fallait sauver les apparences.

Elle allait épouser Bassompierre, et l'on disait que, des deux parts, c'était un mariage d'inclination. Quant à Bassompierre, il n'y avait point de doute de son côté, et il le disait tout haut.

Le roi voulut en avoir le cœur net vis-à-vis de mademoiselle de Montmorency. Il s'arrangea de manière à la rencontrer avec sa tante, madame d'Angoulême, fille de Henri II, légitimée de France, et fit tomber la conversation sur le mariage de mademoiselle de Montmorency et de Bassompierre.

— Mademoiselle, demanda le roi à la belle Charlotte, ce mariage vous agrée-t-il ?

— Sire, répondit-elle, je m'estimerai toujours heureuse en

obéissant à mon père, et c'est à cette obéissance que se borne mon ambition.

La réponse était si soumise, qu'il n'y avait plus de doute que la soumission ne fût agréable à la belle jeune fille.

Or, le roi comprit qu'un mari par trop aimé rejetterait bien loin les espérances de l'amant. Il envoya donc chercher Bassompierre.

Bassompierre arriva avec une véritable figure d'amant heureux, le nez au vent, le poing sur la hanche et frisant sa moustache.

— Bassompierre, lui dit le roi, je t'ai envoyé chercher pour te parler d'affaires sérieuses ; assieds-toi là, mon ami.

Le roi était si charmant, que Bassompierre avoue que, dès ce début, il commença d'avoir peur.

Il s'assit, comme l'y invitait le roi, et lui annonça qu'il était à ses ordres.

— Bassompierre, lui dit le roi, j'ai pensé à te faire un établissement solide à la cour.

— Et comment cela, sire? demanda Bassompierre.

— En te faisant épouser mademoiselle d'Aumale, mon ami.

— Eh quoi ! sire, répondit Bassompierre, vous me voulez donc donner deux femmes ?

— Comment, deux femmes ?

— Oui, Votre Majesté oublie les termes où j'en suis avec mademoiselle de Montmorency.

— Ah ! répliqua le roi en soupirant, voilà justement, Bassompierre, où je vais juger si tu es mon ami. Je suis devenu non-seulement amoureux, mais furieux, mais outré de mademoiselle de Montmorency. Si tu l'épouses et qu'elle t'aime, je te haïrai ; si elle m'aime, tu me haïras. Eh bien, mieux vaut qu'il n'y ait entre nous aucune cause qui rompe notre intelligence, car je t'aime d'affection et d'inclination.

Et, comme Bassompierre écoutait ces paroles avec une certaine impatience :

— Écoute, lui dit le roi, je suis résolu de la marier au prince de Condé et de la tenir près de ma famille. Ce sera la consolation et l'entretien de la vieillesse où je vais désormais entrer. Je donnerai à mon neveu, qui aime mieux mille fois la chasse que les dames, cent mille livres par an pour passer son temps, et je ne veux d'autres grâces d'elle que son affection, sans prétendre davantage.

Bassompierre, tout étourdi du coup, baissa d'abord la tête ; mais il était trop bon courtisan pour ne pas, en la relevant, montrer une figure souriante.

— Eh bien, sire, dit-il, quant à moi, il sera fait de ma part comme le désire Votre Majesté. Il ne sera pas dit qu'un sujet se soit en aucune chose opposé aux désirs de son roi.

Alors, le roi jeta un cri de bonheur et sauta, en pleurant de joie, au cou de Bassompierre ; et, quelques jours après, le mariage du prince de Condé avec mademoiselle de Montmorency fut déclaré à la cour.

Les fiançailles se firent au commencement de mars de l'année 1609.

Veut-on savoir ce que c'était que le père du grand Condé ? Ce n'est pas bien intéressant, je le sais, mais qu'importe.

C'était un garçon de vingt ans, détestant les femmes, nous l'avons dit, horreur qu'il légua à son fils ; sournois, taciturne, servile, petit et pauvre. Il n'était point Condé, à ce que l'on assurait ; les Condé jusque-là étaient rieurs, et, à partir de lui, ils prennent l'esprit et le masque tragiques. Il naquit comme sa mère était en prison pour empoisonnement, sur qui ? probablement sur son mari, mort un peu trop brusquement pour que l'on crût sa mort naturelle, surtout lorsque cette mort coïncidait avec la fuite d'un jeune page gascon qu'on ne put rattraper. Condé, le nôtre, naquit sur ces entrefaites; de là le doute.

C'était bien calculé de la part du roi ; mais, à côté de cette espèce d'Italien morne et sombre, mademoiselle de Montmorency chercherait des consolations. Le roi n'était plus une jeune consolation, il le savait bien, mais il savait aussi que le trait dominant du caractère de mademoiselle de Montmorency, c'était l'ambition.

XIII

Nous nous apercevons que nous avons sauté sur un des événements les plus importants du règne de Henri IV, sur le procès et l'exécution de Biron.

Nous avons dit qu'il avait été envoyé à la reine Élisabeth comme ambassadeur.

Sans doute savait-elle tout ce que le monde savait, au reste, c'est-à-dire que Biron avait conspiré avec le duc de Savoie contre Henri IV; car elle le prêcha fort, lui parla beaucoup de Henri IV comme du meilleur et du plus grand roi qui eût jamais existé, ne lui reprochant que d'être trop bon.

Elle fit plus. Un jour, — elle qui, disait-on, mourait de douleur de l'avoir fait tuer, — un jour, elle lui montra de sa fenêtre la tête de d'Essex, de ce beau jeune homme qu'elle avait tant aimé.

Cette tête, après un an de séparation de son corps, était

encore, exemple effroyable aux traîtres, exposée sur la Tour de Londres.

— Voyez la tête de cet homme exécuté à trente-trois ans, dit-elle, son orgueil l'a perdu : il croyait qu'il était nécessaire à la couronne ; voilà ce qu'il y a gagné. Si mon frère Henri m'en croit, il fera à Paris ce que j'ai fait à Londres : il coupera la tête à tous les traîtres, depuis le premier jusqu'au dernier !

Au retour de Biron en France, le roi n'avait plus aucun doute sur sa culpabilité. Il avait tout su d'un de ses agents nommé Lefin.

Biron était dans ses places de Bourgogne. Il s'agissait de le désarmer.

Sully lui écrivit d'envoyer ses canons, qui étaient vieux, pour les remplacer par des neufs.

Il n'osa refuser.

Alors, le roi lui écrivit :

« Venez me voir. Je ne crois pas un mot de tout ce que l'on me dit contre vous, et je crois toutes ces accusations mensongères. Je vous aime et vous aimerai toujours. »

C'était vrai.

Biron ne pouvait tenir dans ses places sans canons. Sans doute, il pouvait fuir ; mais il était dur de renoncer à la magnifique position qu'il occupait en France ; d'ailleurs, il ne croyait pas le roi autrement renseigné, ou, du moins, il croyait qu'on n'avait point de preuves.

L'Espagnol Fuentès et le duc de Savoie l'encouragèrent à aller prendre, comme on dit, le taureau par les cornes, et à nier avec acharnement.

A la porte de Fontainebleau, Lefin, qui l'avait trahi, l'attendait. Il s'agissait de le pousser dans l'abîme jusqu'au bout, sinon Lefin pouvait bien payer les frais de la guerre.

— Courage et bon bec, mon maître! lui souffla-t-il tout bas; le roi ne sait rien.

Il était dans le palais, que beaucoup disaient encore qu'il ne viendrait pas.

Le roi lui-même le disait comme les autres, le 13 juin 1602, au matin, en se promenant au jardin de Fontainebleau.

Tout à coup il l'aperçoit.

Le premier mouvement du roi fut d'aller à lui et de l'embrasser.

— Vous avez bien fait de venir, lui dit-il.

Puis, moitié riant, moitié menaçant :

— Car, si vous n'étiez pas venu, j'allais vous chercher.

A ces mots, il l'emmena dans une chambre ; et, là, seul à seul avec lui, et le regardant en face :

— N'avez-vous rien à me dire, Biron? lui demanda-t-il.

— Moi? dit Biron. Non, rien. Je viens pour connaître mes accusateurs et les châtier; voilà tout.

Le roi, très-sincère cette fois, désirait sauver Biron. Henri ne mentait guère qu'aux femmes; il était mal dissimulé pour ceux qu'il aimait, leur laissant, au contraire, trop voir ce qu'il avait en lui.

Dans la journée, le roi emmena encore Biron dans le jardin fermé de Fontainebleau.

Là, on ne pouvait les entendre, mais on les vit.

Biron, toujours orgueilleux, relevait fort la tête et semblait protester dédaigneusement de son innocence.

Après le dîner, même promenade et même pantomime.

Le roi vit bien qu'il n'y avait rien à faire avec un pareil homme. Il s'enferma avec Sully et la reine. — Ce que l'on sut, c'est que, dans ce conseil secret, le roi avait encore défendu Biron.

Pendant la soirée, on vint prévenir le roi que Biron devait fuir pendant la nuit, et que, s'il attendait au lendemain pour le faire arrêter, il serait trop tard.

On joua jusqu'à minuit. A minuit, tout le monde partit, excepté Biron, que le roi retint.

Henri, au nom de leur ancienne amitié, le pressa d'avouer sa trahison. Il était évident qu'un aveu le sauvait. Biron repentant était pardonné. Il demeura sec et nia tout.

C'était une grande patience à Henri que cette triple tentative, ayant toutes les preuves.

Le roi rentra dans son cabinet, le cœur serré.

Mais, rentré, il n'y put tenir; il rouvrit la porte.

— Adieu, baron de Biron ! lui dit-il l'appelant du titre qu'il lui donnait dans sa jeunesse.

Rien n'y fit, pas même cet appel aux jours dorés.

— Adieu, sire, dit Biron.

Et il sortit.

Une fois la porte refermée, Biron était perdu. Dans l'antichambre, il se trouva face à face avec Vitry, le capitaine des gardes. C'était le père de celui qui tua plus tard Concini.

— Votre épée, lui dit Vitry en posant sa main sur la poignée.

— Bon ! tu railles, répondit Biron.

— Le roi la veut, dit Vitry.

— Oh ! mon épée ! s'écria Biron ; mon épée, qui lui a fait de si bons services !

Et il rendit son épée.

Les preuves étaient si claires, que le parlement le condamna à l'unanimité, à cent vingt-sept voix.

Le 31 juillet, au moment où il s'y attendait le moins, il vit arriver dans sa prison toute la cour de justice, le chancelier, le greffier et leur suite.

Il était en train de comparer quatre almanachs, d'étudier les astres, la lune, les jours, pour deviner l'avenir.

L'avenir, qui s'éloigne des autres, venait au-devant de lui, visible, palpable, terrible.

C'était la mort des traîtres. — Seulement, le roi permettait qu'il la reçût dans la cour de la prison, et non en Grève.

Avant de lui lire l'arrêt, le chancelier lui avait redemandé la croix du Saint-Esprit.

Biron la rendit.

Alors, le chancelier lui dit :

— Faites preuve de ce grand courage dont vous vous vantez, monsieur, en mourant calme et comme doit mourir un chrétien.

Mais lui se mit à insulter le chancelier, en homme étourdi du coup qui le frappe et qui perd la tête, — l'appelant *idole sans cœur, grand nez, figure de plâtre*.

Et, tout en criant ces injures, il se promenait de long en large, essayant de bouffonner, mais avec un visage horriblement bouleversé.

— Monsieur, lui dit-on pour toute réponse aux insultes qu'il proférait, pensez à votre conscience.

Après un flot de paroles sans suite, presque insensées, où il parla de ce qu'il devait, de ce qui lui était dû, d'une maîtresse qu'il laissait enceinte, il revint enfin à lui et dicta son testament.

A quatre heures, on le mena à la chapelle. Il pria près d'une heure : la prière faite, il sortit.

Pendant ce temps, on avait dressé l'échafaud dans la cour.

— Ah ! ah ! fit-il en reculant d'un pas.

Puis, voyant à la porte un homme inconnu qui paraissait l'attendre :

— Qui es-tu ? lui demanda-t-il.

— Monseigneur, répondit humblement celui-ci, je suis le bourreau.

— Va-t'en, va-t'en ! s'écria Biron. Ne me touche pas qu'au moment. D'ici là, si tu m'approches, je t'étrangle.

Alors, se tournant vers les soldats qui gardaient la porte :

— Mes amis, mes bons amis, dit-il, cassez-moi la tête d'un coup de mousquet, je vous en prie.

On voulut le lier.

— Non pas, dit-il, je ne suis pas un voleur.

Puis, se retournant vers les rares assistants qui se tenaient dans la cour, une cinquantaine de personnes à peu près :

— Messieurs, dit-il, vous voyez un homme que le roi fait tuer parce qu'il est bon catholique.

Enfin il se décida à monter sur l'échafaud ; mais, là, il chicana sur toutes choses. D'abord, il voulut être exécuté debout ; puis ne voulut pas qu'on lui bandât les yeux ; puis voulut que ce fût avec son mouchoir, qui se trouva être trop court.

Les gens qui le regardaient mourir l'inquiétaient fort.

— Que font là tous ces marauds ? Je ne sais à quoi tient que je ne prenne ton épée, dit-il au bourreau, et que je ne tombe sur eux.

Il était capable de le faire, et, fort comme il était, c'eût été un carnage.

Plusieurs qui l'avaient entendu regardaient déjà vers la porte.

Le bourreau vit bien qu'il n'en viendrait jamais à bout, et qu'il fallait en finir par surprise.

— Monseigneur, dit-il, comme l'heure de votre exécution n'est point encore arrivée, vous devriez profiter du délai pour dire votre *In manus*.

— Tu as raison, dit Biron.

Et, joignant les mains et inclinant la tête, il commença sa prière.

Le bourreau profita du moment, passa par derrière lui, et, par un miracle d'adresse, lui enleva la tête de dessus les épaules.

La tête roula hors de l'échafaud.

Le tronc resta debout, battant l'air de ses bras, et tomba à son tour comme un arbre déraciné.

Pendant ce temps, le roi était si défait, que, suivant l'ambassadeur d'Espagne, on eût dit l'exécuté.

Huit jours après, il pensa mourir d'une dyarrhée.

A l'avenir, son juron fut :

— Aussi vrai que Biron était un traître!

Revenons à M. le Prince.

M. le Prince, comme on appelait déjà M. de Condé à cette époque, et comme on appela depuis les aînés de la famille, M. le Prince était fort pauvre. Il n'avait en fonds de terre que dix mille livres de rente ; mais c'était un grand honneur que de l'avoir pour gendre.

M. de Montmorency donna cent mille écus de dot à sa fille, et le roi constitua, comme il l'avait promis, cent mille livres de rente à son neveu.

Le mariage fut accompagné de fêtes, comme un mariage royal. Il y eut des carrousels, et le roi courut la bague avec un collet de senteur et des manches de satin de Chine.

Par malheur, le soir des noces, l'amoureux royal fut pris de la goutte.

C'était sa reine, à lui. Il dut à cette reine-là donner place dans son lit.

Sa seule distraction était de se faire lire *l'Astrée*. Comme il ne pouvait dormir, on se relayait pour lui faire la lecture.

Il fallut un événement politique pour l'arracher de son lit.

Le 25 mars 1609, le duc de Clèves mourut. La question du Rhin fut posée, et la rivalité commença entre la France et l'Autriche.

Le roi se dit guéri, se leva, se montra à Paris, alla chasser la pie au Pré-aux-Clercs et se commanda une armure neuve.

Le mariage de la belle Charlotte rendit le roi encore plus amoureux d'elle qu'il ne l'était auparavant. Il fit tant auprès de la princesse, qu'il obtint d'elle qu'un soir elle se montrerait tout échevelée sur son balcon, entre deux flambeaux. En la voyant ainsi avec ses beaux cheveux tombant presque jusqu'à terre, le roi pensa s'évanouir de bonheur.

— Ah ! Jésus ! dit-elle, pauvre homme, il est fou.

Cette folie, si ridicule qu'elle soit, touche toujours un peu les femmes. Aussi le roi obtint-il que madame la Princesse se laissât peindre pour lui en cachette par un peintre très-célèbre nommé Ferdinand Bassompierre, qui, dans l'espoir d'y attraper quelque chose pour son propre compte, s'était fait le confident et le messager de ces ardentes amours. Bassompierre emporta le portrait encore tout mouillé, de sorte qu'il fallut le frotter de beurre frais pour qu'il ne s'effaçât point.

Ce portrait acheva de rendre le roi fou.

Mais ce qui le rendait fou surtout, c'était sa situation près de la reine. — Quelque temps avant ses amours pour mademoiselle de Montmorency, il avait été jusqu'à dire à Marie de Médicis que, si elle voulait renvoyer Concini, il lui faisait serment de n'avoir plus de maîtresse; puis, pour lui donner la preuve qu'il pouvait aimer encore, il s'était rapproché d'elle, et de ce rapprochement était résulté une grossesse.

Cette grossesse donna une fille, la seule qui fût certainement de Henri IV : la reine d'Angleterre.

Ce rapprochement conjugal était venu à la suite d'une grande querelle politique : le roi refusait pour ses enfants les mariages espagnols, c'est-à-dire l'influence jésuitique. Il voulait marier ses enfants en Lorraine et en Savoie ; alliance que la reine regardait comme indigne.

Ce rapprochement blessa fort Concini ; — il ne pouvait pardonner à la reine *son infidélité*. — On persuada à la sotte princesse que Henri ne s'était rapproché d'elle que pour l'empoisonner et épouser mademoiselle d'Entragues. La reine le crut, cessa de manger avec le roi et mangea chez elle, refusant les plats que le roi lui envoyait de sa table.

Sur ces entrefaites, un homme arriva d'Italie : une espèce de condottière normand nommé Lagarde. Il revenait de faire la guerre aux Turcs, s'était arrêté à Naples, en passant. Il y avait vu les Guises et avait vécu là, dans la familiarité des vieux assassins de la Ligue et du secrétaire de L on, Hébert.

Ce Lagarde raconta que, dînant un jour chez Hébert, il vit venir et se mettre à table un homme de grande taille, habillé en violet, lequel, durant le dîner, dit qu'il allait en France et qu'il y tuerait le roi. — Le propos avait paru assez grave au susdit Hébert pour qu'il s'informât du nom de cet homme, et il lui avait été répondu qu'il s'appelait Ravaillac.

Il appartenait à M. d'Épernon et apportait ses lettres à Naples.

Lagarde ajoutait qu'on l'avait alors, lui, mené chez un jésuite nommé le père Alagon, lequel était oncle du premier ministre d'Espagne, et que, là, on l'avait fort engagé à tuer le roi de concert avec Ravaillac. Il devait choisir le moment où le roi serait à la chasse.

Lagarde, sans répondre ni oui ni non, était parti et était venu en France.

En route, il avait reçu une nouvelle lettre où on l'engageait encore à tuer le roi.

En arrivant à Paris, la première chose que fit ce Lagarde, fut de demander une audience au roi. Il l'obtint, lui raconta tout et lui montra la lettre. Cela s'accordait si bien avec les pressentiments de Henri IV, que le roi devint tout rêveur.

— Garde bien ta lettre, mon ami, dit-il; un jour, j'en aurai besoin, et elle est plus en sûreté dans tes mains qu'elle ne le serait dans les miennes.

Toutes choses coïncidaient : une nonne était venue à la cour, qui avait des visions; les visions de cette nonne *étaient qu'il fallait sacrer la reine.*

Pourquoi sacrer la reine ? La réponse était facile : il fallait sacrer la reine parce que, d'un moment à l'autre, le roi *pouvait être tué.*

Le roi ne parla à personne de cette révélation de Lagarde, et de cette vision de la nonne; seulement, il quitta le Louvre et s'en alla à Ivry, dans une maison appartenant à son capitaine des gardes.

Puis, un matin, n'y tenant plus, il courut tout dire à Sully.

Voyez les Mémoires de celui-ci :

« Le roi me vint dire que Concini négociait avec l'Espagne; que la Parithée, mise par Concini auprès de la reine, la poussait à se faire sacrer; qu'il voyait très-bien que leurs projets ne pouvaient réussir que par sa mort; enfin qu'il avait avis qu'on devait l'assassiner. »

A la suite de cette confidence, le roi pria Sully de lui faire préparer un petit appartement à l'Arsenal. *Quatre chambres lui suffiraient.*

Tout cela se passait juste au moment où Bassompierre apportait au roi le portrait de madame de Condé.

Mais il était dit qu'on ne lui laisserait pas un instant de tranquillité, à ce pauvre roi ; ni en politique, ni en amour.

M. de Condé, qui, depuis six semaines, laissait sa femme fort tranquille, ayant oublié d'user de ses droits d'époux, M. de Condé, poussé par sa mère qui devait tout à Henri IV, enlève sa femme et la cache à Saint-Valéry.

Cette opposition conjugale de M. de Condé l'élevait à la hauteur d'un ennemi politique.

Puis on se disait que le roi ferait des folies, on connaissait l'homme ; — qu'en faisant des folies il se livrerait, — et qu'en se livrant, il en serait plus facile à tuer.

En effet, le roi part seul et déguisé ; en chemin, on l'arrête, il est obligé, pour passer outre, de dire qu'il est le roi.

M. de Condé apprend l'aventure, se sauve de nouveau et amène sa femme à Muret, près de Soissons.

Le roi n'y peut tenir. Il apprend que M. le Prince doit aller avec sa femme à une chasse. Il s'ajuste une fausse barbe, et part.

Mais M. le Prince est prévenu à temps, et ne va point à la chasse.

A quelques jours de là, M. le Prince et sa femme furent invités à dîner chez un gentilhomme campagnard, et ils y allèrent.

Mais le gentilhomme était complice du roi, et, par un trou fait dans une tapisserie derrière laquelle il s'était caché, le roi put voir à son aise celle qui lui faisait faire toutes ces folies.

En venant, elle avait été accostée par M. de Beneux, qui avait sa belle-sœur dans ces quartiers-là, et qui feignait de l'aller voir. M. de Beneux était en poste, conduit par un postillon qui avait un emplâtre sur la moitié du visage.

Ce postillon, c'était le roi. Madame la Princesse et sa belle-mère le reconnurent parfaitement.

Le roi pensa devenir fou. Il était d'une jalousie atroce. Il alla trouver le connétable, et lui promit monts et merveilles s'il décidait sa fille à signer une requête pour être démariée.

Le connétable, de son côté, alla trouver sa fille, et obtint la chose d'elle.

On faisait accroire à la pauvre enfant qu'elle serait reine.

M. le Prince apprit ce qui se passait. Sous prétexte de ramener sa femme à Paris, il la fit monter dans un carrosse à huit chevaux ; mais il dirigea le carrosse sur Bruxelles, où il arriva sans avoir fait halte nulle part, mangeant et couchant dans sa voiture. Ils étaient partis le 1er, et arrivèrent à Bruxelles le 3 décembre.

Le roi jouait dans son cabinet lorsqu'il apprit cette nouvelle à la fois de deux côtés, par Delbène et le chevalier du guet.

Il quitta aussitôt le jeu, laissant son argent à Bassompierre, et lui disant tout bas à l'oreille :

— Ah ! mon ami, je suis perdu ! M. le Prince enlève sa femme ; cet homme la mène dans un bois pour la tuer, ou tout au moins va-t-il la conduire hors de France.

Et, tout aussitôt, le roi assembla son conseil pour savoir ce qu'il y avait à faire dans cette grave circonstance.

Le président Jeannin, Sully, Villeroy, le chancelier Bellièvre formèrent ce conseil, et furent consultés.

L'un opina pour que le roi rendît *un édit :* c'était le chancelier Bellièvre ; le second, pour qu'on réduisît le tout au pied des *dépêches* et de la *négociation :* c'était Villeroy ; le troisième conseilla de faire de cet événement un *cas de guerre* avec les Pays-Bas : c'était le président Jeannin ; le quatrième fut d'avis de garder *le silence* et de *ne rien faire :* ce fut Sully.

Enfin Bassompierre, consulté à son tour, répondit :

— Sire, un sujet fugitif est bientôt abandonné de tout le monde, quand un souverain ne paraît point se mettre en peine de le perdre. Si vous témoignez le moindre empressement à revoir M. le Prince, vos ennemis prendront plaisir à vous chagriner en le recevant bien et en lui donnant du secours.

On employa d'abord les négociations auprès de l'archiduc ; mais le ministre d'Espagne et le marquis Spinola firent échouer tous les projets.

On séduisit un page du prince, qu'on appelait le petit Toiras, et qui fut depuis maréchal de France. Le marquis de Cœuvres, ambassadeur à Bruxelles, reçut tout pouvoir du roi pour enlever madame la Princesse et la ramener en France. Le jour de l'enlèvement fut fixé au samedi 13 février 1610. La princesse, qui n'avait jamais eu une grande inclination pour son mari, y donnait les mains.

Mais, la veille du jour où l'enlèvement devait avoir lieu, toutes les menées furent découvertes et le complot échoua.

Le Prince cria à tue-tête, les ministres d'Espagne se plaignirent ; mais les ouvertures avaient été faites de vive voix, aucune preuve n'existait aux mains des plaignants ; le marquis de Cœuvres nia tout.

Habitude ordinaire aux ministres qui ne réussissent pas, dit naïvement l'historien dans lequel nous puisons ces détails.

Se voyant si mal en sûreté à Bruxelles, M. le Prince se

retira à Milan, laissant sa femme à l'infante Isabelle, qui la fit garder comme une prisonnière.

Pour le coup, le roi perdit tout à fait la tête. Il écrivit à M. le Prince pour lui assurer son pardon s'il revenait, et le menacer de toute son indignation s'il ne revenait pas. Alors, il serait déclaré *persistant dans sa révolte et criminel de lèse-majesté*.

Le prince protesta de son respect et de son innocence, mais déclara qu'il ne reviendrait point.

Le roi, apprenant que la Princesse était restée à Bruxelles, dirigea toutes ses batteries de ce côté.

Il envoya M. de Préau au nom du connétable et de madame d'Angoulême, avec ordre de réclamer la princesse : M. le connétable et madame d'Angoulême écrivant qu'ils désiraient que madame la Princesse assistât au couronnement de la reine, qui devait avoir lieu le 10 mai.

Mais la cour d'Espagne refusa absolument de rendre madame la Princesse.

Le roi se résolut alors à faire la guerre à l'Autriche et à l'Espagne.

Le prétexte fut de secourir l'électeur de Brandebourg contre l'empereur Rodolphe.

Grand succès pour Condé et pour les ennemis de Henri IV.

Sa rupture avec le roi, la guerre faite à cause de lui, le constituaient le candidat de l'Espagne au trône de France.

On avait bien voulu déclarer roi le petit bâtard d'Entragues.

Cette fois, c'était bien mieux, on faisait la guerre à ce vieux paillard de Béarnais, on déclarait Louis XIII illégitime, bâtard adultérin, on donnait des preuves et l'on élisait Condé.

Il y avait un prétendant, le Charles X de la Ligue.

L'Espagne, ayant en main une bonne cause, ne pouvait manquer de l'appui de la Providence.

Ainsi, le 14 mai 1610, à quatre heures de l'après-midi, Henri IV fut assassiné.

Donnons sur cette catastrophe et son auteur, ou plutôt ses auteurs, tout ce que nous avons réuni de détails.

XIV

Nous avons dit les goûts étranges du jeune duc de Vendôme, et combien ces goûts désespéraient Henri IV.

Le roi jugea qu'il n'y avait à Paris qu'une femme qui dût l'en guérir et résolut, en bon père qu'il était, de négocier l'affaire lui-même.

Cette femme, c'était la célèbre mademoiselle Paulet.

Angélique Paulet était née vers 1592 ; elle n'avait donc que dix-huit ans à la mort du roi.

Saumaise lui donna place, plus tard, sous le nom de *Parthénie* dans son grand dictionnaire historique des *précieuses*.

Elle était fille de Charles Paulet, secrétaire de la chambre du roi, et inventeur de l'impôt que, de son nom, on appela *la paulette*.

Cet impôt consistait en une redevance que payaient chaque année les officiers de justice ou des finances, afin, en cas de mort, de conserver à leurs héritiers le droit de disposer de leur charge.

Mademoiselle Paulet avait beaucoup de vivacité, la taille fine, était jolie, dansait bien, jouait admirablement du luth, et chantait mieux qu'aucune personne de son temps.

C'est sur elle qu'on fit la fable des rossignols morts de jalousie pour l'avoir entendue chanter.

« Seulement, elle avait les cheveux roux. »

Remarquez que ce n'est pas moi qui m'en plains ; c'est Tallemant des Réaux. Mais des cheveux d'un si beau roux, que c'était un charme de plus.

Voyez plutôt ce que Saumaise en dit :

« Rousses, voici votre consolation, et Parthénie, dont je parle, et qui a eu les cheveux de cette couleur, est une *précieuse* dont l'exemple suffit pour faire voir qu'elles sont autant capables de donner de l'amour que les brunes ou les blondes. »

Elle avait été du ballet où mademoiselle de Montmorency s'était emparée du cœur du roi. Elle apparaissait sur un dauphin, et, comme elle était charmante ainsi, on fit sur elle le quatrain suivant :

> Qui fut le mieux du ballet ?...
> Ce fut la petite Paulet,
> Montée sur un dauphin...
> Qui montera sur elle enfin ?

Elle y chantait d'une voix ravissante les vers de Lingende, qui commençaient ainsi :

> Je suis cet Amphion...

Henri IV, ne pouvant pour lui avoir la belle danseuse qu'on appelait mademoiselle de Montmorency, voulut au moins avoir pour son fils la belle chanteuse qui avait nom mademoiselle Paulet.

Ce fut la première femme qui reçut le surnom de *lionne*, surnom ressuscité de nos jours dans les mêmes conditions.

Que l'on en juge :

« L'ardeur avec laquelle elle aimait, dit Tallemant des Réaux, son courage, sa fierté, ses yeux vifs, ses cheveux trop dorés, lui firent donner le surnom de *lionne*. »

Ce fut, à ce qu'on assure, en se rendant chez mademoiselle Paulet, dans ce but tout paternel, qu'Henri IV fut assassiné.

Donnons quelques détails sur l'assassin :

« Il y avait à Angoulême, dit Michelet, un homme fort exemplaire, qui nourrissait sa mère de son travail et vivait avec elle en grande dévotion. On le nommait Ravaillac. Malheureusement pour lui, il avait une mine sinistre qui mettait en défiance. »

Cette mine sinistre venait de ses malheurs personnels. Son père s'était ruiné; sa mère s'était séparée de son père. Pour soutenir sa mère, il s'était fait valet d'un conseiller au parlement, limier de procès; mais, quand les procès manquaient, plus d'appointements : il avait alors des écoliers qui le payaient en denrées, selon le commerce que faisaient leurs parents.

Un meurtre eut lieu dans la ville. Ravaillac avait un aspect tellement sinistre, qu'on s'en prit à lui. Grand et fort, il avait les bras rudes, les mains pesantes; il était jaune de visage, étant de nature bilieuse, rouge de cheveux et de barbe d'un roux foncé, comme le cuivre. On le voit, tout cela n'était point attrayant.

Et cependant il n'était aucunement coupable du meurtre dont on l'accusait. Au bout d'un an de prison, il sortit honorablement acquitté, mais plus bilieux que jamais. Il était en outre endetté : si bien qu'il ne sortit par une porte que pour rentrer par l'autre. Ce fut dans ce cachot pour dette que son cerveau s'exalta : il se mit à faire de mauvais vers, plats et prétentieux comme ceux de Lacenaire. Puis les visions s'en mêlèrent. Un jour, en allumant son feu, il vit un sarment de vigne qui s'allongeait, changeait de forme, et devenait une trompette ; il mit cette trompette à sa bouche et elle sonna toute seule une fanfare de guerre, et, en même temps qu'il sonnait ainsi la guerre sainte, des flots d'hosties s'échappaient à droite et à gauche de sa bouche. Dès lors, il vit bien qu'il était destiné à une grande chose, à une chose sainte ; en conséquence, il se mit à la théologie, l'étudia, et surtout sur ce point qui avait tant préoccupé le moyen âge : « Est-il permis de tuer un roi ? » Ravaillac ajoutait : « Quand ce roi est ennemi du pape. » On lui prêta Manaria et les autres casuistes qui avaient écrit sur la question.

Soit que ses dettes fussent payées, soit que son créancier ou ses créanciers se lassassent de le nourrir, il sortit de prison. Ce fut alors qu'il raconta ses visions et que le bruit s'en répandit ; on fit aussitôt connaître au duc d'Épernon, à cet ancien mignon de Henri III que vous savez, qu'il y avait dans sa ville, né sur la place qui portait son nom, un saint homme visité de l'esprit de Dieu. Le duc d'Épernon vit Ravaillac, écouta ses billevesées, devina le parti qu'on pouvait tirer d'un homme qui allait demandant à tout le monde : « Peut-on tuer un roi ennemi du pape ? » le chargea d'aller suivre un procès qu'il avait à Paris, lui donna des lettres pour le père d'Entragues, qui avait été condamné à mort, on se le rappelle, pour conspiration contre Henri IV, ainsi que pour Henriette d'Entragues, cette indocile maîtresse du roi, toujours en guerre avec lui. Le père et la fille le reçurent à merveille, lui donnèrent un valet pour l'accompagner, et à Paris l'adresse d'une femme à Henriette, pour qu'il sût où descendre.

Elle se nommait la dame d'Escoman.

La dame d'Escoman fut fort effrayée à la vue du sombre personnage, elle crut voir entrer le malheur en personne ; elle ne se trompait point ; mais Ravaillac était si bien recommandé, qu'elle ne l'en reçut pas moins bien, et que, revenant, en voyant ce doux et pieux personnage, sur ses premières idées, elle le chargea d'une affaire au palais.

Mais Ravaillac ne resta point à Paris ; le duc d'Épernon avait en lui une telle confiance, qu'il l'envoya à Naples. C'est là que, en dînant chez Hébert, il annonça, comme nous l'avons dit, qu'il tuerait le roi.

En effet, c'était le moment de tuer le roi. Il venait de garantir la Hollande et de refuser le double mariage espagnol.

Ravaillac revint donc en toute hâte à Paris pour exécuter son dessein, descendit chez son ancienne hôtesse, et, la sachant femme de confiance des ennemis du roi, s'ouvrit à elle de son projet.

La pauvre femme était légère et galante, mais avait un bon cœur, un cœur français ; la chose l'épouvanta, elle résolut de sauver le roi.

C'était au temps des plus folles amours de Henri IV pour mademoiselle de Montmorency ; il ne pensait à rien autre chose que la fuite en Espagne de son neveu Condé. Il est vrai que celui-ci avait soin de le faire souvenir qu'il habitait chez ses ennemis.

Il venait de lancer un manifeste contre le roi, tout dans l'intérêt du peuple.

Ce manifeste eut un écho dans la noblesse et chez les parlementaires, deux classes mécontentes du roi.

On disait tout haut qu'aucun des enfants du roi n'étant de lui, autant et mieux valait, pour lui succéder, un Condé qu'un bâtard.

On oubliait que, selon toute probabilité, le Condé était bâtard lui-même.

Sur ces entrefaites, Henri conclut, le 10 février 1610, le traité de guerre avec les princes protestants; il attaquait l'Espagne et l'Italie et entrait en Allemagne avec trois armées à la fois, et les généraux commandant ces trois armées étaient tous trois protestants.

Quant au duc d'Épernon, colonel général de l'infanterie et serviteur très-humble des jésuites, contre lesquels, en réalité, se faisait ce grand armement, on le laissait à Paris.

Le roi venait de faire couper la tête à un de ses hommes qui avait bravé l'édit contre les duels.

Puis, en même temps, le roi, imprudemment, laissait humilier un autre homme bien autrement dangereux que le duc d'Épernon. C'était le cavalier servant de la reine, maître Concino Concini.

Un jour, le parlement défilait, en robe rouge, et tous, selon l'étiquette, avaient le chapeau bas; il garda, lui, son chapeau sur sa tête.

Le président Séguier en passant, allongea la main, prit le chapeau et le posa à terre.

Un autre jour, le même Concino Concini, faisant semblant d'ignorer les priviléges du parlement, entra dans la chambre des enquêtes, en bottes éperonnées, l'épée au côté et le chapeau à panache sur la tête.

Cette fois, ce fut tout simplement l'affaire des clercs; ils lui coururent sus, et, quoique le bravache eût avec lui une douzaine de domestiques, il fut bourré, houspillé, plumé d'importance; et les gens qui vinrent à son secours n'eurent que le temps tout juste de le cacher dans un four d'où il ne sortit que le soir.

Concini se plaignit à la reine et la reine au roi.

Mais, comme on le pense bien, le roi donna raison au président Séguier, et même aux petits clercs.

On rapporta au roi que Concini avait menacé les parlementaires de son épée.

— Bon, bon, qu'il menace! avait répondu le roi; leur plume a un bien autre fil que l'épée d'un Italien.

La reine fut exaspérée.

Ce fut au plus fort de cette exaspération que la dame d'Escoman lui fit dire qu'elle avait à lui donner un avis essentiel au salut du roi; en preuve, elle offrait de faire saisir dès le lendemain certaines lettres arrivées d'Espagne.

La reine fut trois jours sans répondre autre chose, sinon qu'elle l'écouterait, et, définitivement, elle ne l'écouta point.

La d'Escoman, épouvantée d'un pareil silence de la part d'une femme, quand il s'agit du salut de son mari et de son roi, courut à la rue Saint-Antoine pour tout révéler au père Cotton, confesseur du roi.

Elle ne fut pas reçue.

Elle insista et finit par parler au père procureur, qui refusa d'avertir le père Cotton et se contenta de répondre :

— Je demanderai au ciel ce que je dois faire.

— Mais si en attendant on tue le roi! s'écria la d'Escoman.

— Femme, mêlez-vous de vos affaires, répondit le jésuite.

Le lendemain, la d'Escoman fut arrêtée.

Convenons qu'elle le méritait bien.

Mais le bruit de cette arrestation pouvait parvenir aux oreilles du roi.

Bon! avant que le bruit lui parvînt, le roi serait tué.

La pauvre prisonnière était si loin de se douter d'où lui

venait son arrestation, que, du fond de sa prison, elle continua de s'adresser à la reine.

De son côté, la reine mettait tout en œuvre pour être faite régente ; le départ du roi, les dangers qu'il courait à l'armée étaient un suffisant prétexte ; on s'en servit tant et si bien que le roi se lassa et consentit à son sacre : elle fut sacrée à Saint-Denis, et y fit une entrée magnifique.

Mais, en Gascon qu'il était, le roi avait éludé la chose ; il avait fait sacrer la reine et ne l'avait pas faite régente, lui donnant une voix au conseil, voilà tout.

C'était à la fois plus ou moins qu'elle ne demandait ; le roi, était plus triste que jamais. vous verrez cela dans les Mémoires de Sully. Sully dit en toutes lettres : « Le roi attendait de ce sacre les plus grands malheurs. » Tous les visages étaient maussades autour de lui, et le gai Gascon aimait les visages gais. Il aimait le peuple et avait besoin de se croire aimé du peuple, ou le peuple n'était pas heureux.

Un jour, comme il passait près des Innocents, à cent pas peut-être de l'endroit où il fut assassiné, un homme en habit vert lui cria :

— Sire, au nom de Notre-Seigneur et de la très-sainte Vierge, il faut que je vous parle.

Cet homme était Ravaillac.

Il dit qu'il appelait le roi pour l'avertir. Il voulait lui demander *si véritablement il voulait faire la guerre au pape.*

Sans doute, la mort du roi était subordonnée à la réponse.

Il voulait encore savoir du roi s'il était vrai que les huguenots *préparassent le massacre des catholiques.*

Le malheureux était comme possédé, ne pouvant tenir en place ; il s'alla un jour réfugier dans un couvent de feuillants qui ne le voulurent point garder.

Il alla frapper alors à un couvent de jésuites.

Les jésuites le repoussèrent, sous prétexte qu'il sortait de chez les feuillants.

Au reste, il parlait de son projet à tout le monde, demandant conseil à tout le monde, de sorte qu'en se rencontrant, les gens se disaient :

— Vous savez, le tueur du roi est à Paris.

Un jour, il quitta Paris et retourna à Angoulême.

Il hésitait, comme on voit; mais une sainte communion, lui-même le dit, lui rendit la force.

Il vint à Paris en avril 1610, pour faire le coup.

Dans l'auberge où il était, il prit un couteau et le cacha dans sa manche.

Puis, sous l'empire d'un nouveau remords, une fois encore il quitta Paris pour retourner à Angoulême. Il fit plus : de peur que la vue de son couteau ne le tentât, il en brisa la longueur d'un pouce à une charrette qui passait.

Mais, à Étampes, la vue d'un crucifix lui rendit tout son courage.

Ce n'était plus le Christ qui était crucifié par les Juifs c'était la religion qui était crucifiée par les protestants.

Plein de rage, il revint à Paris.

Et cependant la pauvre d'Escoman ne se lassait pas et faisait de son mieux.

Par la demoiselle de Gournay, fille adoptive de Montaigne, elle fit parvenir l'avis de l'assassinat à un ami de Sully.

L'ami de Sully courut à l'Arsenal; et lui, Sully, et sa femme délibérèrent sur ce qu'il y avait à faire.

On transmit l'avis au roi, mais faiblement, sans trop l'appuyer, lui disant que, s'il voulait, on le ferait parler aux deux femmes.

Mais Henri semblait las de lutter, sentant contre qui il luttait.

D'ailleurs, dans trois jours, il partait.

Il ne se rappela point Coligny, qui, dans trois jours, partait aussi.

Et cependant, durant la nuit du 13 au 14, ne pouvant trouver le repos, le sceptique se leva, s'agenouilla, tenta de prier.

Avait-il des pressentiments?

Pourquoi pas?

C'est qu'en effet, les prédictions et les présages ne lui avaient pas manqué.

D'abord, une de ces prédictions qui lui avaient été faites, et qui avait déjà failli se réaliser deux fois, c'est qu'il périrait en carrosse.

La première fois qu'il pensa périr ainsi, c'était pendant le siége de la Fère. Il accompagnait la duchesse de Beaufort, de Traveny à Mouy; les chevaux bronchèrent dans un mauvais passage et entraînèrent le carrosse dans un précipice. Le carrosse fut brisé, et les quatre chevaux qui le traînaient ou tués ou estropiés.

Nous avons raconté l'autre événement, et dit comment, en traversant le bac de Neuilly, le carrosse était tombé dans la rivière.

Cinq personnes étaient dans le carrosse royal : le roi, la reine, la princesse de Conti, le duc de Montpensier et le duc de Vendôme.

Le roi et le duc de Montpensier sautèrent par la portière avant que le carrosse fût dans l'eau.

Mais la reine, la princesse de Conti et le duc de Vendôme n'eurent point le même bonheur.

On tira la princesse de Conti la première, elle était du côté du carrosse qui surnageait.

Le carrosse continuait de s'enfoncer.

La Châtaigneraie plongea et tira la reine par les cheveux.

Restait le duc de Vendôme. La Châtaigneraie plongea de nouveau et eut le bonheur de sauver le jeune prince.

La Châtaigneraie fut récompensé, en supposant que l'on récompense de pareils services, par le don d'une enseigne en diamants de quatre mille écus, et par sa nomination à la place de capitaine des gardes de la reine.

Donc, comme nous le disions, le roi, deux fois déjà, avait failli périr en carrosse.

On avait, en outre, fait son horoscope en Allemagne. Cet horoscope disait que sa vie serait tranchée par un coup violent, dans la cinquante-septième année de son âge.

De plus, un grand mathématicien avait publié que Henri allait heureusement et triomphalement à la monarchie de l'Europe, si un terrible accident, dont il était menacé, ne l'arrêtait pas au milieu de son glorieux chemin.

Ce même homme, qui avait prédit au duc de Guise son assassinat aux États de Blois et au duc de Mayenne la perte de la bataille d'Ivry, avait dit que, cette année 1610, le roi mourrait de mort violente.

On avait trouvé sur un autel, à Montargis, la prédiction de cette désastreuse journée, et l'on avait vu à Boulogne pleurer une image de la Vierge !

La maréchale de Retz racontait que la reine Catherine, désireuse de savoir ce que deviendraient ses enfants, et quel était celui qui leur succéderait, avait été trouver un magicien, et que celui-ci lui avait fait voir un miroir représentant une salle dans laquelle chacun de ses fils lui était apparu faisant autant de tours qu'il devait vivre d'années.

François II avait paru le premier et fait un tour. Charles IX parut le second et fit quatorze tours. Henri III parut le troisième et fit quinze tours. Enfin Henri de Béarn était apparu le quatrième, en avait fait vingt et un, et avait disparu.

Pendant l'appareil du couronnement, on montra au roi une prédiction venue d'Espagne. Elle disait qu'un grand roi, qui avait été prisonnier dans sa jeunesse, mourrait au mois de mai. Mais le roi secoua la tête.

— Il ne faut se fier à rien, dit-il, de ce qui vient d'Espagne.

Et cependant, se retournant vers Sully :

— Sully, lui dit-il, j'ai quelque chose sur le cœur qui m'empêche de me réjouir.

L'arbre planté dans la cour du Louvre, le premier jour de mai, tomba de lui-même sans effort, et la tête tournée vers le petit degré, le neuvième jour du même mois.

Bassompierre et le duc de Guise étaient appuyés en ce moment sur les barres de fer du petit perron au-devant de la chambre de la reine. Bassompierre secoua la tête, et, montrant l'arbre tombé au duc de Guise :

— Si nous étions en Allemagne ou en Italie, dit-il, on prendrait cette chute pour un mauvais signe et pour le renversement de l'arbre à l'ombre duquel se repose le monde.

Le roi était derrière eux sans qu'ils le vissent; il passa, à leur grand étonnement, sa tête entre leurs deux têtes :

— Est-ce que vous avez entendu, sire? lui demanda Bassompierre.

— Par ma foi, oui, dit le roi; mais voilà vingt ans que j'ai les oreilles rebattues de ces présages; il n'en sera que ce qui plaira à Dieu.

La reine, de son côté, crut devoir faire deux songes qui

ajoutaient encore à toutes ces craintes vagues qui semblaient planer au-dessus du Louvre.

Elle rêva d'abord, et c'était au moment où les orfèvres dressaient sa couronne, que tous les diamants que l'on avait donnés pour enrichir cette couronne s'étaient changés en perles.

Or, dans la langue des songes, les perles veulent dire des larmes.

Elle se rendormit; mais, une demi-heure après, elle se réveilla tressaillant et poussant un cri.

— Qu'avez-vous, ma mie? lui dit le roi.

— Oh! s'écria la reine, le vilain songe que je viens de faire!

— Et qu'avez vous donc songé?

— Oh! rien. Vous savez que les songes sont mensonges.

— Dites toujours.

— Eh bien, j'ai songé que l'on vous donnait un coup de couteau sur le petit degré.

— Par bonheur, ce n'est qu'un songe, dit le roi.

— Ne voulez-vous pas, insista la reine, que je fasse lever La Renouillière?

La Renouillière, c'était la première femme de chambre.

— Oh! dit le roi, il n'est pas besoin pour si peu.

Et il se rendormit aussitôt, « car, dit Mathieu, son historien, il était prince si bien composé, qu'il avait deux choses à sa disposition, la veille et le sommeil. »

Le 9 au soir, Henri étant en train de jouer au trictrac, il lui sembla plusieurs fois voir des taches de sang sur l'ivoire et l'ébène. Il essaya de les essuyer avec son mouchoir, d'abord sans rien dire, puis ensuite en demandant à son partner s'il ne voyait pas comme lui ces taches de sang.

C'était son présage de la Saint-Barthélemy qui se renouvelait.

Alors, il sortit pour prendre un peu l'air.

Il avait à la fois la vue et le cœur troublés.

Après le jeu, la reine soupait dans son cabinet et y était servie par ses filles. Le roi y entra, s'assit près d'elle, et, non par soif, mais par une espèce de galanterie conjugale, il but deux fois ce qu'elle avait laissé dans son verre.

Puis, tout à coup, il se leva et sortit pour aller se mettre au lit.

Ce fut cette nuit-là qu'il ne put dormir et se releva, essayant de prier.

Donnons, minute par minute, les détails de ce dernier jour, 14 mai 1610.

Le roi s'éveilla de meilleure heure encore que d'habitude, c'est-à-dire vers les quatre heures du matin. Il passa aussitôt dans son petit cabinet pour y prendre ses habits.

Là, et tout en s'habillant, il fit appeler M. de Rambure, qui était arrivé la veille au soir ; puis, à six heures, il se jeta sur son lit pour faire plus tranquillement ses prières.

Tout en faisant ses prières, il entendit que l'on grattait la porte.

— Laissez entrer, dit-il ; ce doit être M. de Villeroy.

Il l'avait, en effet, envoyé quérir par la Varenne.

Il lui parla longuement d'affaires ; puis, le renvoyant aux Tuileries pour ce qui restait à lui dire, il lui commanda de tirer le rideau, et continua de se recommander à Dieu.

Ses prières finies, il acheva toutes ses expéditions au duc de Savoie, et les scella lui-même de son sceau.

Puis il passa aux Tuileries, demeura plus d'une demi-heure à se promener avec le dauphin, parla au cardinal de Joyeuse et à plusieurs autres seigneurs, et recommanda d'apaiser la querelle que les ambassadeurs d'Espagne et de Venise avaient eue au couronnement.

En quittant le dauphin, il alla aux Feuillants, où il entendit la messe. Parfois il y arrivait passé midi. Dans ce cas, il faisait au clergé ses excuses pour ce retard. Alors, il avait l'habitude de dire :

— Excusez-moi, mes pères, j'ai travaillé. Or, quand je travaille pour mon peuple, je prie. Travailler au lieu de prier, c'est laisser Dieu pour Dieu.

Il revint au Louvre ; mais, avant de se mettre à table, il voulut voir un nommé Descure, qui, par son ordre, venait de reconnaître le passage de la rivière de Semoy.

Le passage était facile, commode et assuré par le pays de Château-Renault, qui appartient en souveraineté à madame de Conti.

Le roi fut très-joyeux d'apprendre ces nouvelles. On lui avait dit que le marquis de Spinola s'était emparé de tous ces passages ; et le rapport de Descure lui apprenait non-seulement qu'il n'en était rien, mais encore que son armée était maintenue dans le meilleur état par M. de Nevers ; que les Suisses avaient rejoint, et que les équipages et l'artillerie étaient tout prêts.

Puis il dîna, et, pendant le dîner, fit appeler M. de Nérestang pour lui adresser tous ses compliments sur la bonne tenue de son régiment, sur la rapidité avec laquelle il avait été équipé, le priant d'être certain que tous les frais qu'il avait faits lui seraient remboursés.

— Sire, répondit M. de Nérestang, je cherche les moyens de servir Votre Majesté, sans songer aux récompenses, certain que je suis de n'être jamais pauvre sous un roi si grand et si généreux.

—Oui, vous avez raison, monsieur de Nérestang, c'est aux sujets d'oublier leurs services, mais c'est aux rois de s'en souvenir. Mes serviteurs se doivent fier à moi, et moi, je dois avoir soin d'eux. Il est vrai que ceux à qui j'ai fait plus de bien qu'à vous ne le reconnaissent pas si bien que vous. C'est des grands bienfaits que se forment les grandes ingratitudes.

Comme il achevait ces paroles, entrèrent Madame, qui fut depuis madame Henriette; madame Christine, qui fut depuis duchesse de Savoie, et mademoiselle de Vendôme.

Le roi demanda aux trois enfants s'ils avaient dîné.

Madame de Montglat, leur gouvernante, répondit qu'elle avait fait dîner les princesses à Saint-Denis, où elles avaient visité les reliques et le trésor.

— Vous êtes-vous réjouies ? demanda le roi.

— Oui, dit mademoiselle de Vendôme ; seulement, M. le duc d'Anjou a beaucoup pleuré.

— Pourquoi cela ? demanda le roi.

— Parce que, ayant demandé qui était dans un tombeau qu'il regardait, il lui fut répondu que c'était vous.

— C'est qu'il m'aime, le pauvre enfant ! dit le roi. Hier, pendant toute la cérémonie, comme il ne me voyait point, il n'a fait que crier : « Papa ! »

Après le dîner, il s'arrêta longtemps à parler au président Jeannin et à Arnault, intendant de ses finances, leur disant qu'il était résolu à travailler à la réforme de l'État, à soulager la misère et l'oppression de son peuple, à ne plus souffrir qu'il y eût en France d'autre pouvoir que la vertu et le mérite, ni que la vénalité des offices rendît profanes les choses sacrées, conjurant ses bons serviteurs de seconder vertueusement et courageusement ses intentions.

Puis il passa dans les appartements de la reine, suivi du seul marquis de la Force.

La reine était dans son cabinet, où elle donnait des ordres pour tout ce qui était nécessaire à la pompe et à la magnificence de son entrée.

Au moment où Henri apparut sur le seuil, elle invitait l'évêque de Béziers, son grand aumônier, à aller à la conciergerie du Palais pour y prendre deux maîtres des requêtes et aviser avec eux à l'élargissement des prisonniers ; puis, entendant la duchesse de Guise qui parlait d'aller en ville :

— Ne bougez pas d'ici, cousine, dit le roi, nous rirons.

— Impossible que je ne sorte pas, sire, dit-elle, j'ai convoqué une assemblée de quelques avocats du parlement.

— Eh bien, dit-il, je vais aller voir la princesse de Conti ; j'ai, en outre, grande envie d'aller à l'Arsenal ; mais, si j'y vais, je m'y mettrai en colère bien certainement.

— N'y allez pas, sire, restez avec nous, et tenez-vous en belle humeur, dit la reine.

Malgré cet engagement, il sortit du cabinet de la reine et rentra chez lui pour écrire. Il était sous le poids de cette agitation qui tourmente les gens menacés d'un grand malheur, et que leur instinct pousse à y échapper.

Il s'assit à une table, prit une plume, du papier, et écrivit. Mais, à la cinquième ligne, il s'arrêta, fit appeler la Claverie, qu'il avait envoyé à l'ambassadeur de Venise, au sujet de la querelle que celui-ci avait eue, lors du couronnement, avec l'ambassadeur d'Espagne, causa avec lui quelques instants, continua d'écrire ; puis, après qu'il eut écrit et qu'il eut remis la lettre à la personne qui l'attendait, il s'approcha d'une fenêtre, et, portant sa main à son front, il dit :

— Mon Dieu ! qu'ai-je donc là qui me trouble si fort ?

Puis il sortit de son cabinet et rentra dans la chambre de la reine.

Là, il trouva le chancelier et lui parla longtemps de ses projets d'avenir, comme si, près de quitter le monde, il s'empressait d'initier le premier officier de sa justice à ses dernières intentions.

Après cette conversation, tous deux se quittèrent.

— Sire, dit le chancelier, je vais tenir votre conseil.

— Et moi, répondit le roi en l'embrassant, je vais dire adieu à ma femme.

Sur quoi, il rentra une seconde fois dans le cabinet de la reine, où il se mit à jouer avec ses enfants.

— Je ne sais ce que j'ai aujourd'hui, madame, dit-il à la reine, mais le fait est que je ne puis me décider à sortir de chez vous.

— Mais demeurez-y donc, dit la reine. Qui vous force à aller dehors ?

Alors, se tournant vers Vitry, son capitaine des gardes :

— Vitry, dit-il, allez au palais et mettez ordre au festin royal. J'y serai moi-même à six heures pour voir comment toutes choses seront ordonnées.

— Sire, dit de Vitry, je vais obéir à Votre Majesté, mais j'aimerais mieux rester ici.

— Et pourquoi cela ?

— Sire, je ne puis être en deux lieux à la fois. Or, quand je vous vois à chasse, sans vos gardes, ou au promenoir peu accompagné, je n'ai pas un instant l'esprit en repos. Jugez donc de mes craintes en ce moment, dans cette grande ville, qui est pleine d'un nombre incroyable d'étrangers et d'inconnus.

— Allons, allons, reprit le roi, vous êtes un cajoleur, Vitry.

Vous voulez demeurer ici pour causer avec les femmes. Faites ce que je vous dis : il y a cinquante ans que je me garde sans capitaine, et je me garderai bien aujourd'hui encore tout seul.

— Oh ! quant à cela, répondit de Vitry, il n'est point besoin que Votre Majesté se garde toute seule. J'ai en bas une douzaine d'hommes à son service et qui peuvent l'accompagner si elle le désire.

Vitry partit.

Alors, le roi s'avança sur le perron de la chambre de la reine et demanda si son carrosse était en bas.

On lui répondit que oui.

Ces paroles furent entendues d'un homme qui était assis sur les pierres de la porte du Louvre, où les laquais attendent leurs maîtres. Cet homme, auquel personne ne fit attention, se leva et s'en alla attendre le roi entre les deux portes.

Le roi rentra dans le cabinet, dit par trois fois adieu à la reine, l'embrassant comme si son cœur eût témoigné le regret qu'il avait de se séparer et arracher du sien.

— Sire, dit la maréchale de la Chastre en voyant ces caresses, je crois que Votre Majesté devient tous les jours plus amoureuse de la reine.

— Eh bien, maréchale, qu'avez-vous à dire à cela ?

— J'ai à dire, sire, que vos bons serviteurs en reçoivent un grand contentement.

— Et moi une grande joie, dit la reine.

Henri embrassa pour la troisième fois Marie de Médicis et sortit.

En descendant le petit degré, il rencontra le maréchal Bois-Dauphin et lui ordonna de se tenir prêt à partir pour l'armée.

Puis, descendu dans la cour, il vit le duc d'Anjou qui y jouait, et, lui montrant Bassompierre :

— Connais-tu ce monsieur-là? lui demanda-t-il.

Enfin, à trois heures trois quarts, il monta en carrosse, prit la principale place; mais, ayant rencontré le duc d'Épernon, et ayant su qu'il avait affaire en ville, il le fit placer à sa droite.

A la portière du même côté, étaient le maréchal de Laverdin et M. de Roquelaure.

A l'autre, le duc de Montbazon et le marquis de la Force.

Sur le devant, Liancourt, son premier écuyer, et le marquis de Mirabeau.

Le cocher fit demander l'ordre par l'écuyer de service.

— Sortez d'abord du Louvre, répondit le roi.

Puis, étant sous la voûte de la première porte, il fit ouvrir le carrosse de tous les côtés.

L'homme qui l'attendait entre les deux portes était à son poste; mais, voyant que le duc d'Épernon était à la place du roi, et ayant entendu ces mots : « A l'Arsenal! » il espéra trouver sur la route plus de facilité à son dessein, et, se glissant entre la voiture et la muraille, il alla attendre le roi, appuyé à l'une de ces petites boutiques qui sont près des Innocents, rue de la Ferronnerie.

En face de l'hôtel de Longueville, le roi fit arrêter le carrosse, et renvoya tous ceux qui l'accompagnaient.

Alors, le cocher demanda une seconde fois où il devait aller, comme si la première il n'eût point entendu.

— A la Croix-du-Trahoir, dit le roi.

— Et de là?

— De là... Je dirai plus tard où je veux aller.

Et le cocher s'arrêta à la Croix-du-Trahoir.

Le roi hésita un instant s'il irait chez mademoiselle Paulet, ou à l'Arsenal.

Il décida d'aller à l'Arsenal d'abord, et chez mademoiselle Paulet au retour.

Il passa sa tête hors de la portière et dit tout haut :

— A l'Arsenal, en passant par le cimetière Saint-Innocent.

Et, comme il faisait chaud, il quitta le manteau qui l'enveloppait et le mit sur ses genoux.

On arriva à la rue de la Ferronnerie.

A l'entrée de la rue, le roi vit, dans son carrosse, M. de Montigny, et, se penchant encore une fois hors du carrosse, il lui cria :

— Seigneur Montigny, serviteur !

Puis le carrosse du roi entra dans la rue.

La rue était encombrée de loges et de boutiques joignant la muraille du cimetière Saint-Innocent. Le 14 mai 1554, il y avait juste cinquante-six ans, le roi Henri II, étant à Compiègne, et considérant que cette rue de la Ferronnerie était la voie ordinaire que suivaient les rois de France pour s'en aller du Louvre en leur château des Tournelles, avait rendu un édit par lequel ces boutiques devaient être démolies et abattues.

L'édit avait été ratifié en parlement, mais son exécution avait été négligée.

C'était au milieu de ces loges et de ces boutiques que l'homme qui s'était levé de dessus une des pierres posées à l'entrée du Louvre, attendait le roi.

Or, comme pour seconder les mauvais desseins de cet homme, il arriva qu'en entrant dans la rue, le carrosse du roi trouva deux charrettes, l'une chargée de foin, l'autre de vin.

La charrette de foin, qui tenait le milieu de la rue, fut cause que le cocher prit tout à fait à main gauche, s'arrêtant à toute minute.

Les valets de pied étaient, à cause de l'embarras, passés par le cimetière.

Plusieurs personnes alors commencèrent de passer entre le carrosse et les petites boutiques dont nous avons parlé.

Un homme vint à son tour, suivant le même chemin, le manteau sur l'épaule gauche, et dessous un poignard qu'il tenait caché.

Le roi avait la tête tournée à droite. Il parlait à d'Épernon, auquel il venait de donner un papier; il avait le bras droit sur le col du duc, son bras gauche était sur l'épaule du duc de Montbazon, qui tournait la tête pour n'avoir pas l'air d'écouter ce que le roi disait au duc d'Épernon et au maréchal de Lavardin.

Voici ce qu'il disait :

— À notre retour de l'Arsenal, je vous ferai voir les plans que d'Escure a faits pour le passage de mon armée; vous en serez aussi content que je l'ai été moi-même.

Tout à coup, il s'interrompit pour dire :

— Ah! je suis blessé!

Puis il ajouta :

— Ce n'est rien.

Mais, en même temps, il poussa un soupir plutôt qu'un cri, et le sang jaillit de la bouche à gros bouillons.

— Oh! sire, s'écria d'Épernon, pensez à Dieu!

Le roi entendit encore ces paroles, car il joignit les mains et leva les yeux au ciel.

Mais, presque aussitôt, sa tête tomba sur l'épaule du duc.

Il était mort.

Voici ce qui s'était passé.

L'homme au manteau et au couteau avait profité du moment où le seul valet de pied qui restât près du roi remettait sa jarretière. Il se glissa entre lui et le carrosse, et, par-dessus la roue, passa son bras par la portière et frappa le roi de deux coups de couteau.

Il lui en porta un troisième, mais celui-là, le duc de Montbazon le reçut dans la manche de son pourpoint.

Le premier coup, qui avait fait dire au roi : « Je suis blessé! » avait frappé entre la seconde et la troisième côte, mais, sans pénétrer dans la cavité de la poitrine, avait glissé sous le muscle pectoral. Le second coup avait porté un peu plus bas, au milieu du flanc, entre la cinquième et la sixième côte, avait pénétré dans la poitrine, traversé un des lobes du poumon et tranché l'artère au-dessous de l'oreillette gauche du cœur.

C'était celui-là qui avait fait jaillir le sang de la bouche du roi.

La mort fut presque instantanée.

A ce cri et à ce mouvement qui se passait dans l'intérieur de la voiture, le peuple se groupa autour du carrosse, empêchant ainsi l'assassin de fuir.

Le cocher, lui, était si éperdu, qu'il n'essayait ni d'avancer ni de reculer.

Saint-Michel, un des gentilshommes ordinaires, qui venait derrière la voiture, vit le coup, mais trop tard pour l'empêcher.

Il s'élança sur l'assassin l'épée haute; mais d'Épernon lui cria :

— Sur votre tête, ne le touchez point. *Le roi n'a pas de mal.*

Puis, saisissant les mains de l'assassin, il lui arracha le couteau.

En même temps, le comte de Courson lui donnait dans la gorge un coup du pommeau de son épée, tandis que La Pierre, un des capitaines-exempts des gardes, s'emparant de lui, le mit entre les mains des valets de pied.

Aussitôt, M. de Liancourt sauta à bas du carrosse, afin de se rendre à l'hôtel de ville pour mettre ordre à ce qui était de sa charge.

M. de la Force courut à l'Arsenal pour en aviser M. de Sully.

D'autres enfin se rendirent en toute hâte au Louvre pour veiller à la sûreté du dauphin.

Enfin Concini courut à la chambre de la reine, et, à travers la porte entre-bâillée, lui jeta ces mots :

— *E amazzato !*

Puis on détourna le carrosse et on prit le chemin du Louvre.

En entrant dans la cour, on cria, comme c'était l'habitude dans les cas d'accident :

— Au vin et au chirurgien !

Mais l'un et l'autre étaient inutiles.

On savait déjà la blessure, mais on ne sut la mort que lorsqu'on tira le roi de son carrosse.

Il fut porté sur le lit de son petit cabinet par le duc de Montbazon, par de Vitry, par le marquis de Noirmoutiers et par deux ou trois écuyers qui se trouvaient là.

Petit, son premier médecin, fut appelé. Il prétendit que le roi n'avait rendu le dernier soupir que sur le lit, et que, lui voyant encore quelque reste de vie, il lui avait dit : « Sire, souvenez-vous de Dieu. Dites en votre cœur : *Jésus, fils de*

David, ayez pitié de moi ! » et qu'alors le roi avait, par trois fois, ouvert les yeux.

Un autre gentilhomme affirma la même chose à Mathieu, historien du roi.

Puis on s'enquit de l'assassin, de ce qu'il était, et des causes qui l'avaient porté à cet assassinat.

Le jour même, le président Jeannin interrogea le meurtrier.

On sut alors qu'il s'appelait François Ravaillac, qu'il était né à Angoulême en 1579, et, par conséquent, était âgé de trente et un ans.

L'assassin avait été conduit à l'hôtel de Retz. Pour avoir meilleur marché de lui, le président Jeannin, qui l'interrogea le premier, lui dit que le roi n'était pas mort.

Mais lui, secouant la tête, répondit :

— Vous me trompez, le couteau est entré si avant, que mon pouce a touché le pourpoint.

Parmi les papiers qu'il avait sur lui était une pièce de vers en forme de stances composée pour un homme que l'on conduit au supplice ; on lui demanda d'où elle venait. Il répondit :

— D'un apothicaire d'Avignon, qui se mêle de faire des vers et m'a consulté sur ceux-ci.

D'Épernon s'inquiéta, et, sous prétexte qu'il n'était point assez bien gardé à l'hôtel de Retz, le fit transporter chez lui.

Il resta là jusqu'au lundi 17. Le 17, on le conduisit à la Conciergerie.

Sans doute, la vie lui avait été promise, car l'assassin s'obstina à dire qu'il n'avait point de complice, qu'il avait obéi à une voix d'en haut, et qu'ayant appris que le roi allait faire la guerre au pape, il avait cru être agréable à Dieu en tuant celui qui menaçait son représentant sur la terre. Mais, quelle que fût la fermeté de ses réponses sur ce point, on n'en voulait rien croire. Chacun alors proposa de nouveaux modes de tortures pour arriver à lui faire dire la vérité.

La reine écrivit en recommandant un boucher qui s'offrait pour dépouiller vif l'assassin, et, cela, avec tant d'adresse, que la force, une fois écorché, lui resterait encore d'avouer ses complices et de supporter son châtiment.

La cour admira cette offre d'une princesse qui voulait que chacun connût que la justice n'avait rien omis pour la réparation de la publique offense; elle loua cette sollicitude d'une veuve et d'une mère, mais elle ne crut pas devoir accepter cette proposition.

Un architecte, nommé Balbany, inventeur des cités modernes, proposa une torture de sa façon: c'était un trou en terre, ayant la forme d'un cône renversé, dont les parois lisses et glissantes n'offraient aucune aspérité où le corps pût se retenir. On y laisserait glisser le coupable, qui, par son propre poids, s'affaisserait sur lui-même, de manière que les épaules, disait-il, finiraient par se joindre aux talons, et, cela, avec des douleurs lentement cruelles, mais qui n'ôtaient rien au corps de ses forces; de sorte que l'on pourrait retirer le patient à volonté, et, en quatre heures, le remettre en état de supporter le même supplice, jusqu'à ce qu'il eût parlé.

Mais la cour ne jugea pas à propos d'user d'autre torture que celle qui était en usage.

Un instant seulement, elle fut en doute.

Le criminel devait-il être appliqué à la question avant d'être condamné à mort?

Les formes ordinaires ne le permettaient point, car la question ne se donnait qu'en deux cas : l'un, avant le jugement, pour avoir la preuve du crime; l'autre après le jugement, pour connaître les complices ou les instigateurs.

Or, la question n'était point nécessaire pour le premier cas, puisque le criminel, pris au moment où il exécutait le crime, non-seulement ne le niait pas, mais encore s'en vantait.

A force de recherches, la cour trouva un arrêt qui la tirait d'embarras.

Un homme qui avait attenté par le poison à la vie de Louis XI, avait eu plusieurs fois *la gêne*, et à divers jours avant la condamnation.

Le parlement n'en demandait pas davantage.

Sur la lecture de cette pièce, la cour ordonna que l'assassin serait appliqué à la torture trois fois en trois jours différents.

Mais il soutint la première épreuve avec un si grand courage, ses réponses furent si conformes à celles qu'il avait déjà faites, que l'on craignit de lui enlever des forces qui devaient être ménagées avec soin, pour qu'il pût jusqu'au bout endurer le supplice.

Seulement, le procureur général La Guesle, qui était malade, forçant son indisposition, se fit porter au parquet pour prendre ses conclusions avec les avocats du roi ; et, considérant qu'un pareil crime devait être puni par les châtiments les plus sévères, il requit que, outre le tenaillement et le démembrement, une nouvelle peine fut ajoutée : c'est que le tenaillement se ferait avec des tenailles rougies au feu, et que, dans les blessures faites par elles, on verserait du plomb fondu, de l'huile bouillante, de la poix enflammée, et de la cire et du soufre mêlés ensemble.

C'était la première fois que pareille proposition était faite. Elle fut acceptée.

En conséquence, l'arrêt fut rendu en ces termes :

« Déclare

» Le prévenu atteint et convaincu du crime de lèse-majesté divine et humaine, au premier chef pour le très-méchant, très-abominable et très-détestable parricide commis en la personne du roi, de très-bonne et très-louable mémoire.

» Et, pour la réparation, condamne le meurtrier à faire amende honorable devant la principale porte de l'église de Paris, nu, en chemise, tenant une torche ardente du poids de deux livres; dire et déclarer que, malheureusement et proditoirement, il a commis et tué le roi de deux coups de couteau dans le corps; de là, conduit à la place de Grève, et, sur un échafaud, tenaillé aux mamelles, bras, cuisses, gras de jambe, la main droite tenant le couteau duquel a commis le parricide ars et brûlée de feu de soufre, et sur les endroits où sera tenaillé jeté du plomb fondu, de l'huile bouillante, de la poix-résine en flamme, de la cire et du soufre fondus ensemble; ce fait, son corps tiré et démembré à quatre chevaux, ses membres et corps consumés au feu, réduits en cendre, jetés au vent, ses biens confisqués, sa maison de naissance démolie, son père et sa mère bannis du royaume de France, et ses autres parents contraints de changer de nom. »

L'arrêt fut exécuté le même jour que prononcé; et, pour en voir l'exécution, tous les princes, seigneurs et officiers de la couronne et du conseil d'État, se trouvèrent en l'hôtel de ville, tandis que tout Paris s'entassait sur la place de Grève.

On avait d'abord pensé à brûler le poing du condamné au lieu même où le parricide avait été commis. Mais on songea que la place était si étroite, que quelques personnes à peine pourraient assister au prologue du supplice, et, d'ailleurs, que ce commencement d'exécution pourrait diminuer les forces dont le coupable avait besoin pour supporter les autres peines.

Avant de mener le condamné en Grève, on fit une dernière tentative de torture. On lui donna les brodequins. Le premier coin tira de sa bouche de grands cris, mais aucun aveu.

— Mon Dieu! cria-t-il, ayez pitié de mon âme et me faites pardon de mon crime; mais punissez-moi du feu éternel si je n'ai pas tout dit.

Au second coin, il s'évanouit.

On ne jugea pas à propos d'aller plus loin, et le bourreau s'empara de lui.

Comme tous les fanatiques, il avait jugé son crime à travers sa propre opinion, et croyait que le peuple lui saurait gré de son attentat. Son étonnement fut donc étrange quand, en sortant de la Conciergerie, il se vit accueilli par des huées, des menaces et des malédictions.

Ce fut au milieu des hurlements du peuple qu'il arriva à Notre-Dame. Là, il se jeta la face contre terre, baisa le bout de sa torche, et montra un grand repentir.

Ce fut d'autant plus remarquable qu'avant de quitter la prison, il avait encore blasphémé le roi et glorifié son crime.

Le changement qui s'était fait en lui, pendant le court trajet qui séparait la prison de l'échafaud, était bien grand, puisque, sur le point de quitter la charrette, le docteur Tilsac, qui l'assistait, lui voulant donner l'absolution, lui commanda de lever les yeux au ciel.

Mais il lui répondit :

— Je n'en ferai rien, mon père; car je suis indigne de le regarder.

Puis, l'absolution donnée :

— Mon père, dit-il, je consens à ce que votre absolution soit convertie en damnation éternelle si j'ai supprimé quelque chose de la vérité.

L'absolution reçue, il monta sur l'échafaud, où on le coucha sur le dos; puis on lui attacha les chevaux aux pieds et aux mains.

Le couteau dont on lui perça la main n'était point celui dont il s'était servi pour commettre le crime; car, celui-là, après l'avoir montré au peuple, qui accueillit sa vue d'un cri d'horreur, le bourreau le jeta à ses valets, qui le mirent dans un sac.

On remarqua que le condamné, tandis que sa main brûlait, eut le courage de lever la tête pour la regarder brûler.

Sa main brûlée, on lui donna les tenailles.

Alors, les cris commencèrent.

Peu après, on jeta le plomb fondu, l'huile bouillante, la poix enflammée, la cire et le soufre, le bourreau ayant bien soin de les faire pénétrer dans la chair vive.

« Ce fut, dit Mathieu, la douleur la plus sensible et la plus pénétrante de tout le supplice, et il le montra bien par le soulèvement de tout son corps, le battement de ses jambes et le pétillement de sa chair. Mais cela, ajoute l'historien, ne fut capable d'émouvoir le peuple à pitié. Il eût voulu, quand tout fut fait, que l'on eût recommencé. »

Et cela est si vrai, qu'un jeune homme qui regardait par une des fenêtres de l'hôtel de ville, au lieu de dire : « Grand Dieu, quel tourment ! » ayant eu le malheur de dire : « Grand Dieu, quelle cruauté ! » les menaces s'élevèrent contre lui au point qu'il fut obligé de se perdre dans la foule ; sans quoi, il eût été mis en pièces.

Arrivé à ce point, on fit une pause. Les *théologiens* s'approchèrent du patient et l'adjurèrent de dire la vérité.

Lui, alors, déclara qu'il était prêt à parler.

On appela le greffier ; le greffier monta sur l'échafaud et écrivit.

Par malheur, le greffier avait une si mauvaise écriture, que l'on y distinguait bien les noms de la *reine* et de *M. d'Épernon*, mais qu'on ne pouvait lire le reste.

Cette pièce, écrite sur l'échafaud même, resta longtemps entre les mains de la famille Joly de Fleury.

Alors, on donna l'ordre, et les chevaux commencèrent de tirer. Mais, comme ils n'allaient pas assez rudement au gré du peuple, le peuple s'attela aux cordes.

Un maquignon, voyant un des chevaux du supplice tout hors d'haleine, mit pied à terre, dessella le sien et le mit en place.

« Et, dit le récit, ce cheval tint sa partie mieux que les autres et donna de si rudes secousses à la cuisse gauche, qu'il la dénoua incontinent. »

Les cordes étaient lâches, et, comme le malheureux fut longuement tiré, retiré et promené de tous côtés, ses flancs donnaient contre les piliers de l'échafaud, et, à chaque choc, une côte pliait et se rompait.

Mais il était si vigoureux, qu'une fois, en repliant une de ses jambes, il fit reculer le cheval qui y était attelé.

Enfin, l'exécuteur, voyant que tous ses membres étaient dénoués, rompus, froissés, qu'il était à l'agonie et *que les chevaux n'en pouvaient plus*, en eut pitié, peut-être aussi des chevaux, et voulut mettre le patient en quatre quartiers.

Mais le peuple, devinant son intention, envahit l'échafaud et lui arracha le corps des mains. Les laquais lui donnèrent cent coups d'épée et chacun lui tira son morceau de chair, de sorte qu'au lieu d'être coupé en quatre quartiers, il le fut en plus de cent. Une femme le déchirait avec ses ongles ; puis, voyant qu'ils n'avaient point assez de prise, elle le mordit à belles dents. Le corps s'en alla ainsi par lambeaux, de sorte que, quand le bourreau voulut exécuter la partie du jugement qui disait que les restes du parricide seraient jetés au feu, tout ce qui lui restait du parricide était sa chemise.

Le corps fut brûlé par lambeaux sur toutes les places et dans tous les carrefours de Paris.

Aujourd'hui encore, c'est-à-dire après deux siècles et demi, l'assassinat est resté un mystère entre les coupables et Dieu.

On soupçonne bien, les preuves morales étant là ; mais les preuves matérielles manquent, et, pour nous servir des termes du palais, l'histoire a rendu une ordonnance de NON-LIEU.

Mais voyez la reine insultée, méprisée, haïe.

Voyez Concini déterré, dépiécé, émietté, pendu, mangé.

Tout cela par le peuple.

Pourquoi ?

Parce que le peuple demeura convaincu que les vrais assassins, c'étaient le Florentin et la Florentine, — CONCINI et la REINE.

FIN DE HENRI IV.

— LOUIS XIII ET RICHELIEU —

I

Nous avons dit, dans notre étude sur Henri IV, comment le dauphin Louis, qui fut depuis le roi Louis XIII, naquit à Fontainebleau, neuf mois et dix-huit jours après le mariage de Marie de Médicis, le jeudi 27 septembre 1601, et comment, étant né sous le signe de la Balance, il fut nommé Louis le Juste.

Le roi Henri l'élevait assez sévèrement : un jour, il lui fit donner le fouet.

— Oh! dit Marie de Médicis, qui, toujours jalouse et acariâtre, ne manquait pas une occasion de récriminer contre son mari, vous ne traiteriez pas ainsi un bâtard!

— Pour mes bâtards, répondit le roi, mon fils légitime les pourra fouetter s'ils font les sots; mais, si je ne le fouette pas, lui, il n'aura personne qui le fouette.

Henri IV ne se contenta pas de faire fouetter son fils par ses professeurs : deux fois, de son auguste main, il le fouetta lui-même.

La première fois, ce fut parce que le jeune prince avait témoigné tant d'aversion à un gentilhomme, que, pour le contenter, il avait fallu tirer à ce gentilhomme un coup de pistolet sans balle, et faire croire qu'il avait été tué sur le coup. L'exécution avait été faite devant lui; on avait emporté le gentilhomme comme trépassé, et le jeune Louis, au lieu d'éprouver quelque remords, avait, au contraire, en dansant et en chantant, témoigné toute sa satisfaction d'être débarrassé du *vieux reitre*.

La seconde fois, ce fut parce qu'il avait écrasé la tête à un moineau d'un coup de maillet.

La reine, comme à son habitude, le voulut défendre, moins pour l'amour qu'elle portait à l'enfant que pour le plaisir de faire enrager son mari.

— Madame, lui dit le roi, priez Dieu que je vive longtemps; car, du jour où je serai parti, vous qui le défendez, il vous maltraitera.

En même temps, Henri IV écrivait à madame de Montglat, gouvernante des enfants de France :

« Je me plains de ce que vous ne m'avez pas mandé que vous aviez fouetté mon fils ; car je veux et vous recommande de le fouetter toutes les fois qu'il fera l'opiniâtre ou quelque chose de mal, sachant bien qu'il n'y a rien au monde qui lui fasse plus de profit que cela : ce que je reconnais par expérience m'avoir fort profité; car, étant de son âge, j'ai été fort fouetté. »

Cependant, la reine, qui se révoltait contre le roi quand c'était le roi qui faisait fouetter son fils, était bien forcée elle-même de lui appliquer la même punition. Témoin ce fragment d'une lettre de Malherbe :

« Vendredi dernier, M. le dauphin jouant aux échecs avec La Luzerne, qui est un de ses enfants d'honneur, La Luzerne lui donna échec et mat. M. le dauphin en fut si fort piqué, qu'il lui jeta les échecs à la tête. La reine le sut, qui le fit fouetter par M. de Souvray, et lui commanda de le nourrir à être plus gracieux. »

Comme on le voit par les échantillons que nous venons de donner de son humeur, le jeune prince n'était point *gracieux*.

Il avait neuf ans lors de la mort du roi son père, et, ayant vu le corps tout sanglant de Henri IV, il fut si effrayé de ce spectacle, que, la nuit, il fit les songes les plus effrayants, et que, rêvant qu'on voulait l'assassiner lui-même, il fallut le transporter dans le lit de la reine.

Louis XIII tenait de Henri IV sur ce point : il n'était pas naturellement brave; seulement, chez Henri IV, vigoureuse et royale nature, la volonté corrigeait le défaut, tandis qu'il n'en était point de même chez son fils.

Au reste, pour revenir au fouet, à la cruauté et au peu de vaillance du jeune roi, nous allons, par un détour, dire tout de suite deux mots de son frère, M. Gaston-Jean-Baptiste de France, duc d'Orléans, né le 25 avril 1608, et ayant, par conséquent, sept ans de moins que lui.

C'était un charmant enfant, comme visage du moins, et, quarante ans plus tard qu'à l'époque où nous sommes, — nous sommes en 1613 ou 1614, — il disait, en voyant M. d'Anjou, frère de Louis XIV, le plus joli enfant qui se pût voir :

— Ne vous étonnez de rien, j'étais aussi beau que cela.

A l'instar de son frère, qui avait voulu que l'on tuât un gentilhomme qui lui déplaisait, il en fit jeter, dans le canal de Fontainebleau, un qui ne lui portait point assez de respect.

Quoique le roi Henri, le sévère justicier de ses enfants, fût déjà mort, la chose fit grand bruit, et la reine mère exigea que le prince demandât pardon; ce à quoi l'enfant royal se refusa obstinément, quoiqu'on lui citât l'exemple de Charles IX, qui, emporté par l'ardeur de la chasse, et ayant donné

13.

un jour un coup de houssine à un gentilhomme qui se trouvait sur son passage dit, sur les observations qu'on lui fit : « Au fait, je ne suis qu'un gentilhomme moi-même, » et lui présenta ses excuses ; ce qui n'empêcha point que le gentilhomme frappé ne voulut jamais reparaître à la cour. Or, le duc d'Orléans y mettait encore plus d'entêtement que Charles IX, ne voulant point se résoudre à faire satisfaction à celui qu'il avait voulu noyer, quand la reine ordonna de le fouetter rudement : cet ordre le décida, et le gentilhomme eut satisfaction.

M. d'Orléans se plaignait fort, dans sa jeunesse, de ses deux gouverneurs, qui étaient, disait-il, le premier un Turc, le second un Corse. Ces deux gouverneurs s'appelaient : l'un M. de Brives, l'autre M. d'Ornano.

En effet, M. de Brives était demeuré si longtemps à Constantinople, qu'il en était à peu près devenu mahométan ; et le maréchal d'Ornano, d'origine corse, était petit-fils du célèbre San-Pietro d'Ornano, lequel tua à Marseille sa femme Vanina.

Ce maréchal, qui mourut empoisonné à Vincennes, en 1626, avait une singulière manie : on ne lui eût pas fait, pour tout au monde, toucher à une femme qui s'appelait Marie, tant il avait de respect pour le nom de la Vierge.

Des différentes sciences que Gaston d'Orléans étudia, celle à laquelle il donna la préférence fut la botanique ; il savait par cœur tous les noms des plantes. C'était Albert Brunyer, son médecin, qui lui servait de professeur. Un jour, au milieu de la leçon, le royal élève l'interrompit pour lui raconter on ne sait quelle bévue qu'il avait faite.

— Monseigneur, dit le professeur, les alisiers font les alises, et les sottisiers font les sottises.

Jeune, monseigneur Gaston d'Orléans était fort coureur de rues, grand casseur de carreaux, et plus d'une fois, en brûlant de sa main quelque baraque de savetier, il fut cause que tout un quartier de Paris fut réveillé par le cri « Au feu ! »

Il était fort capricieux dans sa miséricorde comme dans sa cruauté.

Nous avons dit qu'il avait fait jeter à l'eau un gentilhomme qui, prétendait-il, ne lui avait point porté assez de respect. — Voilà pour la cruauté.

Un jour, à son lever, il s'aperçut qu'on lui avait volé une montre d'or à répétition qu'il aimait fort ; il s'en plaignit.

Un gentilhomme lui dit :

— Faites fermer les portes, monseigneur, et que tout le monde se fouille.

— Au contraire, monsieur, repondit Gaston, que tout le monde sorte ; car il doit être bien près de neuf heures, et, si la montre venait à sonner, elle dénoncerait son voleur, que je serais obligé de faire punir ; or, je ne veux pas qu'un gentilhomme subisse la peine d'un manant.

Et, sur l'ordre de Gaston, tout le monde sortit ; de sorte que le nom du voleur resta inconnu. — Voilà pour la miséricorde.

Revenons au roi Louis XIII. M. d'Orléans, pendant le cours de la vie de son auguste frère, nous donnera plus d'une fois l'occasion de nous occuper de lui.

Il fut question de marier Louis XIII presque enfant.

Le jeune roi, au contraire de Henri IV, à qui les femmes firent faire toutes ses folies, puis peut-être aussi quelques-unes de ses belles actions ; — le jeune roi, lui, ne pouvait pas les sentir ; mais, dès son enfance, il eut des favoris.

Plus tard, un historien le dit :

« Le favoritisme, sous Louis XIII, devint une charge de

l'État. Sa première affection fut pour son cocher Saint-Amour ; ensuite, il eut une fort bonne volonté pour Haran, son valet de chiens. »

Lorsqu'il fut sérieusement question de son mariage avec Anne d'Autriche, il envoya en Espagne le père de son cocher, qui était un maquignon très-renommé, pour savoir comment la princesse était faite. Celui-ci lui rendit compte de tout ce qu'il avait pu voir, comme, en revenant du marché aux chevaux, il lui eût rendu compte de l'inspection d'une jument.

La reine mère éloigna de lui successivement le grand prieur de Vendôme, le commandeur de Souvré et Montpouillan la Force ; — mais, par malheur pour elle, elle y laissa de Luynes.

Ne nous occupons donc que de celui-ci, qui va, d'ailleurs, jouer un grand rôle dans la vie du roi et donner son nom à une femme qui, elle aussi, jouera un grand rôle dans la vie de la reine.

Charles d'Albert, duc de Luynes, plus tard connétable de France, était né le 5 août 1578. Il avait donc, à l'époque où nous sommes arrivés, c'est-à-dire en 1614, trente-six ans.

Le roi en avait treize.

Ce d'Albert de Luynes était d'une maison fort médiocre.

Voici ce que l'on en disait :

Dans une petite ville du comtat d'Avignon, il y avait un chanoine nommé Guillaume Ségur ; ce chanoine vivait avec une femme nommé Albert. Il en eut un bâtard qui prit le nom de sa mère, et porta les armes pendant les troubles, se faisant appeler Albert *de Luynes*, du nom de la chaumière où sa mère était accouchée. Ce capitaine était homme de main ; il eut le gouvernement de Pont-Saint-Esprit, près de Beaucaire. Lors des guerres de Flandre, il mena à M. d'Alençon deux mille hommes levés dans les Cévennes. Là, il fit connaissance avec un gentilhomme du pays nommé Contade, qui connaissait M. le comte du Lude, lequel succéda à M. de Brives, comme gouverneur de Gaston d'Orléans.

Cet Albert de Luynes, capitaine d'aventure, était le père de notre de Luynes.

Par l'influence du comte du Lude, il fit recevoir son fils, Charles d'Albert, page de la chambre sous M. de Bellegarde.

Après avoir quitté la livrée, — les pages portaient livrée, — le jeune homme devint gentilhomme ordinaire de la chambre du roi ; ce qui était alors une espèce de position.

En outre, Charles de Luynes avait un talent qui plaisait fort à Louis XIII : il aimait les oiseaux et s'entendait à leur éducation. Il dressa des pies-grièches avec lesquelles le roi et lui chassaient les moineaux, les pinsons et les mésanges dans les bosquets du Louvre.

Cela amusait fort Louis XIII, et la faveur de Charles de Luynes s'étaya sur le besoin que le roi, — qui était l'enfant, comme il devait être plus tard l'homme le plus ennuyé de France, — sur le besoin, disons-nous, que le roi avait de s'amuser.

Charles d'Albert étant de petite naissance, cet attachement du roi pour son favori fut regardé comme de peu d'importance.

Il avait deux frères, Brantès et Cadenet, tous deux aussi beaux garçons que lui.

Cadenet, joli cavalier, donna un instant la mode à la cour : ce fut d'après lui que l'on appela *cadenettes* certaines tresses que l'on portait le long des tempes.

L'union — car rien ne put jamais les désunir — servit grandement à leur fortune politique.

Ils avaient fini par s'emparer de l'esprit du roi, à ce point qu'on fit sur eux une chanson. On les comparait à Cerbère gardant Pluton :

> D'enfer le chien a trois têtes
> Garde l'huis avec effroi.
> En France, trois grosses bêtes
> Gardent d'approcher le roi.

Les trois bêtes qui gardaient le Louvre firent bonne garde et bonne fortune : Charles de Luynes devint duc de Luynes et connétable de France ; Brantès devint M. de Luxembourg, et Cadenet, M. de Chaulnes, duc et maréchal.

Nous avons dit que celui que le roi voyait avec le plus de plaisir, après les trois frères, c'était Nogent-Bautru, capitaine de la porte.

Il ne faut pas confondre ce Nogent-Bautru avec son frère Guillaume Bautru, comte de Serrant, conseiller d'État, membre de l'Académie française et chancelier de Gaston d'Orléans, frère du roi.

Nous allons, au reste, dire quelques mots de tous deux.

Commençons par le Bautru de l'Académie ; nous reviendrons à Louis XIII par l'autre Bautru.

Guillaume de Bautru, qui s'appelait aussi Nogent, comme son frère, était d'une bonne famille d'Angers. Il avait épousé la fille d'un maître des comptes nommé Le Bigot, sieur de Gastine, laquelle s'obstina à se faire appeler Nogent, et non Bautru, ne voulant pas que la reine mère Marie de Médicis, qui prononçait à l'italienne, l'appelât madame de *Bautrou*.

Cette femme ne sortait jamais de chez elle et était citée en exemple aux meilleures ménagères. Bautru, qui ne croyait pas à la vertu absolue des femmes, pensa qu'il y avait quelque diablerie cachée là-dessous, et la guetta tant et si bien, qu'un beau soir, il la surprit avec son valet.

M. de Bautru n'était pas accommodant sur le chapitre des infidélités conjugales : il commença par mettre sa femme à la porte, l'invitant à aller où elle voudrait, mais à ne pas revenir chez lui; puis, la femme partie, il prit le valet, le fit déshabiller, attacher tout de son long sur une table, et, en punition du crime, lui fit tomber goutte à goutte, sur la partie du corps dont il croyait avoir le plus à se plaindre, tout un bâton de cire d'Espagne.

Tallemant des Réaux dit que le pauvre diable en mourut ; mais Ménage, dans son édition de 1715, que nous avons sous les yeux, dit, lui, qu'il n'en mourut pas. Il ajoute que Bautru fit condamner l'homme à être pendu, mais que, sur l'appel du valet, et sur son observation que son maître s'était fait justice lui-même, il ne fut condamné qu'aux galères.

La femme chassée accoucha d'un fils que Bautru ne voulut point reconnaître ; et, s'étant retirée à Montreuil-Belay, elle y vécut quinze ans de carottes pour épargner quelque chose à son enfant !

Bautru était bel esprit ; il faisait ce qu'aujourd'hui nous appelons des mots. Le maréchal d'Ancre, dont nous allons avoir à nous occuper tout à l'heure, l'aimait ; et, sans l'événement dans lequel il perdit la vie, il eût fait à Bautru une bonne position.

Disons quelques-uns de ses mots ; ils serviront à faire comprendre la différence de l'esprit français au XVIIe siècle avec l'esprit français au XIXe.

Il était à ce que l'on appela la drôlerie du pont de Cé. — Nous parlerons de cette *drôlerie*-là comme de bien d'autres.

« Quelqu'un, dit Tallemant des Réaux, qui estimoit fort M. de Jainchère, lequel avoit un emploi dans cette *guerrette*, demanda, dans une discussion avec Bautru, qui avoit été plus hardi dans le combat que Jainchère ?

» — Les faubourgs d'Angers, répondit Bautru ; car ils ont toujours été hors de la ville, et votre Jainchère n'en est pas sorti une minute. »

Jouant au piquet à Angers avec un nommé Goussaut, — qui était si sot, que, pour dire sot, on disait *goussaut*, — il oublia avec qui il jouait, et, ayant fait une faute, il s'écria :

— Que je suis donc *goussaut!*

— Monsieur, vous êtes un sot, lui dit l'autre.

— Pardieu ! répondit Bautru, vous ne m'apprenez rien de nouveau, puisque c'est cela que je voulais dire.

Bautru avait du malheur. Après avoir reçu des coups de bâton des donneurs d'étrivières de M. d'Épernon, pour un bon mot dont M. d'Épernon crut avoir à se plaindre, il en reçut encore d'un certain marquis de Borbonne, qui, cependant, ne passait point pour brave.

Aussi en fit-il un vaudeville qui finissait par ce refrain :

<blockquote>
Borbonne
Ne bat personne,
Et cependant, il me bâtonne.
</blockquote>

Quelque temps après, Bautru alla faire une visite à la reine, tenant un bâton à la main.

— Auriez-vous donc la goutte, mon cher Bautru ? demanda Marie.

— Non, madame, répondit Bautru.

— Ne faites pas attention, Majesté, dit le prince de Guéménée, il porte son bâton comme saint Laurent porte son gril : c'est l'instrument de son martyre.

Du temps qu'il habitait la province, un juge l'importunait fort par de fréquentes visites. Un jour que cet homme lui faisait annoncer par son valet qu'il demandait à lui parler :

— Dis-lui que je suis au lit, répondit Bautru. Le valet sortit et rentra un instant après.

— Monsieur, il dit qu'il attendra que vous soyez levé.

— Alors, dit Bautru, qui croyait s'en débarrasser, dis-lui que je me trouve mal.

— Il dit qu'il vous enseignera une recette.

— Dis-lui que je suis à l'extrémité.

— Il dit qu'il veut vous dire adieu.

— Dis-lui que je suis mort.

— Il dit qu'il veut vous jeter de l'eau bénite.

— Dis-lui qu'on va m'enterrer.

— Il demande à porter un des coins du drap.

— Qu'il entre alors ! dit Bautru, qui n'avait plus de prétexte à donner pour ne plus le recevoir.

C'est de lui, le mot que l'on prêta depuis à tort à Piron, puisque Tallemant des Réaux le citait avant que Piron fût né.

Comme il passait un enterrement auquel on portait un crucifix, il ôta son feutre.

— Ah ! ah ! lui dit-on, vous êtes donc raccommodés, le bon Dieu et vous ?

— *Cosi, cosi,* répondit Bautru : nous nous saluons, mais nous ne nous parlons pas.

Nous aurions dû établir, avant de citer ce mot, que Bautru était un véritable hérétique. Il disait que Rome était une chimère apostolique ; et, comme, dans une promotion de cardinaux que fit le pape Urbain, et qui se composait tout entière de gens de petite condition, il lisait les dix noms des élus :

— Mais, dit-il, on m'avait assuré qu'ils étaient dix, et je n'en vois que neuf.

— Bon ! et *Facchinetti,* vous l'oubliez, lui dit quelqu'un.

— Excusez, répondit Beautru, comme il vient le dernier, j'avais cru que c'était le titre des neuf autres (*faquins*).

Un jour qu'il voulait renvoyer en voiture quelqu'un qui était venu le visiter :

— Non, non, dit la personne, ne le faites pas : cela donnerait trop de peine à vos chevaux.

— Si Dieu, répondit Bautru, eût créé nos chevaux pour se reposer, il les eût faits chanoines de la Sainte-Chapelle.

Revenons au comte de Nogent-Bautru, qui, comme nous l'avons dit, doit nous ramener à Louis XIII.

Il arriva à la cour n'ayant que huit cents livres de rente ; mais, le premier jour de son arrivée, il eut occasion de porter le roi sur ses épaules pour faire passer à Sa Majesté un endroit où il y avait de l'eau.

Sa faveur, comme celle de saint Christophe près de Jésus, vint de là. Elle fut grande, puisque, n'ayant que huit cents livres de rente, comme nous avons dit, lorsqu'il vint à la cour, il en avait cent quatre-vingt mille lorsqu'il mourut !

Louis XIII bégayait en parlant. Un jour arriva à la cour M. d'Allarmont, qui bégayait encore plus que le roi. Le roi lui adressa la parole en bégayant, et, bon ! voilà M. d'Allarmont qui lui répond en bégayant bien plus obstinément que lui. On eut toutes les peines du monde à faire comprendre au roi que ce gentilhomme bégayait naturellement.

Aussi, le duc de Richelieu, qui craignait que l'on n'appelât Louis XIII *Louis le Bègue*, avait-il ordonné à tout le monde de l'appeler Louis le Juste.

Le jour même qu'il avait renouvelé cette recommandation, comme Nogent jouait à la paume avec le roi :

— A vous sire ! cria ce dernier en lui envoyant la balle.

Mais le roi la manqua.

— Ah ! pardieu ! dit Nogent, voilà un beau Louis le Juste !

Le roi, qui était de bonne humeur ce jour là, ne se fâcha point.

En effet, Nogent, à ce qu'il paraît, était à la cour traité à peu près en bouffon ; car, un jour, au dîner du roi, l'Angely lui dit :

— Couvrons-nous, monsieur de Bautru ; pour nous autres fous, cela est sans conséquence.

Bautru l'académicien disait de lui :

— Mon frère est le Plutarque des laquais.

Voilà donc quels étaient les deux favoris de Louis XIII, lorsqu'il résolut d'accomplir son premier acte de royauté en faisant assassiner le maréchal d'Ancre.

Le maréchal d'Ancre était Florentin, et se nommait Concini. Il n'était point de si mauvaise famille qu'on l'a dit dans les pamphlets du temps : son grand-père était secrétaire d'État de Côme Ier, grand-duc de Florence ; il pouvait, dans cette place, avoir gagné cinq ou six mille écus de rente, mais il avait beaucoup d'enfants.

L'aîné de ses fils fut le père du Concini qui vint en France.

Voici comment il y vint.

Il avait mangé à Florence tout ce qui lui revenait du bien paternel, et s'était, à ce que l'on assure, rendu si infâme, que la première chose que les pères défendaient à leurs enfants, c'était de hanter Concini.

Ne sachant plus comment vivre dans sa ville natale, il s'en alla à Rome, où il se fit croupier du cardinal de Lorraine ; puis, sachant que l'on formait là maison de Marie de Médicis pour l'envoyer en France, le mariage de la jeune duchesse étant conclu avec Henri IV, il revint à Florence, sollicita et obtint la faveur de la suivre en qualité de gentilhomme.

Or, Marie de Médicis avait une femme de chambre nommée Éléonora Dori, fille de basse naissance, mais d'un esprit fin et délié. Elle étudia sa maîtresse, reconnut qu'elle était femme à se laisser mener, prit peu à peu de l'influence sur elle, et finit par en faire tout ce qu'elle voulait.

Nous avons déjà eu, dans notre étude sur Henri IV, l'occasion de voir cette influence s'exercer à propos de madame de Verneuil. Éléonora Dori, dite Galigaï, n'est donc pas tout à fait une étrangère pour nos lecteurs.

Concini vit, de son côté, tout le parti qu'il pouvait tirer d'Éléonora, comme celle-ci avait vu tout le parti qu'elle pouvait tirer de Marie de Médicis. Il s'attacha à Éléonora, lui rendit une foule de petits soins et finit par l'épouser. Le roi Henri IV, qui ne les aimait ni l'un ni l'autre séparés, les craignait réunis. Il fit ce qu'il put pour s'opposer à ce mariage; mais Marie de Médicis insista tant que, ne voyant, au bout du compte, qu'un événement assez indifférent dans l'union de deux personnages si inférieurs, il finit par y consentir.

Henri IV fut assassiné.

A partir de ce moment, l'influence de Galigaï devint sensible. Elle mit son mari si bien avec la reine mère, que celle-ci ne faisait plus rien que par leurs conseils.

« Quant à Concini, dit Tallemant des Réaux, c'étoit un grand homme qui n'étoit ni beau ni laid, mais de mine assez passable. Il étoit audacieux, ou, pour mieux dire, insolent. Il méprisoit fort les princes et, en cela, il n'avoit pas tort. Il étoit libéral et magnifique, et appeloit plaisamment les gentilshommes de sa suite *coglioni de mila franchi*. Mille francs étoient, en effet, le chiffre de leurs appointements. »

Au milieu de cette insolence, il paraît que Concini était peu brave. Un jour, il eut avec Bellegarde, à propos de la reine mère, — dont nous avons dit ailleurs que Bellegarde avait prétendu être le galant, — une querelle à la suite de laquelle il se sauva à l'hôtel Rambouillet; car M. de Rambouillet, dont nous parlerons à son tour, était de ses amis. Là, comme il comptait se déguiser pour gagner la campagne, il monta au second étage, et fit découdre sa fraise par une fille qui avait été à sa femme : cette fille dit, depuis, que le pauvre Italien, pendant qu'elle accomplissait cette opération, était fort pâle et tout tremblant.

La reine mère, qui ne pouvait souffrir d'être éloignée de son favori, exigea que Bellegarde se raccommodât avec lui.

Cette influence était si publique, si patente, si connue, qu'un jour, comme la reine mère disait à une de ses femmes :

— Apportez-moi mon voile!

— A quoi bon ? répondit le comte du Lude, — celui-là même qui avait fait entrer le petit Albert de Luynes dans les pages ; — un navire qui est *à l'ancre* n'a pas autrement besoin de voiles.

Concini ne logeait pas au Louvre, mais couchait souvent dans l'ancienne capitainerie abattue vers 1630, et qui s'élevait alors sur la partie des jardins de l'Infante la plus rapprochée de la colonnade du Louvre. A l'aide d'un petit pont, il passait de là dans le jardin, et l'on appelait ce pont *le pont d'Amour*.

Sa demeure habituelle était rue de Tournon ; il avait là le bâtiment qu'on appelait alors *l'hôtel des Ambassadeurs extraordinaires*, et qui sert aujourd'hui de caserne à la garde municipale.

Il avait un fils de treize ans et une fille de cinq ou six. — Celle-ci était déjà demandée en mariage par les principaux seigneurs de la cour.

Sa femme, Éléonora Galigaï ou Dori, était d'éducation fort inculte, et, quoiqu'elle eût été longtemps à la cour de Florence et à la cour de France, qui passaient pour les deux cours les plus courtoises et les plus élégantes de l'Europe, elle savait peu le monde. C'était une petite personne fort maigre, fort brune, agréable dans sa petite taille, ayant les traits du visage assez beaux, et, malgré cela, devenue laide à force de maigreur.

Elle avait toutes les superstitions italiennes et se croyait ensorcelée; elle allait toujours voilée pour échapper aux *jettateurs*; elle en vint jusqu'à se faire exorciser. En rêvant, — elle rêvait souvent, comme tous les esprits ambitieux, — en rêvant, elle faisait de petites boulettes de cire, qu'elle renfermait ensuite précieusement dans des boîtes. Lorsqu'on fit perquisition chez elle, on en trouva trois boîtes pleines.

Sa position près de Marie de Médicis venait de ce que sa mère, femme d'un pauvre menuisier, mais belle et bien portante, avait été choisie pour nourrice de la princesse; elle était sa sœur de lait, et avait vingt-six mois de plus qu'elle.

Elle en était, appuyée sur cette faveur de la reine, arrivée à une insolence étrange. Un jour que le jeune roi s'amusait renfermé chez lui, Éléonora l'envoya prévenir qu'il fît moins de bruit, attendu qu'elle avait sa migraine, et que, sa chambre étant au-dessous de celle du roi, cela la dérangeait.

— Bon! répondit Louis XIII, dites à la maréchale que, si sa chambre est exposée au bruit, Paris est grand: elle en peut trouver une autre.

Cependant, cette haute faveur donnait le vertige à Concini;

il devenait orgueilleux et hautain, d'humble qu'on l'avait vu. Il faisait et défaisait les ministres; il éloignait de la cour les princes du sang ; il avait levé, à ses frais, un corps de sept mille hommes pour maintenir l'autorité du roi, ou plutôt la sienne.

Enfin, peu à peu, il s'était assuré de la personne de Louis XIII en lui ôtant la liberté de visiter les châteaux de Rambouillet et de Fontainebleau, et en réduisant ses promenades au jardin des Tuileries, ses chasses à des chasses aux moineaux dans les bosquets du Louvre.

Le roi se plaignit une ou deux fois à sa mère; mais, voyant que Marie de Médicis était tout entière à ses Italiens, le jeune homme, à l'esprit triste et au cœur sombre, ne lui parla plus d'eux et résolut de se venger lui-même.

Tout semblait, au reste, concourir à la fortune de cet homme ; les plus habiles n'y voyaient pas de terme, et il avait parmi ses clients un jeune homme à qui ses ennemis mêmes accordaient presque le don de seconde vue : c'était *Sa Grandeur* l'évêque de Luçon, qui fut depuis cardinal de Richelieu.

Disons, pour le poser, quelques mots de ce grand homme, que l'histoire nous a éternellement montré habillé de pourpre, et si rarement vêtu de sa robe de chambre.

Le père d'Armand-Jean Duplessis, cardinal-duc de Richelieu, était un fort bon gentilhomme; il avait été grand prévôt de l'Hôtel, et chevalier de l'Ordre; seulement, il était fort brouillon, et ses affaires en souffrirent.

Il eut trois fils et deux filles. L'aînée de ses filles fut mariée à un gentilhomme du Poitou nommé Vignerod, homme *dubiæ nobilitatis*, comme on disait alors à la cour; cette noblesse était tellement douteuse, que quelques-uns prétendaient que, dans sa jeunesse, il avait été, comme Maugars, simple joueur de luth.

Nous dirons, en son lieu et place, quelques mots de ce Maugars.

C'est de René Vignerod et de la fille aînée du grand prévôt de l'Hôtel, que descendait le fameux duc de Richelieu, qui joua un si grand rôle sous Louis XIV, Louis XV et même sous Louis XVI, et dont nous avons fait un des principaux personnages de notre comédie de *Mademoiselle de Belle-Isle*.

La seconde des filles du grand prévôt épousa Urbain de Maillé, marquis de Brézé, qui fut maréchal de France.

L'aîné des trois fils était un beau gentilhomme, bien fait et plein d'esprit ; il avait de l'ambition, dépensait au delà de sa fortune, et voulait absolument qu'on le comptât au nombre des dix-sept seigneurs les plus à la mode.

C'est ce que constate ce mot de sa femme, à qui un tailleur demandait :

— Madame, comment faut-il vous faire votre robe ?

— Faites-la comme pour la femme d'un des dix-sept seigneurs.

Ce frère aîné du cardinal fut tué en duel à Angoulême par le marquis de Thémines, et mourut sans laisser d'enfant.

Le père avait fait donner l'évêché de Luçon à son second fils ; mais, celui-ci ne voulant, disait-il, être autre chose que simple chartreux, l'évêché de Luçon passa au troisième.

Ce troisième, nous l'avons dit, fut depuis le grand cardinal-duc.

Étant en Sorbonne, et fort jeune encore, l'enfant, qui pressentait sa fortune, dédia ses thèses à Henri IV, et, dans sa lettre d'envoi au roi, lui promit de lui rendre de grands services s'il était jamais employé.

En 1607, il alla à Rome et s'y fit sacrer évêque par Paul V.

— Avez-vous l'âge ? lui demanda le pape.

— Oui, saint-père, répondit celui-ci.

Le pape le sacra.

Puis, après le sacre, le jeune homme demanda à être entendu en confession.

— Qu'avez-vous à me dire ? demanda le pape.

— J'ai à vous dire, saint-père, répondit l'évêque nouvellement sacré, que je n'avais pas l'âge, et que je vous ai menti.

— Pourquoi cela ?

— J'avais hâte d'être évêque.

— *Questo giovine sarà un gran furbo !* s'écria le pape. (Ce jeune homme sera un grand fourbe !)

Mais le grand fourbe était sacré, c'était tout ce qu'il voulait.

De retour à Paris, monseigneur l'évêque de Luçon allait beaucoup chez un avocat nommé Le Bouthellier, qui avait des relations avec Barbin, l'homme d'affaires de la reine mère. Ce fut par cette voie qu'il arriva jusqu'à Galigaï, qui l'employa à de petites négociations, dont il s'acquitta si habilement, qu'elle le présenta à la reine, laquelle, sur la recommandation de sa favorite, le nomma, en 1616, secrétaire d'État.

Richelieu avait alors vingt-huit ans.

Le 23 avril 1617, l'évêque de Luçon étant au lit et sur le point de s'endormir, le doyen de Luçon entra dans sa chambre et lui remit un paquet de lettres.

Une de ces lettres, disait le doyen, qui, du reste, ne savait pas laquelle, — une de ces lettres contenait, à ce qu'avait assuré le messager, une nouvelle des plus importantes.

Richelieu les décacheta, les lut, et n'eut pas de peine à distinguer des autres cette lettre dont on lui recommandait la lecture.

Une des lettres, en effet, contenait l'avis que le maréchal d'Ancre serait assassiné le lendemain, à *dix heures* du matin. Le nom de l'assassin, le lieu de l'assassinat, la manière dont ce meurtre aurait lieu, tout y était dit, et, cela, d'une façon si détaillée, qu'à coup sûr, l'avis devait venir d'une personne parfaitement instruite.

Après avoir lu cette révélation, le jeune évêque tomba dans une méditation profonde ; puis, enfin, relevant la tête, et se tournant vers le doyen, qui attendait pour savoir s'il n'y avait pas réponse :

— C'est bien, dit-il, rien ne presse ; la nuit porte conseil.

Et, poussant la lettre sous le traversin, il reposa sa tête sur la lettre, et s'endormit.

Le lendemain, il ne sortit de sa chambre qu'à onze heures.

Voyons ce qui s'était passé pendant cette nuit qui devait porter conseil, et pendant la matinée qui l'avait suivie.

Le samedi 22 avril 1617, à dix heures du matin, le roi entra avec son favori, Albert de Luynes, chez la reine mère pour la saluer à son lever.

En entrant, il marcha sur la patte d'un chien que Marie de Médicis aimait beaucoup ; le chien se retourna et mordit le roi à la jambe.

Le jeune prince, emporté par la douleur, lui donna un coup de pied : le chien s'enfuit en hurlant.

La reine, sans s'inquiéter de la blessure de son fils, serra son chien contre sa poitrine, et se mit à baiser et à plaindre l'animal.

Le roi, blessé au cœur de cette preuve d'indifférence, prit de

Luynes par le bras, et, l'entraînant à travers les antichambres :

— As-tu vu, Albert? dit-il ; elle aime mieux son chien que moi !

Alors, en descendant les escaliers :

— Ce sont ces d'Ancre, dit-il, qui la prennent tout entière pour eux, et qui n'en laissent rien aux autres.

Puis, entre ses dents :

— Quelqu'un ne me débarrassera-t-il pas, murmura le roi, de ces brigands d'Italiens ?

— Venez dans les jardins, sire, lui dit de Luynes, et nous causerons de cela.

Alors, les deux jeunes gens prirent leurs pies-grièches comme pour chasser au vol, et, s'asseyant dans le coin le plus écarté du bosquet, ils revinrent sur cette question tant de fois débattue de se débarrasser du favori.

Concini était à la fois insupportable aux petits et aux grands, aux gens du peuple et aux seigneurs.

Un an auparavant, le maréchal avait fait une chose bien hardie pour un si petit compagnon que lui. Un jour que le prince de Condé, — celui-là même dont la femme avait fait faire tant de folies à Henri IV, — un jour que le prince de Condé donnait un grand festin, Concini vint le visiter avec trente gentilshommes, et, sous prétexte d'entretenir M. le Prince d'une affaire pressante, il resta dix minutes morguant le prince et ses convives.

Le lendemain, le prince fit dire au maréchal que l'exaspération contre lui était si grande, qu'il ne répondait point de sa vie, s'il ne se retirait à l'instant même dans son gouvernement de Normandie.

Le maréchal sentit que le conseil était bon et partit; mais

la colère du peuple contre lui était bien autre chose que la colère des grands.

Un soir, le maréchal voulut passer la porte Bussy, après l'heure où on la devait ouvrir ; un cordonnier nommé Picard, qui commandait à cette porte, lui refusa le passage.

Le maréchal ordonne à deux laquais d'aller bâtonner le cordonnier chez lui ; mais, aux premiers cris du cordonnier, le peuple accourut et pendit les deux laquais devant la boutique.

L'exaspération contre cet étranger fut bientôt à son comble. Le maréchal n'osait plus traverser Paris sans une suite de cent chevaux.

Un jour, un premier orage, précurseur d'un second plus terrible, s'amassa sur sa tête et creva.

Il se fit un rassemblement devant l'hôtel du maréchal ; quelques mutins commencèrent par jeter des pierres dans les fenêtres ; puis ils prirent des charpentes devant le Luxembourg, que l'on bâtissait alors, et, avec ces charpentes, faisant le bélier, enfoncèrent la porte du maréchal.

Alors, on fit irruption dans l'hôtel, où l'on trouva pour plus de deux cent mille francs de meubles que l'on se mit à piller et à briser. Le lendemain, comme il n'y avait plus rien à piller et à briser dans l'intérieur, on commença de démolir la maison. Par bonheur, des compagnies de gardes arrivèrent sous les ordres de M. de Liancourt. Les charpentes du toit étaient déjà à jour.

On disait du maréchal d'Ancre qu'il gouvernait la France sans être Français, qu'il était marquis sans être noble, et maréchal de France sans avoir fait la guerre.

Mais ce qui exaspérait petits et grands contre lui, c'étaient ses fabuleuses richesses.

Quelque temps avant sa mort, il disait à Bassompierre :

— Nous avons pour un million de livres, au moins, de biens établis en France au marquisat d'Ancre ; nous avons Lésigny en Brie, ma maison du faubourg et celle-ci. J'ai racheté mon patrimoine de Florence, qui était engagé, et j'ai, en outre de cela, plus de cent mille écus placés à Florence, et autant à Rome; j'ai — à part ce que nous avons perdu au pillage de notre maison — pour un million à peu près de vaisselle, de meubles, de pierreries et d'argent comptant. Ma femme et moi avons pour un million de charges, à les vendre à bas prix : celle de premier gentilhomme de la chambre, celle d'intendant de la maison de la reine, sans compter mes gouvernements de Normandie, et en gardant mon office de maréchal de France. Enfin, j'ai six cent mille écus sur Feydeau, plus de cent mille pistoles d'autres affaires, et, dans tout cela, je ne parle pas de la bourse de ma femme, qui doit être assez ronde... Ne trouvez-vous pas, monsieur, qu'il y a là de quoi nous contenter?

— Oui, certes! devait penser Bassompierre, qui était noble comme le roi, mais gueux comme un rat.

On avait donc, ainsi que je l'ai dit, fait déjà plusieurs projets pour se débarrasser de cet homme.

Un de ces projets avait été médité par les seigneurs qui se trouvaient chez le prince de Condé, quand, lors du dîner donné à milord Hay, le maréchal y était venu.

Un autre avait été conçu parmi les familiers du roi. Sous prétexte d'une chasse à Saint-Germain, le roi devait monter à cheval, sortir de Paris et s'enfuir à Amboise, dont de Luynes avait le gouvernement : là, les seigneurs le rejoindraient; mais le dessein demeura vain et inutile, le roi, après y avoir donné la main, l'ayant abandonné.

Enfin, Louis XIII s'était arrêté à une dernière pensée, qui

était de faire prendre le maréchal, dans sa chambre, par Nogent-Bautru, capitaine des gardes, de le faire conduire à la Bastille, et de déférer le procès au parlement; mais on démontra au roi que la reine mère ne laisserait pas faire le procès de son favori, et qu'il était horriblement dangereux de commencer une telle entreprise sans être sûr de la mener à bien.

Que faisaient les deux jeunes gens assis dans le coin le plus reculé du jardin du Louvre, tandis qu'une pie-grièche, à trois pas d'eux, rongeait la cervelle d'un moineau qu'elle venait de prendre? Ils cherchaient un quatrième moyen de se débarrasser du maréchal.

— Eh bien? demanda le roi à de Luynes, après un moment de silence.

— Eh bien, je crois avoir trouvé, répondit celui-ci; mais il faut que Votre Majesté *veuille*.

— Je *veux*, dit le roi.

— Fermement?

— Fermement!

Et la physionomie du jeune prince prit une expression à laquelle il n'y avait point à se tromper.

— Alors, dit de Luynes, voici ce qu'il faut faire...

Et, approchant sa bouche de l'oreille du roi, il lui proposa le nouveau plan qu'il venait de trouver.

Le roi l'approuvait; car, de temps en temps, il faisait, avec la tête, un signe d'assentiment.

Puis, tous deux se levant, le roi rentra dans son cabinet des armes, et de Luynes alla frapper à la porte de Du Buisson, qui avait la charge des oiseaux du roi.

Un quart d'heure après, de Luynes entra chez le roi.

Louis XIII, sans parler, interrogea des yeux son favori.

— Tout va bien, dit celui-ci : il accepte.

— Et quand la chose aura-t-elle lieu ?

— Demain.

— Demain ? C'est dimanche !

— Oh ! mais, sire, Dieu nous pardonnera de travailler le dimanche, vu l'urgence.

Voici ce qui avait été décidé, et par quel travail on devait enfreindre les commandements de l'Église.

Le lendemain, on attirerait le maréchal d'Ancre dans le cabinet des armes du roi ; là, on lui donnerait à examiner la carte de Soissons : — Soissons était alors le théâtre de la guerre civile ; — le roi trouverait un prétexte pour s'éloigner, et, en son absence, on dépêcherait le maréchal.

Le baron de Vitry, capitaine des gardes du corps, avait été choisi pour faire le coup, et le bâton du maréchal d'Ancre serait sa récompense.

On lui en avait fait fair la proposition par Du Buisson, et Vitry avait accepté.

C'était cela que de Luynes avait été, la veille, dire au gardien des oiseaux, et c'était l'acceptation de Vitry que le jeune homme avait apportée au roi dans son cabinet.

On convint qu'à partir de neuf heures du matin, des chevaux seraient, tout sellés, dans la cour du Louvre, afin de fuir si le coup manquait.

Le roi dissimulait admirablement : nul ne s'aperçut qu'il fût même préoccupé ; peut-être même sembla-t-il plus gai que de coutume à ses familiers.

Le matin, il se leva, fit sa toilette avec soin, et alla à la messe.

On en était à l'élévation, quand de Luynes entra dans la chapelle, s'approcha du roi, et lui dit tout bas :

— Le maréchal est entré au Louvre et s'est rendu tout droit chez la reine mère.

Ces mots : *reine* et *mère*, firent paraître une légère émotion sur le visage de Louis XIII ; il tenait son livre ouvert, et paraissait y lire avec la plus grande attention, laissant de Luynes sans réponse.

Alors, de Luynes répéta :

— Le maréchal est entré au Louvre et est chez la reine mère. Que vous plaît-il ordonner, sire ? Voici les choses en état.

— Je ne veux pas qu'on entreprenne rien dans la chambre de ma mère, dit le roi ; mais je trouverai le maréchal au cabinet des armes, je le remettrai au baron de Vitry, et ce dernier exécutera les ordres selon ce qui a été réglé.

Et le roi entendit dévotement le reste de la messe ; puis, la messe finie, il se rendit chez la reine mère avec l'intention d'y prendre le maréchal et de le ramener chez lui ; mais il arriva qu'à mesure que le roi montait par un degré, le maréchal descendait par l'autre, et sortait du Louvre sans soupçon du péril auquel il venait d'échapper.

Le roi, voyant cette occasion perdue, ne fit aucun semblant de déplaisir, ni ne témoigna aucune inquiétude.

Il demanda sa *viande*, et remit la partie au lendemain.

II

Que l'on nous permette de nous arrêter un instant, et de consigner ici quelques détails plus intimes encore qu'aucun de ceux que nous avons rapportés jusqu'à présent.

Il existe à la Bibliothèque nationale un manuscrit en six

volumes in-folio, inscrit par le père Lelong sous le numéro 21,448, et sous le titre de « *Ludovicotrophie*, ou Journal de toutes les actions et de la santé de Louis, dauphin de France, qui fut ensuite le roi Louis XIII, depuis le moment de sa naissance jusqu'au 30 janvier 1625, par Jehan Hérouard, premier médecin du prince. »

L'homme qui consacra vingt-trois ou vingt-quatre ans de sa vie à cet ingrat travail ne désirait pas en tirer d'autre gloire ni d'autre profit que d'avoir l'honneur de ne pas quitter un instant le roi.

Et, en effet, comme on va le voir, il ne le quittait pas d'un instant.

Il mourut au camp de la Rochelle, ainsi que le constate cette annotation écrite après les dernières lignes de la dernière page du sixième in-folio :

« Ici finit le journal de la vie active du roi Louis XIIIe, exactement descrite et contenant six volumes, dont le présent est le dernier, depuis sa naissance jusqu'à ce jour-ci, par messire Jehan Hérouard seigneur de Vaugrigneuse, qui fut saisi de maladie à Aitré, au camp devant la Rochelle, samedi vingt-neufiesme janvier mil six cent vingt-huit, et y décéda le huictiesme février ensuivant, au service du roi son maître, à la santé duquel il s'étoit entièrement desdié, âgé de soixante-dix-huit ans, moins curieux de richesses que de gloire, d'une incomparable affection et fidélité.

» Son corps repose dans l'église de Vaugrigneuse. »

Je savais que ce manuscrit existait, qu'il rendait compte, jour par jour, heure par heure, minute par minute, des actions du roi. Il me vint alors dans l'idée de voir quel dérangement l'assassinat du maréchal d'Ancre avait produit, soit dans la vie, soit dans la santé du roi.

J'allai à la Bibliothèque; je demandai le manuscrit d'Hérouard; on me le remit avec une politesse parfaite. Je cherchai d'abord le dimanche 23 avril, jour où le dessein de l'assassinat avait avorté, et où le roi, *voyant l'occasion perdue, ne fit aucun semblant de déplaisir, ni ne témoigna aucune inquiétude, et demanda sa* VIANDE.

Voyons un peu l'état moral et physique du roi pendant cette journée.

Nous vous prévenons, belles lectrices, que les détails sont des plus intimes : c'est à vous de ne pas les lire.

« Le 23 avril 1617, éveillé à sept heures après minuit. Douleur; — pouls plein, égal; — chaleur douce; — pansé, levé; — bon visage, gai; — pissé jaune; — peigné, vêtu; — prié Dieu. — A huit heures, déjeuné : point bu. — Il pleuvait; — va en galerie, — joue au billard, — va en la chapelle de Bourbon, chez la reine sa mère. — A onze heures, dîné : bouts d'asperges en salade, 6; — un peu de pigeonneau bouilli, — bouts d'asperges sur un chapon rôti, 12; — veau bouilli, — la moelle d'un os, — taillarins dessus, 12; — mousserons au beurre, avec une rôtie de pain dedans; — deux couvercles de pâté d'assiette, — suc de deux oranges, pris à la cuiller, — gelée, — guines sèches, — quatre tranches de pommes cuites au sucre et à l'eau de rose, — grains de raisin muscat sec, 12; — cotinac, 5, — pain fort peu, — bu du vin clairet, fort trempé, — dragée de fenouille, la petite cuillerée. — Va chez la reine sa mère, par la galerie, aux Tuilleries, à vespres aux Feuillants, — revient en carrosse. — A quatre heures, de la galerie chez la reine sa mère. — A sept heures, *fait ses affaires* (on devine ce que le docteur Hérouard appelle faire ses affaires) : — jaune, mol, beaucoup. — A sept heures et un quart, soupe : bouts d'asperges en salade, 12 ; — pain et panade, — un peu de pigeon bouilli, — bouts d'asperges sur un chapon bouilli, — veau bouilli, — la moelle d'un gros os et les oreilles d'un chevreau bouilli, — mousserons au beurre, avec une rôtie de pain. — Beaucoup dîné ; requalte d'oison, — le suc de deux oranges douces, — partie d'un pilon d'oison, — bu du vin clairet, fort trempé ; — guines sèches, 14 ; — figues, 5 ; — grains de verjus confits, — pain fort peu. — A huit heures trois quarts, dévêtu, pissé, *affaire* jaune ; — mis au lit, pouls plein, égal, pansé ; — chaleur douce ; prie Dieu, s'endort à dix heures, jusqu'à neuf et demie après minuit. »

Voilà comment Louis XIII passe cette journée du 23. On voit que la préoccupation ne lui ôte ni l'appétit ni le sommeil. Il mange le dîner de quatre personne, et dort onze heures et demie !

Voyons la journée du 24.

Le lundi 24, Louis XIII se leva, comme on l'a vu, à neuf heures et demie, fit dire qu'il voulait aller à la chasse, et recommanda que les ordinaires et les chevau-légers se tinssent prêts à l'accompagner.

Le rendez-vous du départ était au bout de la galerie des Tuileries, où un carrosse à six chevaux attendait ; mais le départ fut différé d'heure en heure.

D'abord, le roi voulut déjeuner avant de partir ; puis il entreprit une partie de billard ; puis, se rappelant que la jeune reine n'était pas prévenue, il passa chez elle, et la pria, si elle entendait du bruit, de ne s'étonner de rien.

En rentrant, il trouva Bautru, qui ignorait tout, causa longtemps avec lui, s'amusant, pour ne pas avoir à regarder son interlocuteur, à racler un parchemin pour le rendre plus mince ; tout cela avec son air ordinaire et sa voix habituelle,

Pendant ce temps, Vitry, qui avait placé des hommes aux aguets pour être prévenu de tous les mouvements du maréchal, était dans la salle des Suisses, assis sur un coffre, et ne faisait semblant de rien.

Du Hallier, son frère, était dans un coin de la basse-cour, avec quatre ou cinq hommes sûrs ; Perray était dans un petit cabinet avec autant ; et, avec autant aussi, la Chesnaye se tenait à la première porte.

Tous trois étaient du complot ; leurs hommes savaient qu'on allait frapper quelqu'un ; seulement, ils ignoraient qui on allait frapper. — Cela ne faisait rien à la chose ; ils étaient des gens qui crient : « Tue ! » quand on dit : « Assomme ! »

De temps en temps, Vitry relevait la tête, et écoutait ; du Hallier faisait quelques pas sur le quai ; Perray entr'ouvrait la porte de son cabinet ; la Chesnaye montait sur une borne pour voir de plus loin.

Sur les dix heures, Vitry fut averti que le maréchal venait de sortir de son hôtel, et qu'il s'avançait vers le Louvre, accompagné de cinquante ou soixante gentilshommes qui marchaient pour la plupart devant lui.

Alors, il sortit de la salle des Suisses, son manteau sur l'épaule et la canne à la main ; rallia en passant Perray, la Chesnaye et du Hallier ; puis tous ensemble — au nombre de quinze à peu près — marchèrent au-devant du maréchal.

Mais le maréchal était tellement entouré, que Vitry le dépassa sans le voir. Cependant, s'étant aperçu qu'il devait l'avoir croisé, il s'arrêta et demanda à un gentilhomme nommé Le Colombier :

— Où est donc le maréchal ?

Le Colombier indiqua de la main un homme arrêté au milieu d'un groupe, et répondit :

— Le voilà qui lit une lettre.

On était à l'entrée du pont Dormant ; le maréchal venait de se remettre en route, et marchait fort lentement, lisant toujours. Il était côtoyé, à droite, par le sieur de Beaux-Amis et par le sieur de Cauvigny, lequel lui avait remis la lettre qu'il était en train de lire. Vitry, qui était à gauche du maréchal, se trouvait donc de son côté désarmé.

Il fit quatre pas, le rejoignit, étendit la main, lui toucha l'épaule, et dit :

— Monsieur le maréchal, le roi m'a commandé de me saisir de votre personne.

Concini s'arrêta tout étonné, et, regardant Vitry d'un air effaré :

— *Di me?* répondit-il en italien.

— Oui, de vous, fit Vitry.

Et, le prenant au collet, il fit signe à ceux qui l'accompagnaient de charger.

Ils n'attendaient que le moment.

A l'instant même, et au signe de Vitry, du Hallier, Perray, Norsains et Du Buisson, se précipitèrent, chacun lâchant son coup de pistolet, sans qu'on puisse savoir qui les premiers, qui les derniers.

Sur cinq coups, deux portèrent dans la barrière ; les trois autres atteignirent le maréchal : l'un à la tête, entre les deux yeux ; l'autre, dans le gosier ; le troisième, à la joue, près de l'oreille droite.

Puis ce fut le tour des autres : Sarroque, Tarand, la Chesnaye, fondirent sur lui l'épée haute. — Sarroque, qui, plus d'un mois auparavant, s'était offert au roi pour tuer le maréchal, lui donna un coup à travers le côté et au-dessus du felon ; Tarand lui porta deux coups à la gorge ; Guichaumont et Boyer frappèrent aussi; mais frappèrent un cadavre.

Tout cela se passa si rapidement, que, tout mort qu'il était probablement de la pistolade, le maréchal ne tomba qu'au troisième coup d'épée; encore ne tomba-t-il que sur les genoux, et appuyé contre les barrières.

Alors, en criant : « Vive le roi ! » Vitry le frappa d'un coup de pied qui acheva de l'étendre à terre. Aussitôt, toutes les portes du Louvre furent fermées, et les gardes se mirent en bataille.

Au milieu de la bagarre, deux gentilshommes de la suite du maréchal avaient mis l'épée à la main. Tous deux essayèrent de frapper Vitry, mais ne percèrent que son manteau.

Et, Vitry leur ayant crié : « Messieurs, *au nom du roi !* » ils se reculèrent aussitôt.

Sarroque s'empara de l'épée du maréchal, et la porta au roi, qui la lui donna. Du Buisson prit au doigt du mort un diamant qui valait, disait-on, six mille écus. Boyer eut son écharpe; un autre, son manteau de velours noir, garni de passementerie de Milan.

Deux pages pleuraient auprès du corps; mais les autres pages leur ôtèrent leurs chapeaux et leurs manteaux.

Le Colombier, celui auquel Vitry avait demandé où était le maréchal, s'était d'abord retiré en arrière au bruit du pistolet; mais, quand la presse fut dissipée, il eut la curiosité de s'approcher du cadavre pour voir dans quel état il était : il lui trouva le visage tout noirci de poudre et tout souillé de boue; sa fraise, enflammée, brûlait comme une mèche d'arquebuse.

Il en était là de son examen, quand on enleva le corps, qui fut emporté dans une petite chambrette des soldats des gardes,

Le maréchal était habillé d'un pourpoint de toile d'or noire, avec un jupon et un haut-de-chausse de velours gris-brun à grandes bandes de Milan.

Il fut jeté à terre devant un mauvais petit portrait du roi ; c'est là qu'on l'allait voir.

On fit la visite du corps, et l'on trouva qu'il n'avait point de cotte de mailles, comme on disait toujours qu'il en portait une : tous les coups avaient donc pénétré bien à fond. Il avait sur sa chemise une petite chaîne d'or pesant quinze onces, à laquelle était attaché un *agnus Dei* cacheté, dans lequel on ne trouva qu'un morceau de toile blanche plié en quatre ; on jugea que c'était un charme. En tout cas, si c'était un charme, le charme l'avait bien mal défendu.

Il y avait trois ou quatre poches à son haut-de-chausse. On y trouva des rescriptions de l'épargne, promesses de receveurs ou obligations, pour la somme d'un million neuf cent quatre-vingt-cinq mille livres, le tout empaqueté en deux enveloppes cachetées, qu'il portait, au reste, habituellement sur lui.

On alla acheter un drap cinquante sous, et on l'attacha par les deux bouts avec un morceau de ficelle, afin de n'avoir pas la peine de le coudre ; et, quand il fut fort tard, c'est-à-dire vers minuit, on l'alla, par le commandement du roi, enterrer à l'église Saint-Germain-l'Auxerrois, précisément sous les orgues, où les pierres furent si promptement et si habilement rassemblées, qu'il ne paraissait point qu'on y eût touché.

Un prêtre voulut chanter un *De profundis* pour le pauvre mort ; mais les assistants l'en empêchèrent en disant que le scélérat ne méritait aucunement que l'on priât pour lui.

Cependant, l'expédition faite, Vitry était rentré dans la cour du Louvre, où il se promena quelque temps, allant, venant, l'œil au guet, et tenant toutes choses en bride. A peine y était-il, qu'une femme de la reine, nommée la Catherine, ouvrit un des châssis de la chambre de Marie de Médicis, et demanda toute tremblante :

— Pour l'amour du ciel, monsieur de Vitry, qu'y a-t-il donc ?

— Rien, répondit Vitry : c'est le maréchal d'Ancre qui vient d'être tué.

— Jésus Dieu ! s'écria la femme de chambre, et par qui donc ?

— Par moi, dit Vitry.

— Et sur quel ordre ?

— Sur celui du roi.

La Catherine referma vivement le châssis, et courut, tout éplorée, porter la nouvelle à la reine.

Marie de Médicis devint d'abord très-pâle ; puis, s'étant fait répéter, comme si elle n'entendait pas :

— J'ai régné sept ans, dit-elle ; je n'attends plus qu'une couronne au ciel.

Onze heures sonnaient. On se rappelle qu'à ce moment, l'évêque de Luçon, prévenu la veille au soir du danger de mort que courait son bienfaiteur, se hasardait à quitter la maison du doyen de Luçon pour venir au Louvre.

Le roi le rencontra dans la galerie : c'était la première personne étrangère que Louis XIII rencontrât depuis que la nouvelle de la mort du maréchal lui avait été donnée.

— Ah ! dit le prince s'adressant à l'évêque, me voici enfin délivré de votre tyrannie, monsieur de Luçon !

On voit que le roi était injuste à son égard.

Voici, du reste, comment la nouvelle de la catastrophe était arrivée à Louis XIII.

Le roi, ainsi que nous l'avons dit, était dans son cabinet des armes ; et, comme il avait déjà tressailli aux coups de pistolet, dont le bruit était parvenu jusqu'à lui, le colonel d'Ornano vint frapper à sa porte en disant :

— C'est fait, sire !

— Il est donc mort ? demanda le roi.

— Oui, sire, et bien mort !

Le roi respira ; puis, se tournant vers Dusseaux :

— Çà, dit-il, que l'on me donne ma grosse vitry.

Sa *grosse vitry* était une carabine dont Vitry lui avait fait cadeau.

Alors, prenant son épée à la main, il sortit de son cabinet, et passa dans la grande salle.

Le Colombier y arrivait ; il venait, comme on sait, de regarder de près le maréchal, et pouvait donner des détails au roi. Louis XIII les dévora ; puis, lorsqu'il n'eut plus aucun doute que tout était fini, on ferma les portes de la salle, et le roi se présenta aux fenêtres donnant sur la cour, et, afin qu'il fût mieux vu, le colonel d'Ornano le prit entre ses bras et le souleva pour le montrer à ceux qui étaient en bas avec Vitry.

Tous, en apercevant Louis XIII, agitèrent leurs épées et leurs pistolets en criant : « Vive le roi ! »

Le roi leur répondit :

— Grand merci ! grand merci à vous ! A cette heure, je suis roi !

Puis, allant aux autres fenêtres donnant sur la cour des cuisines, il cria :

— Aux armes, compagnons ! aux armes !

A ces cris, tous les soldats des gardes se rangèrent en bon ordre par toutes les avenues des rues, et chacun, content de voir le roi sain et gaillard, le montrait à son compagnon, en criant : « Vive le roi ! » car on venait d'entendre des coups de pistolet, et, comme on ignorait contre qui ils avaient été tirés, on appréhendait que ce ne fût contre le roi.

En même temps, Louis XIII disait :

— Loué soit Dieu ! me voilà donc *roi !* Que l'on m'aille quérir les vieux serviteurs du roi mon père et les anciens conseillers de mon conseil d'État : c'est par l'avis de ceux-là que je veux régner désormais.

Un des serviteurs du roi, nommé Pocard, alla quérir M. de Villeroy et M. le président Jeannin; d'autres coururent vers MM. de Gèvres, de Loménie, de Pontchartrain, de Châteauneuf, de Pontcarré et autres anciens du conseil. Puis, en les attendant, le roi ordonna qu'on envoyât au parlement, à la Bastille et par la ville, de peur qu'il n'y eût du désordre.

Ce furent les lieutenants-enseignes et les exempts des gardes qui montèrent à cheval, et qui, assistés de quelques archers, s'en allèrent par la ville en criant :

— Vive le roi ! le roi est roi !

Quant à la maréchale, voici comment elle apprit son malheur.

Elle se promenait dans sa chambre, et, la porte en ayant été ouverte, elle vit paraître des gardes du roi. Elle leur demanda ce qu'ils voulaient, et les pria de se retirer.

En même temps, elle entendit le bruit du coup de pistolet dans la cour du Louvre.

— Qu'est-ce que cela ? demanda-t-elle.

— Madame, lui répondit-on, c'est M. le baron de Vitry qui a une querelle.

— Le baron de Vitry ? une querelle ? des coups de pistolet ?... Vous verrez que c'est contre mon mari !

Là-dessus, quelqu'un entra qui lui dit en secouant la tête :

— Mauvaise nouvelle, madame ; M. le maréchal est mort !

— Il a été tué ! s'écria Galigaï.

— Il est vrai, madame, et c'est Vitry qui l'a tué.

— Alors, dit-elle, le coup vient du roi.

De ce moment, elle comprit que tout était perdu, fourra ses pierreries dans la paillasse de son lit, se fit déshabiller, et se coucha dessus.

Nous avons déjà dit comment la Catherine avait su la nouvelle, et comment, en l'apprenant de sa bouche, la reine s'était écriée : « J'ai régné sept ans ; je n'attends plus qu'une couronne au ciel. »

La reine était dans son cabinet du luth. La douairière de Guise, la princesse de Conti et madame de Guercheville accoururent : ces dames la trouvèrent se promenant échevelée, et frappant ses mains l'une contre l'autre.

— Vous savez, mesdames ? vous savez ? dit-elle en les apercevant.

Ces dames savaient en effet, mais elles savaient mal.

On renvoya la Catherine aux informations.

Pendant ce temps, La Place entra.

— Madame, dit-il, vous connaissez la nouvelle ?

— Je crois bien que je la connais ! répondit Marie de Médicis.

— On ne sait comment l'annoncer à madame la maréchale, et l'on fait demander à Votre Majesté si elle voudrait prendre la peine de la lui dire.

— Ah ! j'ai bien d'autres choses à faire et à penser ! s'écria la reine. Si l'on ne sait comment lui dire la nouvelle, qu'on la lui chante.

La Place sortit.

Dix minutes après, il rentra.

On a vu comment Galigaï avait appris la catastrophe.

La Place venait de la part de la maréchale : elle faisait demander à la reine s'il lui était agréable qu'elle la vînt voir, afin qu'elles se consolassent ensemble; en tout cas, elle suppliait la reine de la protéger.

— Bon! dit la reine, j'ai assez à faire de me protéger moi-même : qu'on ne me parle plus de ces gens-là! Il y a longtemps que je leur crie qu'ils devraient être en Italie. Je l'ai dit à cet idiot de maréchal; savez-vous ce qu'il m'a répondu? Que le roi lui faisait meilleure chère que jamais! Sur quoi, je lui ai dit : « Ne vous y fiez pas! le roi ne dit pas toujours ce qu'il pense. »

Mais cette demande de la maréchale fit venir une idée à Marie de Médicis. Elle appela Bressieux, son premier écuyer.

— Allez, dit-elle, demander au roi de ma part s'il y a moyen de lui parler.

Un instant après, Bressieux rentra.

— Madame, dit-il, le roi fait répondre qu'il est trop empêché à cette heure, et que ce sera pour une autre fois; seulement, il prie Votre Majesté d'être assurée qu'il l'honorera toujours comme sa mère; mais il dit que, puisque Dieu l'a fait naître roi, il est résolu dorénavant à régner.

En ce moment, M. de Presles, capitaine des gardes de la reine, frappa à la porte du cabinet du luth.

— Qu'y a-t-il encore? demanda Marie de Médicis.

— Madame, dit de Presles, de la part du roi, M. de Vitry, vient de désarmer mes hommes; il dit que désormais Votre Majesté sera gardée par les gardes du roi. Que faut-il faire?

— Obéissez aux ordres du roi, monsieur de Presles. — Monsieur de Bressieux, vous entendez ce que je dis, ajouta Marie;

veillez à ce que les ordres du roi soient exécutés sans empêchement.

Les gardes de la reine mère furent donc désarmés ; Vitry logea à leur place une douzaine de gardes du roi, et il en mit autant à la petite montée.

De Vitry rapporta au roi ce qui s'était passé. Louis XIII fit de la tête un signe de contentement ; puis il ajouta :

— Demain, on fera défense à M. de Chartres, à Bressieux et à la Motte d'aller chez la reine ; on fera murer les portes du quartier qui communique de son appartement dans le mien. Ma mère sera servie comme à l'ordinaire par ses dames et ses officiers ; mais il y aura toujours deux gardes du roi assistant à tout, jusqu'à ce que je sois établi comme il faut. En attendant, que l'on demande les clefs de toutes les chambres qui sont au-dessus de la mienne ; et que les Suisses rompent, à coups de hache, le pont-levis qui est entre la chambre de la reine mère et son jardin.

C'était le pont qu'on appelait *pont d'Amour*.

Vers le même temps où le roi donnait ces ordres, c'est-à-dire vers onze heures et demie, Bassompierre, qui avait appris la nouvelle de l'assassinat du maréchal d'Ancre, et qui venait féliciter le roi, rencontra sur le pont madame de Rambouillet, tenant à la main un livre d'heures.

— Eh ! marquise, demanda Bassompierre, où allez-vous donc comme cela ?

— Mais à la messe, je crois, dit la marquise.

— A la messe ! Et que pouvez-vous donc avoir à demander à Dieu quand il vient d'avoir la bonté de nous délivrer du maréchal d'Ancre ?

Les gardes du roi placés dans les antichambres de la reine mère, Vitry envoya des archers pour arrêter la maréchale.

On la trouva sur son lit. — Nous savons à quelle occasion elle s'était couchée, et comment elle croyait protéger ainsi le trésor caché dans sa paillasse.

Les archers fouillèrent partout, mais sans rien trouver d'abord. Pourtant, comme on était certain que les diamants et les pierreries devaient être là, on fit lever la maréchale pour fouiller dans son lit. Au bout de quelques minutes d'investigation, on avait retrouvé le trésor.

Le lecteur comprend bien que tout cela ne se faisait point sans que les archers fourrassent un tant soit peu dans leurs poches les objets à leur convenance qu'ils rencontraient sous la main.

Il en résulta que, lorsque la maréchale voulut mettre ses bas, elle n'en trouva plus, et que, quand elle fouilla dans ses poches pour y prendre de l'argent afin d'en acheter, elle s'aperçut que ses poches étaient vides.

Elle envoya alors demander à son fils, qui était retenu prisonnier à un autre endroit, s'il n'avait point un écu sur lui pour qu'elle pût envoyer acheter des bas. L'enfant réunit tout ce qu'il avait dans ses *pochettes*, et envoya un quart d'écu à sa mère.

Puis, comme le pauvre enfant pleurait à chaudes larmes, à la nouvelle de la mort de son père et de l'arrestation de sa mère, et que ses gardiens lui disaient de prendre patience :

— Hélas ! dit-il, il le faut bien ! Seulement, comme plus d'une fois on me l'avait prédit, je porte la peine des fautes de mon père !

Le comte de Fiesque — qui était de la maison de cet aventureux comte de Fiesque, lequel était tombé à la mer, quelque soixante et dix ans auparavant, en essayant de s'emparer du pouvoir à Gênes — avait été fort tourmenté par la maréchale d'Ancre, quoique écuyer de la reine régnante ; ce qui, d'ailleurs, n'était pas une grande recommandation, puisque la vraie reine régnante était non pas Marie de Médicis, mais Éléonora Dori. Celle-ci l'avait donc d'abord fait reléguer dans une méchante chambre du Louvre, puis chasser de la présence du roi et de la reine, parce que Fiesque avait parlé au roi au désavantage de la maréchale ; mais, lorsqu'il apprit la situation du jeune Concini, qui était renfermé dans une espèce de cabinet, et si maltraité des archers, que l'enfant refusait toute nourriture, voulant, disait-il, mourir de faim, le comte de Fiesque se souvint que le pauvre petit était le filleul du roi Henri IV, et alla demander à Louis XIII la permission de le prendre en garde ; puis, comme les archers avaient enlevé à leur jeune prisonnier son chapeau et son manteau, le comte lui donna le manteau et le chapeau de son laquais, et l'emmena au Louvre, dans sa chambre.

La petite reine ayant su qu'il était là, et ayant entendu dire que l'enfant dansait bien, l'envoya chercher, et, tandis que les blessures de son père saignaient encore, et que les archers conduisaient sa mère en prison, elle exigea qu'il dansât devant elle tous les pas qu'il connaissait ; ce que le pauvre petit fit en pleurant, mais ce qu'il fit cependant, dans l'espérance de tirer de ce côté quelque protection pour sa mère et pour lui.

Avant qu'on la conduisît en prison, la maréchale fut interrogée par MM. Aubry et Le Bailleul, qui l'arrêtèrent dans l'antichambre, et qui l'interrogèrent sur ce qu'elle pouvait encore avoir de bijoux et d'argent. Elle répondit qu'elle avait encore ses perles : un tour de cou de quarante perles, dont chacune valait deux mille livres, et une chaîne de cinq tours de perles, dont chaque perle valait cinquante livres, et qu'au total, enfin, il y en avait pour cent vingt mille écus, à peu près. Après quoi, elle enveloppa le tout dans du papier, le fit cacheter en sa présence, priant ces messieurs de les rendre, comme ils firent, aux propres mains du roi, leur disant qu'elle n'avait aucune appréhension, et que, s'ils voulaient contribuer à faire reconnaître son innocence, elle leur donnerait, une fois revenue en faveur, à chacun un présent de deux cent mille écus.

L'un d'eux lui dit :

— Vous nous priez maintenant, madame, et, il y a quinze jours, si nous vous eussions regardée en face, vous vous fussiez offensée, vous eussiez dit que l'on vous ensorcelait, et vous nous eussiez fait punir!

— Oh! dit-elle, ne me parlez point de ce temps-là, messieurs, j'étais folle!

De chez la maréchale, MM. Aubry et Le Bailleul se rendirent chez le maréchal, où ils trouvèrent encore pour deux millions cinquante mille livres de rescriptions.

Sur ces entrefaites, et comme ces messieurs faisaient une expédition inutile à Marmoutiers, chez le frère de la maréchale, où ils ne trouvèrent rien qui vaille, un nommé M. Ollier vint révéler qu'il avait des coffres en garde.

Il remit ces coffres au roi, et l'on y trouva deux chandeliers d'or massif, deux douzaines d'assiettes d'or, et une robe toute couverte de diamants et autres choses précieuses.

Restaient les trois ministres favoris de la reine mère : Barbin, qui était chargé des finances; Mangot, qui était chancelier, et M. de Luçon, le futur cardinal de Richelieu, qui était confident favori de la reine mère, sous le titre de secrétaire d'État.

Nous avons vu ce qui était arrivé à M. de Luçon quand il

s'était, une heure après l'assassinat, présenté au roi : « Monsieur de Luçon, lui avait dit le roi, me voilà donc délivré de votre tyrannie! » et il lui avait tourné le dos.

C'était clair, et un autre se le fût tenu pour dit.

Il n'en fut pas ainsi de M. de Luçon. Nous le verrons revenir.

Mangot fut, après M. de Luçon, le premier qui se hasarda d'aller au Louvre. Dans un pareil moment, on y mettait, comme on le comprend bien, le pied assez timidement. Mangot prenait donc le chemin du quartier de la reine, quand Vitry l'arrêta dans la cour.

— Où allez-vous, monsieur Mangot? lui demanda-t-il.

— Chez Sa Majesté la reine mère.

— Pardon, mais il faudrait savoir avant tout si Sa Majesté le roi l'aura pour agréable.

Mangot s'arrêta. Vitry s'en alla faire sa charge de maréchal du palais, tantôt à droite, tantôt à gauche, ne s'occupant plus du chancelier. Mangot continua de se promener, mâchant un cure-dents qu'il tenait à la bouche. Enfin, ennuyé de ne pas avoir de réponse, il fit demander au roi s'il lui était agréable qu'il l'allât saluer. — Le roi lui fit répondre que non, mais que ce qui lui serait agréable, ce serait que, le plus vite possible, il lui rendît les sceaux.

Une heure plus tard, le roi les avait.

Aux premières nouvelles qu'il avait reçues de la catastrophe, Barbin avait, de son côté, voulu aller voir au Louvre ce qui s'y passait; mais, étant encore sur le seuil de sa porte, il lui fut dit par M. Hennequin qu'il ferait mieux d'attendre, et de ne point se hasarder sans qu'il fût sûr de quelle façon il serait reçu. Barbin rentra donc dans son logis; mais, peu après, il en ressortit et s'en alla se cacher dans les écuries de la reine, MM. Mangot et de Luçon, sachant qu'il était là, le rejoignirent. Ils envoyèrent alors à la reine mère M. de Bragelonne, lequel fit si bien, qu'il parvint jusqu'à Marie de Médicis et lui apporta la prière du triumvirat.

— Dites, répondit la reine mère, que, pour Barbin, je ferai ce que je pourrai, mais que, pour les autres, je ne réponds de rien. Qu'ils pourvoient donc comme ils l'entendront à leur sûreté.

Mangot était allé chercher les sceaux et avait l'espoir de les rendre au roi lui-même. En les lui rendant, il lui eût parlé et eût tenté un dernier effort; mais, au moment où il commençait de monter le grand escalier :

— Holà ! monsieur Mangot, lui cria Vitry, qui venait derrière, où allez-vous avec votre robe de satin ?

— Mais, monsieur, je vais chez Sa Majesté.

— Le roi n'a plus affaire de vous, monsieur.

— Il m'a redemandé les sceaux.

— C'est bien; attendez là !

Mangot attendit une heure dans l'antichambre; mais, au bout d'une heure, vint de Luynes, qui lui dit :

— De la part du roi, monsieur, donnez-moi les sceaux.

Mangot les rendit, et ils furent donnés par le roi à Armagnac pour les garder.

Et, en se frottant les mains, le roi dit :

— Ah ! j'espère que, maintenant que nous avons les sceaux, nous aurons les finances.

Après quoi, Mangot fut conduit par les archers dans la chambre de Vitry, d'où il ne bougea de tout le jour jusqu'à cinq heures du soir, moment où il rentra chez lui.

Quant à M. de Luçon, il ne se tint point pour battu de la rebuffade du roi. Il fit dire à Sa Majesté qu'elle devait se rappeler que, depuis quinze jours, voyant le désordre qui s'était mis dans les affaires, il avait demandé son congé ; qu'en conséquence, il désirait que le roi décidât quelque chose à son endroit.

Le roi lui fit répondre qu'il pouvait rester en son conseil si bon lui semblait, ou comme évêque ou comme conseiller d'État, mais que, pour la charge de secrétaire, il en avait disposé et l'avait rendue à M. de Villeroy. A cette fin, Sa Majesté le priait d'aller querir tous ses papiers.

Ce que fit M. de Luçon, bien entendu.

Pendant qu'on donnait des gardes à la reine ; pendant qu'on fouillait la paillasse de la maréchale ; pendant que celle qui, la veille, était plus riche que le roi régnant, plus puissante que la reine mère, faisait demander à son pauvre enfant un écu pour acheter les bas qui lui manquaient, le roi recevait les félicitations de son frère, M. le duc d'Orléans, de M. le comte de Soissons, du cardinal de Guise, du chevalier de Vendôme et de M. de Nemours.

La foule était si grande, que le roi, pour ne pas être étouffé, fut obligé de monter sur son billard, où l'on fit monter avec lui Monsieur, et M. le Comte.

On appelait *M. le Comte* M. le comte de Soissons, troisième fils de Louis I*er*, prince de Condé, comme on appelait l'aîné *M. le Prince*. — Le second s'appelait M. le prince de Conti.

Nous avons parlé de M. le Prince à propos des amours de Henri IV avec sa femme, et nous aurons probablement l'occasion d'en reparler encore. Nous parlerons plus tard de madame la princesse de Conti, dont il y a plus à dire que de M. le Prince. Et nous parlerons tout de suite de M. le Comte, dont il n'y a rien à dire du tout, ou si peu de chose, que cela n'en vaut guère la peine.

D'ailleurs, M. le comte de Soissons, à cette époque, n'était qu'un enfant de l'âge du roi. Il était fils de Charles de Bourbon, comte de Soissons, qui était mort en 1612, c'est-à-dire cinq ans auparavant.

Plus tard, le jeune homme prit parti contre Richelieu, se ligua avec le grand Condé, son neveu, contre la régente dans toutes les affaires de la Fronde, gagna contre M. de Châtillon la bataille de la Marfée, en Champagne, et y fut tué par le dernier coup de pistolet que l'on y tira.

C'est du haut de ce billard, qui fut, en réalité, son premier trône, que le roi reçut ses nouveaux ministres : le président Jeannin, les sieurs de Gèvres, Loménie, Pontchartrain, Châteauneuf et Pontcarré.

Le plus connu de tous ces barbons, comme les appelaient les jeunes gens de la cour, celui qui, en effet, a laissé une véritable trace dans l'histoire, est le président Jeannin ligueur enragé, rallié depuis à Henri IV.

Le président Jeannin était fils d'un tanneur d'Autun en Bourgogne. Le père, qui avait du bien, envoya le jeune homme étudier à Paris. Jeannin y fut fort débauché; ce qui fit que le vénérable tanneur lui coupa les vivres. Il revint en Bourgogne, épousa la fille d'un médecin de Semur qui avait une assez bonne dot.

Arrive l'assassinat du duc et du cardinal de Guise, à Blois. Mayenne, gouverneur de la Bourgogne, met en armes son gouvernement; Jeannin se donne à lui, et, par son intelligence, lui devient fort utile.

Un jour que M. de Mayenne passait par Autun, Jeannin le pria de vouloir bien lui faire l'honneur de prendre son repas chez lui.

Le prince accepte et se rend chez son hôte.

Mais Jeannin, lui présentant son père avec son tablier de corroyeur, dit au prince :

— Monseigneur, voilà le maître de la maison ; c'est lui qui vous traite.

M. de Mayenne reçut le corroyeur à bras ouverts et le fit mettre au haut bout de la table.

Henri IV, après avoir vu Paris, alla à Laon.

Jeannin y était et fut chargé de parlementer avec le roi. On échangea les propositions du haut en bas des remparts. Jeannin tint très-ferme et refusa toutes les conditions offertes par le roi.

Henri était furieux.

— Ah ! dit Henri en montrant le poing à l'intraitable négociateur, je vous promets, maître Jeannin, que, si j'entre dans Laon, je vous fais pendre.

— Bon ! répondit Jeannin, vous n'y entrerez pas que je ne sois mort, et, une fois mort, je ne me soucie guère de ce que vous y ferez.

Mayenne finit par faire sa paix.

Il avait oublié de sauvegarder Jeannin ; mais, près d'un homme comme Henri IV, Jeannin était sauvegardé par la conduite même qu'il avait tenue.

Il s'était retiré au haut d'une montagne à laquelle on ne parvenait que par un sentier très-rude. Sa raison était que les gens qui l'aimaient véritablement le viendraient chercher partout où il serait ; que, quant aux autres, il ne se souciait pas de les voir.

Un jour, au grand étonnement de Jeannin, un étranger, un inconnu le vient chercher sur son sommet.

L'inconnu venait de la part de Henri IV, et lui apportait une lettre conçue en ces termes :

« Monsieur Jeannin,

» Vous avez bien servi un petit prince ; j'espère que vous servirez mieux encore un grand roi.

» HENRI.

» P.-S. Suivez l'homme que je vous envoie, il vous conduira à moi. »

Jeannin suivit le messager ; le roi Henri l'envoya en Espagne pour je ne sais quelle négociation. Jeannin s'en acquitta à merveille.

Au retour, le roi lui donna une charge de président à mortier à Dijon. Voilà pourquoi on l'a toujours appelé, depuis, le *président Jeannin*.

Un jour, la reine mère, voulant l'avoir à elle, lui fit offrir une forte somme d'argent, quelque chose comme trois ou quatre mille écus.

Il refusa cette somme en disant que, pendant la minorité de son fils, la reine mère ne pouvait disposer de rien.

En 1608, le roi l'avait envoyé en Flandre ; ce fut à lui que les Provinces-Unies durent le traité de 1609.

Après la mort du roi, il avait été fait surintendant des finances ; mais, depuis, on lui avait ôté la place pour la donner à Barbin.

Il avait, d'avance, fait faire son tombeau dans la même église que celui de son père et côte à côte avec lui. Le titre de tanneur était soigneusement conservé sur la pierre tumulaire. Était-ce par humilité ? était-ce par orgueil ?

II

Suivons le cours de cette fameuse journée du 24.

Pendant que le roi, sur le billard où nous l'avons laissé pour nous occuper du président Jeannin, recevait les félicitations des princes du sang, et réintégrait les ministres du roi son père dans leurs charges, le colonel d'Ornano, — le même qui avait pris le roi dans ses bras pour le hausser à la hauteur des fenêtres, et le montrer aux gardes, — le colonel d'Ornano courait au parlement, qui avait déjà levé sa séance. Mais il apprit que les présidents étaient au bureau des eaux et forêts, et il y entra pour leur annoncer la nouvelle.

Messieurs, — c'est le terme générique dont on désignait les conseillers au parlement, les avocats et les greffiers n'ayant que le titre de *maîtres*, — Messieurs la savaient déjà par deux exempts aux gardes.

Le colonel d'Ornano entra dans le cabinet où étaient les présidents.

— Messieurs, leur dit-il, je viens vous annoncer que le roi a fait tuer le maréchal d'Ancre pour se mettre en liberté. J'ajouterai, au nom de Sa Majesté, qu'elle espère que vous êtes et serez toujours dans la même volonté de lui rendre un fidèle service. En échange de quoi, messieurs, vous pouvez être assurés que le roi sera bon roi.

M. le premier président répondit, bien entendu, au nom de toute la compagnie, et il accourut lui-même à pied, n'ayant pas pu trouver un carrosse, tant la confusion était grande.

Tout cela mena le roi jusqu'au dîner, comme le lecteur le verra en lisant le journal hygiénique du roi Louis XIII; puis, après le dîner, le cardinal de la Rochefoucauld vint saluer le roi; et, voyant qu'au lieu de le laisser tranquillement jouer avec ses camarades, on l'interrompait à tout moment pour lui parler affaires graves et intérêts sérieux :

— Sire, dit-il, que Votre Majesté s'accoutume à la patience, mais elle saura dorénavant qu'elle sera bien autrement empêchée encore.

— Vous vous trompez, monsieur : j'étais plus empêché de faire l'enfant que je ne le suis à toutes ces affaires-là.

Puis, s'adressant à celui qui était le plus près de lui :

— On m'a fait, six ans durant, fouetter les mulets aux Tuileries, dit-il. Il est temps qu'enfin je fasse mon métier de roi.

Alors, il se mit à parler plus haut et plus vivement qu'il n'avait jamais fait, peut-être poussé par une espèce de fièvre.

— Messieurs, dit-il, convenez d'une chose : c'est qu'il faut que je sois bien aimé des Français, puisque, ayant été forcé de communiquer mon dessein à plus de vingt personnes, aucune n'en a averti ce *personnage.* Au reste, ce n'est point d'hier que je pense à être le maître : il y a déjà longtemps que, lors d'un voyage à Saint-Germain, j'avais résolu de m'en aller de là à Rouen, et, une fois arrivé à Rouen, d'y mander mes serviteurs. Une autre fois, ce fut à Amboise que je voulais fuir; puis j'eus encore une idée : c'était d'inviter le maréchal à venir voir, dans ma chambre, les petits canons avec lesquels j'avais bâti mon fort des Tuileries, et de me faire observer par Ducluseaux que j'avais laissé trois ou quatre pièces de mon artillerie au bas de la galerie. Alors, je serais sorti comme pour les faire venir, j'aurais laissé le maréchal seul dans mon cabinet ; Vitry et les siens fussent entrés et l'eussent tué comme aujourd'hui : mais il ne leur donna point ce loisir. Enfin, vint le projet d'hier, qui a échoué, parce que, ayant pris médecine le matin, il se retira chez lui aussitôt après sa visite à ma mère.

Et, comme un murmure approbateur indiquait l'admiration que les auditeurs avaient pour cette persévérance :

— Aussi, messieurs, continua le roi, il faut convenir encore que ce maréchal était un grand impudent. L'autre jour, jouant au billard avec moi, ne s'est-il pas couvert ! Il est vrai qu'il m'en demanda la permission après, en me disant : « Sire, Votre Majesté me permettra bien de me couvrir ; » mais il l'avait déjà fait avant de le demander. Aussi lui répondis-je : « Oui, couvrez-vous, » d'un ton qui dut lui faire comprendre qu'il m'avait offensé. Un autre jour, peut-être le même, n'alla-t-il pas s'asseoir au conseil des dépêches, dans mon propre fauteuil, et ne se fit-il pas lire le courrier par les secrétaires d'État, chacun dans son département, commandant à la baguette, donnant son approbation ou sa *réprobation* selon sa fantaisie ! Quelques jours auparavant, comme j'étais tout seul dans une chambre, ne vint-il pas me faire visite avec deux ou trois cents gentilshommes, qui sont entrés et sortis avec lui, sans qu'un seul songeât à rester pour me faire compagnie ! Une autre fois, ne dit-il pas, je ne sais plus pour quel enfantillage, que j'avais mérité le fouet !... Cordieu ! le roi mon père me l'a fait donner quand j'étais enfant ; mais c'était un droit à lui. Et encore croyait-il, l'orgueilleux maréchal, quand je le regardais de travers, que l'on me montait la tête contre lui ; et la preuve, c'est qu'il disait à Luynes : « Monsieur de Luynes, je m'aperçois bien que le roi boude ; mais prenez garde, vous m'en répondez ! » Ventre-saint-gris ! comme disait feu mon père, oui, je lui faisais mauvaise mine ; mais, par bonheur, nous avons changé de rôle, et c'est lui qui la fait à cette heure.

Et, sur ce trait d'esprit, dont il faut savoir gré à Louis XIII, attendu qu'ils sont rares chez lui, il cessa enfin ce long discours, que M. de Marillac, qui fut plus tard garde des sceaux, recueillit dans toute l'incohérence fiévreuse avec laquelle nous le reproduisons.

En ce moment, les députés du parlement, présidents et conseillers, arrivèrent ; ils étaient onze en tout : trois présidents, huit conseillers ; ils trouvèrent Sa Majesté dans la galerie.

On eût dit que le roi, après avoir gardé si longtemps le silence, éprouvait un instant le besoin de parler.

— Messieurs, dit Louis XIII en allant à eux, je m'assure sur votre fidélité et veux me conduire par vos conseils aux affaires les plus importantes ; je vous ai mandés pour prendre votre avis ; allez-vous-en au cabinet, où mon conseil est assemblé, et vous apprendrez ce que c'est.

Ils y allèrent.

Là, on leur dit qu'il y avait deux choses sur lesquelles le roi désirait leur avis : l'une, de savoir si le procès devait être fait au corps du maréchal d'Ancre ; l'autre, s'ils croyaient qu'il fût nécessaire que le roi envoyât des lettres de grand sceau aux provinces et aux parlements, au sujet de ce qui s'était passé. Ce à quoi, après en avoir conféré ensemble, les membres du parlement répondirent, — quant au premier point : « Puisque le maréchal est mort, et qu'il n'y a plus rien à craindre de sa part, la *clémence* du roi serait louable de se contenter de cela, sans approfondir davantage les crimes qu'il a commis, d'autant plus que, le roi l'ayant fait mourir, l'aveu de Sa Majesté couvre tout, et agir autrement, ce serait révoquer en doute la puissance du roi ; » — et, quant au second point, ils ajoutèrent que le maréchal n'était pas homme de si grande considération, qu'il y fallût mettre tant de cérémonie, que d'user de lettres patentes, comme si c'était quelque grand prince.

Cela fait, ils se retirèrent ; et, leur avis ayant été trouvé bon, il fut suivi.

L'hallali avait eu lieu le matin ; le soir eut lieu la curée. Ce fut au coucher du roi que chacun se partagea, celui-ci le cœur, celui-là le foie, qui la rate, qui les entrailles.

Vitry fut fait maréchal, c'était chose promise ; — il eut, en outre, dans son héritage mobilier et immobilier : la baronnie de Lésigny, la maison de Paris, et les chevaux de l'écurie, lesquels furent enlevés dès le lendemain matin.

Du Vair, qui venait de rentrer en fonctions après la mort du maréchal, et qui avait les sceaux, ne cacha point à Vitry le mépris qu'il faisait de lui, lorsque celui-ci lui vint faire sceller ses provisions ; et, comme M. de Thémines avait été fait maréchal, quelques mois auparavant, pour avoir arrêté M. le prince de Condé, M. de Bouillon ne put s'empêcher de dire :

— Par ma foi ! je rougis d'être maréchal de France, depuis que le bâton est devenu la récompense des sergents et des assassins.

En outre, M. de Géran se plaignit. M. de Géran avait un brevet en blanc de la première charge de maréchal vacante, et la mort de Concini venait de faire vacance ; mais on lui dit que, la mort de Concini n'étant point une mort ordinaire, la vacance, par contre-coup, n'était point une vacance ordinaire, et *qu'il n'était point raisonnable de penser que Vitry eût tué Concini pour s'exclure lui-même au profit d'un étranger.*

M. de Géran comprit et attendit une vacance ordinaire.

M. de Luynes eut la charge de premier gentilhomme de la chambre, et la lieutenance générale pour le roi en Normandie, avec Pont-de-l'Arche.

M. de Vendôme recouvra le château de Caen, qu'il tenait de la main même du feu roi, et que le maréchal lui avait ôté. Il demanda en plus et obtint l'abbaye de Marmoutiers.

L'évêque de Bayonne demanda l'archevêché de Tours, lequel, comme l'évêché de Bayonne, était au frère de la maréchale, qui les résigna, se réservant mille écus de pension sur chacun d'eux.

Le marquisat d'Ancre resta en suspens, et, plus tard, fut donné pour arrondir la part de de Luynes.

Perray, beau-frère de Vitry, eut la capitainerie de la Bastille, dont il prit possession trois jours après.

Du Hallier, frère de Vitry, eut la charge de capitaine des gardes, et devint plus tard le maréchal de l'Hospital. — L'Hospital est le vrai nom des Vitry. — En outre, ayant appris que l'apothicaire du maréchal avait un de ses coffres, et que ce coffre avait été saisi par le commissaire du quartier, au commandement du lieutenant civil, il demanda ce coffre au roi, qui le lui donna, quoi que ce fût : ce coffre n'était que l'enveloppe d'une boîte contenant des pierreries pour plus de vingt mille écus.

Après quoi, le roi congédia ses bons amis, tourna le nez du côté du mur et s'endormit.

Consultons l'honnête docteur Hérouard pour savoir comment, hygiéniquement, se passa cette journée, et combien d'heures un assassin royal peut dormir après son premier meurtre :

« Le 24 avril 1617, lundi, éveillé à sept heures et demie

après minuit. — Pouls plein, égal ; — petite chaleur douce ; levé ; — bon visage, gai ; — pissé jaune. fait ses affaires ; — peigné, vêtu ; — prié Dieu. — A huit heures et demie, déjeuné : — gelée, quatre cuillers ; — point bu, si ce n'est du vin clairet, fort trempé. »

Ici, il y a une petite lacune au journal. Nous la reproduisons dans sa forme et avec le blanc qu'elle laisse :

« Le maréchal d'Ancre,

tué sur le pont du

Louvre entre dix et

onze heures du matin. »

Pour le digne médecin, la catastrophe n'avait point grande importance, à ce qu'il paraît ; aussi ne lui consacre-t-il que cette note.

Puis, il reprend son journal, qui contient une série d'événements bien autrement importants à ses yeux.

« Dîner à midi... »

Il y a, vous le voyez, un retard de deux heures dans le dîner. Dame! comme on dit, *on ne fait point d'omelettes sans casser des œufs* ; mais, soyez tranquilles, Sa Majesté n'en mangera que mieux ! Reprenons donc.

« Dîner à midi : — bouts d'asperges en salade, 12 ; — quatre crêtes de coq sur un potage blanchi ; — cuillerées de potage, 10 ; — bouts d'asperges sur un chapon bouilli ; — veau bouilli ; — la moelle d'un os ; — taillarins, 12 ; — les ailes de deux pigeons rôtis ; — deux tranches de gelinotte rôtie avec pain ; — gelée ; — figues, 5 ; — guignes sèches, 14 ; — cotignac sur une oublie ; — pain, peu ; — bu du vin clairet, fort trempé ; — dragées de fenouil, une petite cuillerée... »

Autre blanc.

Le royal pensionnaire échappe à son docteur : il monte

sur un billard, et harangue les assistants ; il reçoit les députés du parlement, il cause, il fait le roi : mais, à six heures et demie, l'appétit lui revient, et il retombe sous la griffe de son docteur.

« Six heures et demie, soupé : — bouts d'asperges en salade, 12 ; — pain en panade ; — bouts d'asperges sur un chapon bouilli ; — veau bouilli, — la moelle d'un os ; — mousserons au beurre avec une rôtie dedans ; — les ailes de deux pigeonneaux rôtis, avec pain ; — gelée ; — suc de deux oranges douces ; — figues, 5 ; — grains de verjus confits, 5 ; — guignes sèches, 4 ; — pain, fort peu ; — bu du vin clairet, fort trempé ; — dragées de fenouil, la petite cuillerée ; — *amusé jusqu'à sept heures et demie ;* — fait ses affaires, jaune, mol, beaucoup ; — *amusé jusqu'à neuf heures et demie ;* — bu de la tisane ; — dévêtu, — mis au lit, — pouls plein, égal ; — petite chaleur douce ; — prié Dieu ; — à dix heures s'endort jusqu'à sept heures et demie. »

Nous voilà rassurés sur le compte de ce pauvre roi, qui vient de prendre tant de tracas à l'endroit du maréchal d'Ancre. Son dîner a été retardé de deux heures ; il a toujours le ventre un peu relâché : — on sait que c'est l'effet que produisait à son père la vue de l'ennemi ; — mais *il s'est amusé* de sept heures à sept heures et demie, et de huit heures à neuf heures et demie ; ce qui n'est pas dans ses habitudes. La chose est si vraie, que nous avons ouvert au hasard le journal du docteur Hérouard, *à cent endroits différents*, et que nous n'avons jamais retrouvé ce précieux mot : AMUSÉ.

En effet, on sait que Louis XIII a été le roi le moins amusé et même le moins amusable qu'ait jamais eu la monarchie française ; ce qui ne l'empêche pas d'être assez amusant, quoique son fils Louis XIV lui ait fait sur ce point une rude concurrence.

Mais aussi on ne peut pas s'amuser tous les jours, et, le jour de l'assassinat du maréchal d'Ancre, le roi, comme le constate ce bon M. Hérouard, s'était amusé deux fois.

En outre, il s'était mis au lit avec un *pouls plein, égal, avec une petite chaleur douce ; il avait prié Dieu à dix heures, et s'était endormi jusqu'à sept heures et demie du matin,* c'est-à-dire qu'il avait dormi un peu plus de neuf heures.

Pauvre roi !

Voyons un peu à quoi songeait, pendant le sommeil de son roi, le bon peuple de Paris.

Le bon peuple de Paris songeait à déterrer le corps du maréchal d'Ancre.

Le lendemain, mardi 25 avril, le roi fut réveillé par un grand tumulte, *vers sept ou huit heures du matin.* — S'il n'eût point été réveillé par ce grand tumulte, peut-être, au lieu de dormir neuf heures, eût-il fait le tour du cadran et en eût-il dormi douze !

Ce tumulte était causé par la populace de Paris, qui se ruait vers l'église Saint-Germain-l'Auxerrois, dans la louable intention de faire ce que le parlement avait jugé inutile : le procès au corps du maréchal.

Voici comment la chose s'était passée, ou plutôt comment la chose se passait.

Au point du jour, un des familiers de l'église avait montré à l'un de ses amis l'endroit où avait été déposé le corps du maréchal ; cet ami l'avait montré à un autre, l'autre à un autre ; et ainsi il s'était fait un rassemblement.

D'abord, on commença par cracher sur cette tombe ; puis on trépigna dessus ; puis quelques-uns commencèrent à gratter avec leurs ongles, et firent si bien, qu'ils finirent par découvrir les jointures des pierres.

Les prêtres alors les chassèrent.

Mais, les prêtres étant sortis en procession et n'étant plus là pour les chasser, le peuple rentra et se mit à gratter la tombe avec une telle force, qu'en moins de rien il en eut ôté quelques pierres. Ces pierres enlevées étaient du côté des pieds, que l'on aperçut par l'ouverture.

Alors, on amena les cordes des cloches, on les attacha aux pieds du cadavre, et l'on tira tant et si bien, qu'on arracha le corps hors de terre, comme on arrache un bouchon d'une bouteille.

Tout cela se faisait au cri de « Vive le roi ! »

Le tumulte était si grand, que les prêtres, au retour de la procession, reconnurent qu'il était trop tard pour y remédier. Ils furent même obligés, tant l'église était encombrée, de remettre au lendemain les messes qu'ils avaient à dire le jour même. Le peuple, en effet, était monté sur les chaises, sur les bancs, sur les autels et jusque sur le treillis des chapelles et des arcades.

Quelques officiers qui tentèrent de rétablir l'ordre se reconnurent bientôt trop faibles.

Le grand prévôt vint avec quelques archers ; mais le peuple lui cria que, s'il avait le malheur d'entrer dans l'église, il l'enterrerait tout vivant à la place du maréchal d'Ancre, et, cette fois, veillerait à ce qu'on ne le déterrât point.

Le grand prévôt se retira.

Après avoir été tiré hors de la tombe, le corps fut tiré hors de l'église, et traîné par les pieds toujours, et la tête rebondissant sur le pavé, jusqu'au logis de Barbier, l'ex-surintendant des finances, qui demeurait en face.

Là, on fit une première halte.

La colère de la multitude se partageait entre le mort et le vivant, et, sans les archers qui gardaient le prisonnier chez lui, on allait enfoncer et piller sa maison ; après quoi, selon toute probabilité, et même avant quoi, on l'eût pendu lui-même. Barbier en fut quitte pour le spectacle, qu'il vit de sa fenêtre comme d'une première loge.

De là, ces furieux traînèrent le corps, ne cessant point, pendant toute la route, de le battre à coups de bâton et à coups de pierres, jusqu'au bout du pont Neuf, où s'élevait une potence qui, un mois ou deux auparavant, y avait été plantée par le maréchal, afin d'y faire pendre ceux qui parlaient mal de lui. Ajoutons bien vite que le maréchal n'y avait fait pendre personne; mais à d'autres potences — et, pour les pendus, l'origine de la potence n'y fait rien — mais à d'autres potences avaient, jusqu'à ce que mort s'ensuivît, été accrochés un certain nombre d'Écossais.

Quelques valets de ces Écossais, qui se trouvaient sans condition par suite de la mort de leurs maîtres, proposèrent les premiers de pendre le cadavre du maréchal à la susdite potence.

Un grand laquais, qui avait été lui-même au service du maréchal, service dont il était sorti sur la menace que lui avait faite le maréchal de le faire pendre, en voulut avoir l'honneur, et le réclama, disant :

— Le diable rira bien quand il verra que celui qui pendait les autres est pendu lui-même!

Sur cette plaisanterie, il eut la préférence, et le cadavre, soulevé et porté jusqu'à la potence par le peuple, fut pendu la tête en bas par ce laquais.

Le diable en rit-il ? Nous n'en savons rien ; mais il y avait de quoi faire grincer les dents aux anges.

Tandis que l'on travaillait à cette belle besogne, une des compagnies des gardes du roi passa sur le pont Neuf pour s'en aller au Louvre; mais elle se garda bien d'empêcher le peuple de s'amuser. Le roi ne s'était-il pas amusé la veille?

Il y a plus : comme il manquait à ce bourreau pris au dépourvu un bout de corde, les soldats lui jetèrent les mèches de leurs arquebuses, si bien qu'il en eut bientôt dix brassées au lieu d'une qu'il lui fallait.

Le corps demeura pendu là plus d'une demi-heure, durant laquelle le laquais qui l'avait pendu tendit son chapeau aux assistants, leur demandant quelque petite rétribution pour la peine qu'il avait prise.

Les assistants trouvèrent la chose si juste, qu'en un instant son chapeau fut rempli de sous et de deniers que chacun lui portait comme à l'offrande, et, cela, jusqu'aux plus gueux, jusqu'aux mendiants, et, « tel n'avoit qu'un denier en sa possession le lui donnoit, dit Marillac, tant la haine étoit grande contre ce misérable. »

Mais ce n'était point assez, comme vous comprenez bien. Pendre, c'est ce que l'on voit faire tous les jours au bourreau ; pendre soi-même, c'est ce que l'on a la chance de faire parfois; mais pouvoir mutiler un corps, c'est ce qui n'arrive que par hasard.

Le peuple se rua donc sur le corps de ce pauvre pendu, les uns frappant des poings, les autres des pieds, les autres du couteau, à grands coups d'épée et de poignard. On lui enleva les yeux, on lui coupa le nez, on lui tailla des lambeaux sur tout le corps ; puis on lui désarticula les bras, et on lui trancha la tête, et tous ces morceaux furent portés ou traînés dans les divers quartiers de Paris, avec des cris et des imprécations dont le retentissement allait d'un bout à l'autre de la ville.

La maréchale entendit ces cris, et demanda quelle en était la cause : les gardes lui dirent que c'était son mari que l'on avait déterré et pendu. Alors, elle, dont les yeux jusque-là étaient restés secs, commença de s'émouvoir, tout en disant que son mari était un présomptueux et un orgueilleux, qu'il n'avait rien qu'il n'eût mérité, que c'était un méchant homme, et que, fût-il resté tout-puissant, elle avait pris la résolution de retourner en Italie dès les premiers jours du printemps.

Comme le bruit approchait du Louvre, l'enfant, qui était, comme nous l'avons dit, dans la chambre de M. de Fiesque, demanda si l'on ne venait pas pour le tuer : on lui répondit que non, et qu'il était en sûreté; sur quoi, le pauvre enfant, que son malheur avait vieilli de dix ans en vingt-quatre heures, dit :

— Hélas! mon Dieu! ne vaudrait-il pas mieux qu'on me tuât que de me laisser vivre? Je ne puis plus qu'être misérable le reste de mes jours, comme, au reste, je l'ai été depuis que j'ai connaissance de la vie; car je ne me suis jamais approché de mon père ou de ma mère, que je n'en aie rapporté quelque soufflet pour toute caresse.

Alors, les archers auxquels il s'adressait ouvrirent la fenêtre qui donnait sur le pont, et lui montrèrent le cadavre de son père pendu, et en butte aux insultes de la populace.

C'était juste le moment où ces furieux s'en partageaient les morceaux, emportant, ceux-ci la tête d'un côté, ceux-là les bras d'un autre. Cinq ou six, ayant coupé la corde par laquelle il avait été pendu, traînèrent le cadavre mutilé vers la rue de l'Arbre-Sec. A l'entrée de cette rue, un homme vêtu de rouge se jeta sur ce tronc informe, lui ouvrit la poitrine d'un coup de couteau, y fourra sa main, la retira sanglante, et suça le sang qui en dégouttait. Un autre plongea sa main dans la même plaie, et arracha le cœur du cadavre; puis, ayant demandé des charbons, il les alluma, emprunta un gril, découpa ce cœur par tranches qu'il fit rôtir, et mangea ces tranches, en les trempant dans le sel et les arrosant de vinaigre.

De la rue de l'Arbre-Sec, on traîna ce qui restait du corps jusqu'à la Grève. Au milieu de la place, on trouva une potence dressée, comme l'autre, par l'ordre du maréchal ; on le rependit à cette potence; puis, du linceul du mort, on fit une poupée représentant la maréchale, et que l'on pendit à une potence en face; après quoi, l'immonde promenade recommença. On traîna ces malheureux débris jusqu'à la Bastille. Là, on en tira les entrailles, que l'on jeta dans un grand feu; puis, on porta le reste dans le faubourg Saint-Germain, devant la maison du maréchal et devant celle de M. de Condé; et, à chaque station, disparaissait quelque fragment de ce qui avait été un être animé, vivant, pensant, et n'était plus qu'une masse de chair informe et d'os brisés! Enfin, on fit encore quelques tours par la ville, on repassa par le pont Neuf, on brûla une cuisse devant la statue du feu roi, une autre cuisse au coin du quai de la Mégisserie, et le tronc sur la place de Grève, en face de l'hôtel de ville, dans un feu composé tout entier de potences brisées; et, tronc et potences réduits en cendres, on jeta cette cendre au vent, afin, disaient les bourreaux, que tous les éléments en eussent leur part.

Après quoi, toute cette multitude s'en revint danser une ronde autour de la potence où d'abord le cadavre avait été pendu; puis on y mit le feu par le pied, on amassa des combustibles tout à l'entour, et on la brûla comme on avait fait des autres. Il semblait que, tandis qu'il était en train, le peuple ne voulût pas laisser une potence dans tout Paris.

Finissons-en avec l'horrible récit ; nous avons nous-même hâte d'en sortir.

Les cendres du maréchal jetées au vent, on ne s'occupa plus de lui ; mais restait sa femme.

Le 8 juillet 1617, le parlement déclara la maréchale d'Ancre et son mari criminels de lèse-majesté divine et humaine ; en réparation de quoi, il flétrit la mémoire du maréchal, et condamna sa femme à avoir la tête tranchée.

Celle-ci ne s'attendait point à être condamnée à mort, elle croyait seulement être exilée ; si bien que, lorsqu'on lui lut sa sentence, elle tomba de son haut, comme on dit, en s'écriant :

— *O me poveretta !*

Mais, comme, à tout prendre, c'était une femme d'un vrai courage, elle se résolut incontinent à la mort, et, cela, avec une grande constance et une suprême résignation à la volonté de Dieu.

Sortant de sa prison pour marcher au supplice, et voyant une grande multitude de peuple assemblée pour la regarder passer :

— Que de personnes réunies, dit-elle avec un soupir, pour voir mourir une pauvre affligée !

A quelques pas de là, reconnaissant quelqu'un à qui elle avait rendu un mauvais office près de la reine, elle pria que l'on arrêtât la charrette, et fit signe à la personne de s'approcher.

Alors, elle lui demanda humblement pardon, priant Dieu, si son pardon était sincère, de faire connaître ce pardon en lui donnant la force de bien mourir.

Et l'on eût dit que Dieu l'avait entendue et lui avait accordé sa prière ; car, à partir de ce moment, elle devint humble et patiente, et il se fit en elle un si complet changement, que ceux qui assistèrent au spectacle de sa mort, étant venus pour la railler et l'insulter, sentirent la pitié se glisser malgré eux dans leurs âmes, et ne virent bientôt plus qu'à travers leurs larmes ce supplice tant désiré.

Au pied de l'échafaud, elle avait reconnu un gentilhomme appartenant au commandeur de Sillery; elle l'appela comme elle avait déjà fait de cette autre personne qu'elle avait rencontrée au sortir de la prison, et elle pria ce gentilhomme de dire à M. de Sillery et au chancelier son frère, qu'elle leur demandait bien humblement pardon du mal qu'elle leur avait fait.

Et, comme, après cette demande, elle était montée sur son échafaud, du haut de la plate-forme elle cria encore :

— Tout ce que j'avais dit sur eux..., priez-les bien instamment, monsieur, de me pardonner mon mensonge.

Puis, s'étant mise à genoux, elle se recommanda à Dieu, posa sa tête sur le billot en demandant :

— Suis-je bien ainsi?

Pour toute réponse, le bourreau leva son épée, un éclair brilla : la tête était tranchée et roulait sur l'échafaud, que les lèvres s'agitaient encore pour prononcer la dernière syllabe du mot *ainsi*.

Restait l'enfant.

Grâce à la protection de Fiesque, il ne lui fut fait aucun mal, et il put librement se retirer en Italie, où il vécut paisible et obscur. Il pouvait avoir quinze ou seize mille livres de rente, débris d'une fortune de quinze ou vingt millions.

Il mourut jeune.

Le lundi, 1er mai, la reine mère envoya demander au roi six choses mises par écrit. C'était l'évêque de Luçon qui était porteur des six demandes.

Disons qu'à cette époque l'évêque de Luçon passait pour être l'amant de la reine mère; — plus tard, il passa pour avoir été tout à la fois son amant et son espion.

Voici les six demandes qu'il était chargé de faire :

1° Que le roi permît à sa mère de se retirer à Moulins ou dans toute autre ville de son apanage;

2° Qu'elle pût savoir qui l'accompagnerait dans son exil;

3° Que le roi lui accordât pouvoir absolu dans la ville où elle se retirerait;

4° Qu'elle sût si elle jouirait de ses apanages et appointements;

5° Qu'elle pût voir le roi avant de partir;

6° Qu'on lui assurât que Barbin aurait la vie sauve.

De même que Richelieu passait pour être l'amant de la reine mère, Barbin passait pour être l'amant de la maréchale d'Ancre.

Le roi se fit donner les six demandes, et, de même qu'elles étaient faites par écrit, répondit par écrit à chacune d'elles.

A la première :

Qu'il n'avait pas délibéré d'éloigner sa mère, mais de lui faire, au contraire, dans ses affaires, la plus grande part qu'il lui serait possible; que cependant, au cas où elle serait résolue de se retirer, elle pourrait le faire quand il lui serait agréable, soit à Moulins, soit dans telle autre ville du royaume qu'il lui plairait choisir.

A la seconde :

Qu'elle ne serait accompagnée que de ceux qu'il lui conviendrait d'admettre en sa compagnie.

A la troisième :

Qu'elle aurait pouvoir absolu, non-seulement dans la ville de sa résidence, mais encore dans toute la province où elle serait située.

A la quatrième :

Qu'elle pourrait vivre de tous ses apanages et appointements, et que, quand ils ne suffiraient pas, on verrait à lui en donner davantage.

A la cinquième :

Que le roi la verrait bien certainement avant qu'elle partît.

A la sixième :

Qu'à l'égard de Barbin, il tâcherait de lui donner contentement.

La reine fixa son départ au mercredi suivant, et résolut d'aller à Blois. Elle séjournerait dans cette ville jusqu'à ce que sa maison de Moulins fût réparée.

Le roi accepta l'entrevue pour le mercredi, et décida qu'en même temps que la reine mère irait à Blois attendre que sa maison de Moulins fût réparée, il irait, lui, avec la jeune reine, à Vincennes, attendre que le Louvre fût nettoyé. Ce nettoyage avait pour but de voir si quelque *maréchaliste* — on appelait ainsi les partisans de Concini, qui, au reste, pauvre diable de cadavre en lambeaux et en cendre, n'ait plus guère de partisans — si quelque *maréchaliste*, disons-nous, n'avait pas fait un dépôt de poudre au-dessous de la chambre du roi.

Le mercredi, à l'heure convenue, c'est-à-dire à onze heures du matin (on a vu par le journal d'Hérouard que Sa Majesté dînait à dix heures), le roi descendit à l'appartement de Marie de Médicis avec son frère le duc d'Anjou.

Le roi tenait de Luynes par la main.

Devant le roi et de Luynes marchaient les deux frères de ce

dernier, Cadenet et Brantès. Le prince de Joinville, qui devint, après de Luynes, le mari de la connétable, et fut fait alors duc de Chevreuse, suivait le roi, M. le duc d'Anjou et de Luynes.

C'était dans l'antichambre de Marie de Médicis que la mère et le fils se devaient voir.

Ils entrèrent chacun en même temps et par une porte différente.

Tout le dialogue que la mère et le fils devaient avoir ensemble avait été réglé d'avance par demandes et par réponses.

Quand Marie de Médicis aperçut Louis XIII, les larmes lui coulèrent sur les joues; mais, ayant jeté les yeux sur le roi, et s'apercevant qu'il s'avançait gravement et sans aucune marque d'émotion, elle eut honte d'elle-même, cacha ses yeux avec son mouchoir et son éventail.

Puis, tirant le roi dans l'embrasure d'une fenêtre :

— Monsieur, lui dit-elle, j'ai fait ce que j'ai pu pour m'acquitter dignement de la régence et administration que vous m'aviez commise de vos affaires et de votre État; si le succès n'en a pas été aussi heureux que j'avais désiré, et s'il y est advenu aucune chose qui n'ait pas été conforme à vos intentions, et qui vous ait mécontenté, j'en suis marrie. Je suis bien aise que vous ayez repris vous-même la conduite de votre État, et prie Dieu de bon cœur que ce soit avec toute sorte de prospérités. Je vous remercie de la permission que vous m'avez baillée de me retirer à Blois, et, ensemble, de toutes les autres choses que vous m'avez accordées; et vous prie d'avoir pour agréable ce que j'ai fait pour vous jusqu'à présent. Je vous prie encore de vous souvenir de moi, et de m'être bon roi et bon fils.

— Madame, répondit le roi, sans que le moindre changement dans son accent trahît une émotion quelconque, j'ai su que vous aviez apporté toute sorte de soins et d'affection dans la conduite de mes affaires, et que vous y aviez fait tout ce que vous pouviez ; c'est pourquoi je l'ai eu pour agréable et vous en remercie bien fort, comme étant content et très-satisfait. Vous avez voulu aller à Blois, je l'ai trouvé bon puisque vous le désirez ; mais, quand vous eussiez voulu demeurer à la cour, je vous y eusse toujours donné la part que vous devez avoir en la direction de mes affaires, et serai toujours prêt à le faire quand vous voudrez. Et, en toute façon, je ne manquerai jamais de vous honorer, de vous aimer et de vous obéir comme fils.

Alors, la reine mère ajouta :

— Monsieur, lorsque ma maison de Moulins sera réparée, trouvez-vous bon que je m'y retire ?

— Vous ferez comme il vous plaira, madame, répondit le roi ; et, quand Moulins ne vous agréera plus, vous pourrez choisir telle autre ville de mon royaume que bon vous semblera, et, partout où vous serez, vous aurez le même pouvoir que moi.

— Monsieur, dit alors Marie de Médicis, je m'en vais ; je vous ai fait prier pour Barbin : trouvez-vous bon que je vous demande une grâce...

Le roi fronça le sourcil et fit un pas en arrière ; ce qu'allait lui demander la reine n'était pas sur le programme arrêté d'avance.

— Rendez-moi Barbin, mon intendant, continua la reine ; je ne crois pas que vous ayez dessein de vous servir de lui.

Le roi ne répondit point.

Marie revint à la charge.

— Monsieur, ajouta-t-elle, ne me refusez pas ; c'est peut-être, qui sait? la dernière chose dont je vous prierai.

Louis continua de garder le silence.

Marie, voyant qu'il y avait chez le roi parti pris de ne pas lui répondre, se baissa pour embrasser son fils.

Le roi lui fit la révérence, et se retira en arrière.

Alors, déconcertée de cette dureté, la reine mère se mit à embrasser le duc d'Anjou, qui, de son côté, comme si la leçon lui eût été donnée, répondit à peine à ses embrassements, et ne dit que trois ou quatre mots à sa mère.

Alors, vint le tour de de Luynes, qui la salua.

Marie, tout en larmes et le cœur gonflé, se rattacha à lui, et le tira à part, disant :

— Vous savez bien, monsieur de Luynes, que je vous ai toujours aimé ; tenez-moi donc, je vous prie, dans les bonnes grâces du roi.

Mais Louis, impatienté *d'un si long entretien*, se mit à crier et à appeler par quatre ou cinq fois :

— Luynes! Luynes!

— Madame, dit le favori, vous l'entendez, je ne puis me dispenser de suivre le roi.

Et il se retira.

Restée seule, Marie de Médicis éclata en sanglots ; sa douleur était si grande, qu'elle ne leva pas même les yeux sur les seigneurs qui venaient lui faire la révérence. Mais tout aussitôt elle monta en carrosse, accompagnée des deux filles de France, des princesses et des dames de la cour, qui la conduisirent jusqu'à une ou deux lieues hors de la ville. Elle avait deux carrosses.

Quand elle fut au bout du pont Neuf, au lieu de suivre la rue Dauphine, dans laquelle toute son escorte et le premier carrosse étaient entrés, elle se détourna et s'en alla passer par la rue Saint-Jacques. C'était pour ne pas voir son palais du Luxembourg, qu'elle faisait bâtir dans le faubourg Saint-Germain.

Louis n'avait pas le cœur si tendre : il se mit aux fenêtres pour voir partir sa mère, et, quand il ne put davantage la voir de la fenêtre, il courut sur la galerie pour la suivre encore des yeux.

Puis, quand il eut perdu de vue tous les carrosses :

— Allons à Vincennes, dit-il d'un air gai et content.

Si l'on doutait, cependant, des sentiments de Louis XIII à l'égard de sa mère, et si l'air gai et content qu'eut Sa Majesté en voyant disparaître le dernier carrosse ne suffisait pas au lecteur pour le renseigner sur ce point, nous emprunterions à Bassompierre une petite anecdote qui coïncide pour la date avec la séparation de la reine mère et de son fils.

Le lendemain de l'installation du roi au château de Vincennes, Bassompierre, étant entré dans la chambre du roi comme il sonnait avec acharnement du cor :

— Prenez garde, sire ! lui dit Bassompierre, cet exercice peut vous faire beaucoup de mal : on dit qu'en sonnant du cor, le roi Charles IX se rompit une veine, et qu'il en mourut.

— Vous vous trompez, monsieur, dit Louis XIII : le roi Charles IX ne mourut pas d'une veine rompue en sonnant du cor ; il mourut de ce qu'ayant eu le bonheur de se brouiller avec la reine Catherine de Médicis, sa mère, il commit l'imprudence de se raccommoder avec elle et d'aller collationner à Monceaux. S'il ne fût pas retourné près de Catherine, il ne serait pas mort si jeune, entendez-vous, monsieur de Bassompierre ?

— Eh bien, s'écria Monpouillan en s'adressant à Bassompierre, vous ne vous doutiez point, n'est-ce pas, monsieur, que le roi en sût tant ?

— Vous avez, par ma foi, raison, monsieur, répondit Bassompierre, et j'étais loin de croire Sa Majesté si savante !

Nous nous sommes longuement étendu sur toute cette sombre histoire du maréchal d'Ancre, parce qu'elle est la première tache de sang répandue sur le règne du jeune Louis. Cette tache de sang, on a voulu l'effacer de l'histoire de celui qui l'a versée et l'étendre sur ses complices ; les historiens passent légèrement sur cette catastrophe, et rejettent tout sur de Luynes et Vitry.

La *Biographie des Contemporains*, de Michaud, ouvrage, au reste, éminemment royaliste, comme si une biographie pouvait avoir une opinion politique, dit à propos de Concini :

« Le gouvernement, la puissance et l'orgueil de Concini, d'abord marquis et ensuite maréchal d'Ancre, étaient devenus odieux au roi comme à tous les Français ; les troubles recommencèrent *et ne furent apaisés qu'après la mort du favori de la reine mère...* »

Ceci, nous en demandons bien pardon à l'auteur de la *Biographie*, est une première erreur. *Les troubles ne furent point apaisés après la mort du favori.* Après la mort du favori, *les troubles, au contraire, commencèrent,* à moins qu'on n'appelle pas troubles une guerre civile entre une mère et son fils.

La *Biographie* continue :

« ... Ou plutôt qu'après son assassinat, *conséquence funeste* D'UN ORDRE DE LE FAIRE ARRÊTER *que s'était laissé arracher Louis XIII.* »

Vous avez assisté, chers lecteurs, à la catastrophe minute par minute, et vous ne croyez plus, je l'espère, que la mort du pauvre maréchal fut l'effet d'un malentendu.

J'espère qu'il arrivera un jour où le Code portera des peines contre ceux qui commettent des faux en écriture historique, comme pour ceux qui en commettent en écriture publique et privée. Le faux en écriture publique et privée n'attaque que l'individu : le faux en écriture historique attaque la nation.

Au reste, on l'a vu, nous ne flattons pas plus le peuple que les rois, et nous avons couvert d'une égale réprobation le roi qui assassine le vivant, et le peuple qui outrage le mort.

Le peuple en robe de chambre est souvent plus laid que le roi. Cela tient à ce que le peuple n'a pas de robe de chambre, et quelquefois même pas de chemise. Or, le peuple en robe de chambre, c'est le peuple tout nu...

On a vu comment Louis XIII avait reçu l'évêque de Luçon, quand celui-ci s'était présenté devant lui, le jour de l'assassinat du maréchal d'Ancre.

Cependant, comme Marie de Médicis avait demandé et obtenu la permission d'emmener qui elle voulait à Blois, elle demanda d'avoir près d'elle *son conseiller* Richelieu; ce qui lui fut accordé.

Nous avons dit que Richelieu passait pour être autre chose que son conseiller.

Marie de Médicis le reçut avec de grandes démonstrations de joie.

L'évêque de Luçon se mit alors à travailler à la réconciliation du roi avec sa mère.

Ce n'était point l'affaire de de Luynes.

Vingt-six jours après son départ de Paris, Richelieu reçut l'ordre de se retirer en son prieuré de Coursay, en Anjou; il s'y rendit. Puis, de Coursay, on l'invita à se rendre à Luçon; puis, enfin, à quitter la France, et à se retirer à Avignon.

Richelieu obéit, et, pour se faire oublier, se mit à composer deux des plus pauvres livres qu'il ait faits : l'*Instruction du Chrétien*, et la *Défense des principaux points de notre créance contre la Lettre des quatre ministres de Charenton adressée au roi*.

Là, il vivait dans une retraite si sévère, qu'il fit toute sorte de difficultés pour recevoir son frère le chartreux, qui avait été évêque de Luçon avant lui, et qui devait être plus tard cardinal de Lyon.

Il est vrai que ce frère aîné de Richelieu, Alphonse-Louis Duplessis, dont nous avons dit un mot, était un singulier homme. Destiné à être chevalier de Malte, dans la prévision d'un naufrage, on avait voulu, enfant, lui apprendre à nager : jamais il ne put en venir à bout. Un jour, ses parents lui en firent de grands reproches, lui disant qu'il n'était bon à rien. Piqué du mot, il s'en va droit à la rivière, et se jette à l'eau.

Sans un pêcheur qui accourut avec sa nacelle, il se noyait.

Voyant qu'en effet *il n'était bon à rien*, ses parents le firent homme d'Église.

Nous avons dit qu'évêque de Luçon, il avait donné cet évêché à son frère, qu'on avait fait, lui, homme d'Église, parce que, pouvait-on dire, il était bon à tout !

Les chartreux de la Grande-Bretagne, où il était, le nommèrent leur procureur dans une contestation avec un gentilhomme fort brutal : il en reçut des coups de bâton. Il porta chrétiennement cet outrage, et refusa toujours de s'en venger, même au temps du plus grand pouvoir de son frère, et quand lui-même était cardinal.

Un astrologue lui avait prédit qu'il serait un jour en grand danger d'une blessure faite à la tête.

Comme il allait voir son frère à Avignon, une chaîne du pont-levis lui tomba sur le crâne, et faillit le tuer.

Une de ses visions était de se croire Dieu le Père. Un jour, il coucha dans une maison où ses hôtes lui donnèrent un lit dans la broderie duquel il y avait des têtes d'anges et de chérubins.

Il s'y coucha avec une telle béatitude, que ses gens s'écrièrent :

— Ce n'est pas étonnant, c'est pour le coup qu'il se croit véritablement Dieu le Père.

Madame d'Aiguillon, sa nièce, dont nous nous occuperons bientôt, disait à Ferdinand, le fameux peintre de portraits, qui avait fait pour Henri IV le portrait de la princesse de Condé :

— Ferdinand, peignez-nous M. le cardinal de Lyon en Dieu le Père; mais tâchez de lui donner un air dévot.

En effet, ce n'était point par l'air dévot que brillait le futur cardinal; il était fort mondain, au contraire, quoique sa mondanité n'allât point jusqu'à l'entraîner au péché. Il aimait fort la conversation des dames, et se plaisait à entendre chanter Berthold le castrat, que madame de Longueville appelait Berthold *l'incommodé*.

Un jour, dans une compagnie où l'on proposa de se déguiser, non-seulement il n'y mit point empêchement, mais encore il se déguisa en berger comme les autres.

Il était à la fois distrait et naïf.

Étant cardinal, un gentilhomme du diocèse de Lyon lui amena pour le tonsurer, son fils, qui était tout contrefait; mais il refusa net.

Et, comme le gentilhomme lui demandait la raison de son refus :

— Vous moquez-vous de Dieu, lui dit-il, de lui offrir le rebut du monde?

Et rien ne put le décider à tonsurer le pauvre bossu.

L'abbé de Caderousse vint le voir pendant qu'il était dans le comtat.

On lui annonça l'abbé.

— Faites entrer, dit le cardinal.

L'abbé entre.

Le cardinal le regarde.

— Eh bien? dit-il.

— Eh bien, monseigneur, je suis l'abbé de Caderousse.

— Que voulez-vous que j'y fasse?

— Je suis venu pour avoir l'honneur de vous faire ma révérence.

— Si vous êtes venu pour cela, faites-la donc, et allez-vous-en!

L'abbé fit la révérence, et s'en alla.

Pendant que M. de Luçon était à Avignon, de Luynes jouissait de sa fortune, et montait en dignités, sans s'inquiéter des vaudevilles que l'on faisait contre lui.

On avait beau lui chanter aux oreilles :

> De Luynes avec ses deux frères
> Vont tôt, si Dieu n'y met la main,
> Rendre à la France la misère
> Plutôt aujourd'hui que demain.

Ou bien :

> France, je plains bien votre sort;
> On reconnaît votre impuissance:
> Concini vous met en balance,
> Trois faquins vous donnent la mort.

D'ailleurs, de Luynes avait autre chose à faire que d'écouter des vaudevilles : de Luynes se mariait; il épousait mademoiselle de Montbazon, Marie de Rohan, plus tard madame de Chevreuse.

Disons quelques mots des parents de la connétable avant de parler d'elle-même.

Elle était fille d'Hercule de Rohan, duc de Montbazon.

Ce Rohan était un homme grand, bien fait, et qui, au physique, méritait son nom d'Hercule. Il avait, dans sa galerie, fait faire un portrait où son père, aveugle, était représenté lui montrant le ciel, et disant ce fragment de vers de Virgile :

> *Disce, puer, virtutem...*
> Enfant, apprends la vertu !

Or, l'enfant avait quarante-cinq ans et la barbe la plus majestueuse qui se pût voir !

C'était lui qui disait mélancoliquement, en voyant mourir un cheval qu'il aimait :

— Mon Dieu ! ce que c'est que de nous !

— Quand votre femme accouchera-t-elle ? lui demandait un jour la reine.

— Quand il plaira à Votre Majesté ! répondit courtoisement le duc.

Il faut avouer pourtant que ses réponses n'étaient pas toujours si polies.

Un jour, il dit en présence de la reine mère, qui était Italienne, et de la jeune reine, qui était Espagnole :

— Je ne suis ni Italien ni Espagnol ; je suis un homme de bien.

Un soir, que la reine le retenait :

— Laissez-moi aller, je vous prie, madame, dit-il ; ma femme m'attend, et, dès qu'elle entend un cheval, elle croit que c'est moi.

Au reste, son fils, le prince de Guéménée, était de l'avis de madame de Montbazon ; car, racontant la *drôlerie* des Ponts-de-Cé, et expliquant comme quoi son père, en passant sur la levée, était tombé à l'eau :

— J'allai pour l'en retirer, dit-il ; je tirai, en effet, une tête de cheval ; mais, aux bossettes, je reconnus que ce n'était pas mon père.

Comme on appelait saint Paul *vaisseau d'élection*, M. de Montbazon crut que c'était le navire qui avait conduit l'apôtre à Corinthe, que l'on appelait ainsi. Un jour, il demanda si ce *vaisseau d'élection* était un beau navire, et combien il avait d'hommes d'équipage.

Jamais il n'entrait au Louvre qu'il ne demandât : « Quelle heure est-il ? »

Un jour, on lui répondit : « Onze heures. » Il se mit à rire.

— Bon ! dit M. de Candale, il aurait donc ri encore davantage si on lui eût répondu qu'il était midi !

Faisant sa visite du premier de l'an à la reine mère :

— Enfin, madame, dit-il, nous voici à l'année qui vient !

Il avait fait mettre sur la porte de son écurie :

« Le 25 octobre de l'an 1637, j'ai fait faire cette porte pour entrer dans mon écurie. »

Si vous n'en avez pas assez sur M. de Montbazon, demandez le reste à madame de Sévigné, et lisez sa lettre à madame de Grignan, en date du 29 septembre 1675.

La fille ne tenait point du père sous le rapport de l'esprit, ni son frère, le prince de Guéménée, non plus ; aussi se demandait-on comment M. de Montbazon, qui était si bête, avait pu faire deux enfants si spirituels. D'aucuns prétendaient savoir le mot de l'énigme : ce mot n'était pas à la louange de la première femme de M. de Montbazon.

Ce frère, dont nous allons dire quelques mots, pour ne pas revenir sur lui, avait une singulière habitude : c'était de sentir tout ce qu'il mangeait. Or, comme il avait la vue courte et le nez long, il trempait son nez dans tout ce qu'il mangeait; ce qui était fort désagréable à voir pour ceux qui étaient assis à la même table que lui; — si désagréable à voir, que quelqu'un, doutant de la dévotion de la princesse de Guémenée :

— Oh! répondit la connétable, si ma belle-sœur n'était pas véritablement une sainte femme, elle ne mangerait pas avec mon frère.

M. de Guémenée avait à foison ce qu'on appelle aujourd'hui des *mots*.

Arnault de Corbeville, qui, dans sa jeunesse, étant gouverneur de Philipsbourg, s'était laissé surprendre, avait, plus tard, été mis à la Bastille, d'où il sortit gracié par le roi.

Le soir, le roi annonça la nouvelle.

— Messieurs, dit-il, Arnault est sorti de la Bastille.

— Je ne m'en étonne point, répondit le prince de Guémenée : il est bien sorti de Philipsbourg, qui est une place bien autrement forte!

Quand on lui annonça en grande liesse que la reine Anne avait senti remuer M. le dauphin :

— Bon! dit-il, le voilà qui donne déjà des coups de pied à sa mère. Il est vrai qu'il a de qui tenir!

Une fois, Gaston d'Orléans lui tendit la main pour le faire descendre d'une tribune :

— Ah! monseigneur, miracle! dit-il : c'est la première fois que vous tendez la main à un de vos amis pour l'aider à descendre d'un échafaud.

Il se disputait toujours avec son oncle, M. d'Avaujour, chacun d'eux raillant l'autre sur sa principauté.

M. d'Avaujour prétendit entrer dans la cour du Louvre en carrosse, et ne put obtenir cette faveur.

— Que n'y entre-t-il par la porte des cuisines ? dit le prince de Guéménée; c'est son droit !

M. d'Avaujour descendait de la Varenne.

Une autre fois, le cocher de M. d'Avaujour mit, pendant un grand soleil, ses chevaux à l'ombre sous le porche de l'hôtel Guéménée.

— Entre ! entre ! dit-il; l'hôtel Guéménée n'est pas le Louvre.

Madame de Guéménée eut plusieurs galanteries, et l'on remarqua que tous ses amants eurent une mauvaise fin. Elle fut successivement maîtresse de M. de Montmorency, du comte de Soissons, de M. de Bouteville, de M. de Thou : — MM. de Montmorency, de Thou et de Bouteville furent décapités, M. le comte de Soissons fut tué d'un coup de pistolet.

Elle fut, en outre, mère du prince Louis de Rohan, qui eut la tête tranchée à la Bastille, le 27 novembre 1674, pour crime de lèse-majesté.

Revenons à madame de Chevreuse, qu'on appelait alors madame la connétable, et appelons-la comme tout le monde.

Le connétable logeait au Louvre, et sa femme aussi.

Le roi était fort familier avec elle, et ils badinaient ensemble; mais jamais la chose n'alla plus loin que le badinage. Et cependant madame la connétable en valait la peine : elle était jolie, friponne, fort éveillée, et ne demandait pas mieux.

Un jour, ses avances allèrent au point de blesser la modestie du roi.

— Madame, dit-il, je n'aime mes maîtresses que de la ceinture en haut, je vous en préviens.

— Eh bien, sire, répondit la connétable, vos maîtresses feront alors comme Gros-Guillaume ; elles mettront leur ceinture au milieu des cuisses.

Nous aurons plus d'une fois occasion de voir Louis XIII mettre en pratique cette théorie à propos des femmes qu'il aima ; mais n'anticipons point sur les événements, comme dirait un historien classique.

Pendant que de Luynes se mariait à Paris, voici ce qui se passait aux deux extrémités de la France, à Metz et à Blois.

A Blois, dans la nuit du 21 au 22 février, la reine mère — que son fils avait faite peu à peu prisonnière — la reine mère descendait, à l'aide d'une échelle, par la fenêtre de son cabinet, sur une terrasse inférieure, distante au moins de vingt pieds, et élevée au-dessus du sol de la rue d'une trentaine de pieds.

Elle était accompagnée d'une femme de chambre, du comte de Brenne et de trois ou quatre de ses serviteurs.

Mais elle avait eu si grand'peur dans son trajet aérien, qu'arrivée sur la terrasse, la prisonnière déclara que, si on ne lui trouvait pas un autre moyen de faire la seconde descente, elle resterait où elle était.

On la mit alors dans un manteau qu'on laissa doucement glisser jusqu'en bas à l'aide de cordes ; puis le comte de Brenne et Duplessis, l'ayant rejointe, la prirent par-dessous les bras, et la portèrent ainsi dans son carrosse, qui l'attendait de l'autre côté du pont de Blois.

On arriva heureusement à Montrichard.

L'archevêque de Toulouse, prévenu de la fuite de la reine mère, l'y attendait.

On prit des relais, et l'on arriva de bonne heure à Loches.

Là, le duc d'Épernon devait, après avoir traversé la France, rejoindre Marie de Médicis. En effet, il était parti de Metz, dont il était gouverneur, avec deux cents gentilshommes ; et les mesures étaient si bien prises de part et d'autre, qu'il arriva lui-même à Loches le lendemain du jour où la reine y était arrivée.

C'était merveille que le roi n'eût pas été prévenu!

Un valet de l'abbé Ruccellaï, qui avait mené toute cette intrigue, portait à la reine mère des lettres qui l'avertissaient du jour où le duc d'Épernon partirait de Metz, et qui lui exposaient, en même temps, les mesures prises pour la conduire à Angoulême.

Ce valet soupçonne qu'il est chargé d'une lettre importante et que le roi sera bien aise de connaître : il va droit à Paris, s'adresse aux gens de de Luynes, et leur dit qu'il est porteur d'un grand secret ; il le découvrira au favori, pourvu qu'on lui donne une bonne somme.

De Luynes néglige l'avis, fait attendre le valet jusqu'à ce que le conseiller Du Buisson, serviteur de la reine mère, apprenne qu'un valet, confident de d'Épernon et de Ruccellaï, est en ville. Étonné de ce que cet homme ne l'est pas venu voir comme il l'avait fait aux autres voyages, Du Buisson s'enquiert du valet, et apprend qu'on l'a vu à la porte de de Luynes. Le conseiller aposte un homme ; cet homme reconnaît le valet essayant toujours d'entrer ; il s'abouche avec lui comme s'il venait de la part de de Luynes, lui remet cinq cents écus, et prend la lettre.

Que devint le valet? On n'en sait rien.

« Ceux qu'il avait trompés, dit un chroniqueur, le firent tuer apparemment pour ravoir leur argent. »

Si de Luynes eût reçu cet homme, toute l'affaire manquait.

Mais il était occupé d'une chose fort grave et qui n'était pas sans difficulté : il s'agissait de faire consommer au roi son mariage avec la reine.

Comment, quatre ans après la célébration du mariage, le mariage n'était-il pas consommé ?

Disons-le. — C'est là, s'il en fut jamais, de l'histoire en robe de chambre.

Nous avons raconté comment, lorsqu'il avait été question de mariage entre le roi et l'infante d'Espagne, Louis XIII, voulant savoir qui on lui faisait épouser, avait envoyé le père de son cocher, Saint-Amour, à Madrid, pour lui faire un rapport sur la princesse.

Le rapport avait été favorable, et le roi vint jusqu'à Bordeaux au-devant de la future reine de France.

A Bordeaux, la crainte le prit de nouveau : le père de son cocher, qui se connaissait admirablement en chevaux, pouvait ne pas se connaître aussi bien en femmes.

Il chargea de Luynes de porter une lettre à l'infante, afin de contrôler le témoignage de Saint-Amour.

De Luynes partit donc au-devant du cortége de la petite reine ; — c'était ainsi que l'on nommait Anne d'Autriche, pour la distinguer de la reine mère.

Ce ne fut que de l'autre côté de Bayonne que de Luynes rencontra ce cortége.

Il descendit aussitôt de cheval, mit un genou en terre, en disant :

— De la part du roi.

Et, en même temps, il présentait à l'infante la lettre de Louis XIII.

Anne d'Autriche prit la lettre, la décacheta et lut :

« Madame,

» Ne pouvant, selon mon désir, me trouver auprès de vous, à votre entrée dans mon royaume, pour vous mettre en possession du pouvoir que j'y ai, comme de mon entière affection à vous aimer et à vous servir, j'envoie devers vous Luynes, l'un de mes plus confidents serviteurs, pour, en mon nom, vous saluer et vous dire que vous êtes attendue de moi avec impatience, et pour vous offrir moi-même l'un et l'autre. Je vous prie donc de le recevoir favorablement et de croire ce qu'il vous dira de ma part, madame, c'est-à-dire de votre plus cher ami et serviteur.

» Louis. »

L'infante remercia gracieusement le messager, le pria de remonter à cheval et de marcher près de sa litière, et continua son chemin tout en s'entretenant avec lui.

Le lendemain, elle lui remit cette réponse en espagnol. Anne d'Autriche n'écrivait encore ni ne parlait le français.

» Senor,

» Mucho me he holgado con Luynes, con las buenas nuevas que me ha dado de la salud de Vuestra Majestad Yo ruego por ella y muy deseosa de llegar donde pueda servir á mi madre; y as imo doy mucha priesa á caminar por la mano á quien Dios garde como deseo.

» Bezo las manos á Vuestra Majestad.

» Ana. »

Ce qui voulait dire :

» Sire,

» J'ai vu avec plaisir M. de Luynes, qui m'a donné de bonnes nouvelles de la santé de Votre Majesté. Je prie pour elle et suis désireuse de faire pour elle ce qui peut être agréable à ma mère ; ainsi, il me tarde d'achever mon voyage, et de baiser la main de Votre Majesté.

» ANNE. »

De Luynes prit la lettre, et partit au grand galop.

En effet, il avait de bonnes nouvelles à porter au roi ; l'infante était belle à ravir !

Mais Louis XIII, soit désir, — ce qui n'est pas probable, — soit bien plutôt incrédulité, ne s'en rapporta pas plus à de Luynes qu'il ne s'en était rapporté au père Saint-Amour ; il voulut voir de ses yeux.

Il partit à cheval avec deux ou trois personnes, dont étaient de Luynes et le duc d'Épernon, s'arrêta à l'entrée d'une petite ville située à cinq ou six lieues de Bordeaux, contourna la ville, entra dans une maison désignée d'avance, par la porte de derrière de cette maison, et s'établit au rez-de-chaussée.

Une heure après, l'infante faisait son entrée dans la ville.

Le duc d'Épernon, qui avait le mot, arrêta la litière pour haranguer la petite reine, et, cela, juste en face de la maison où était caché Louis XIII.

Pour faire honneur au duc, Anne d'Autriche fut forcée de sortir tout le haut de son corps par la portière de la litière. Le roi la vit donc tout à son aise.

La harangue finie, l'infante continua son chemin, et le roi, enchanté de la trouver encore plus belle qu'on ne le lui avait dit, remonta à cheval, et piqua vers Bordeaux, où il arriva longtemps avant l'infante.

Et, en effet, si l'on en croit tous les historiens du temps, Anne d'Autriche était d'une beauté accomplie. Elle était grande, bien prise dans sa taille, possédait la plus blanche et la plus délicate main qui eût jamais fait un geste de reine; des yeux parfaitement beaux, se dilatant avec facilité, et auxquels leur couleur verdâtre donnait une transparence infinie; une bouche petite et vermeille, qui semblait une rose animée et souriante; enfin, des cheveux longs et soyeux, de cette charmante teinte cendrée qui donne à la fois aux visages qu'ils encadrent la suavité des blondes et l'animation des brunes.

La cérémonie du mariage fut célébrée le 25 novembre 1615, à Bordeaux; mais, comme les royaux conjoints n'avaient pas tout à fait vingt-huit ans à eux deux, ils furent conduits au lit nuptial chacun par sa nourrice, qui ne les quitta pas. Ils demeurèrent couchés ensemble cinq minutes; après quoi, la nourrice du roi fit lever *Sa Majesté*, et l'infante resta seule.

La consommation du mariage ne devait avoir lieu que quatre ans plus tard.

Voilà pourquoi, en 1619 seulement, de Luynes s'occupait de cette grave opération, qui devait s'accomplir à Saint-Germain, et, cela, au moment même où Marie de Médicis s'échappait du château de Blois.

FIN DU TOME PREMIER

COLLECTION MICHEL LÉVY. 1 fr. le vol. (Extrait du Catalogue.)

ALEXANDRE DUMAS FILS
Antonine. Avent. de 4 femmes. La Boîte d'argent. Dame aux Camélias. Dame aux Perles. Diane de Lys. Docteur Servans. Le Régent Mustel. Le Roman d'une Femme. 3 Hommes forts. La Vie à 20 ans.

PAUL DELTUF
Aventures parisiennes. Petits Malheurs d'une jeune Femme.

CH. DICKENS (Trad. A. Pichot)
Contes de Noël. Neveu de ma Tante.

OCTAVE DIDIER
Fille de roi. Mad. Georges.

MAXIME DU CAMP
Mémoires d'un Suicidé. Salon de 1857. Six Aventures.

M. EDGEWORTH (Trad. Jousselin)
Demain!

GABRIEL D'ENTRAGUES
Histoires d'Amour et d'Argent.

ERCKMANN-CHATRIAN
L'illustre docteur Mathéus

XAVIER EYMA
Aventuriers et Corsaires. Femmes du Nouveau-Monde. Les Peaux Noires. Les Peaux Rouges. Roi des Tropiques. Le Trône d'argent.

PAUL FÉVAL
Alizia Pauli. Les Amours de Paris. Berceau de Paris. Blanchefleur. Bossu ou le petit Parisien. Compagn. du silence. Dernières Fées. Fanfarons du roi. Fils du Diable. Tueur de Tigres.

GUSTAVE FLAUBERT
Madame Bovary.

PAUL FOUCHER
La Vie de plaisir.

ARNOULD FRÉMY
Les Confessions d'un Bohémien. Maîtresses parisiennes.

GALOPPE D'ONQUAIRE
Diable boiteux à Paris. — En province. — Au village. — Au château.

THÉOPHILE GAUTIER
Constantinople. Les Grotesques.

SOPHIE GAY
Anatole. Comte de Guiche. Comt. d'Egmont. Duch. de Châteauroux. Éléonore. Faux Frère. Laure d'Estell. Léonie de Montbreuse. Math. d'un Amant heureux. Mariage sous l'Empire. Marie de Mancini. Marie-Louise d'Orléans. Moqueur amoureux. Physiologie du Ridicule. Salons célèbres. Souv. d'une vieille Femme.

JULES GÉRARD
La Chasse au lion. Orné de 12 dessins de Gust. Doré.

GÉRARD DE NERVAL
La Bohême galante. Les Filles du feu. Le Marquis de Fayolle. Souvenirs d'Allemagne.

ÉMILE DE GIRARDIN
Émile.

Mme ÉMILE DE GIRARDIN
Contes d'une Vieille Fille à son neveu. Croix de Berny (avec Th. Gau-

tier, Méry et J. Sandeau.) Marguerites M. le marquis de Pontanges. Nouvelles. Poésies complètes. La vie de Launay — Lettres parisiennes.

GOETHE (Trad. N. Fournier)
Werther. Notice de H. Heine. — Hermann et Dorothée. Notice de H. Blaze.

LÉON GOZLAN
Baril de Poudre d'or. Comédie et les Comédiens. Dern. Sœur grise. Dragon rouge. Émotions de Polydore Marasquin. Famille Lambert. Folle du logis. Médecin du Pecq. Notaire de Chantilly. Nuits du Père-Lachaise.

Mme MANOEL DE GRANDFORT
L'autre Monde.

LÉON HILAIRE
Nouvelles fantaisistes.

HILDEBRAND (Trad. Wocquier)
Chambre obscure. Scènes de la Vie hollandaise.

ARSÈNE HOUSSAYE
L'Amour comme il est. Femmes comme elles sont. La Vertu de Rosine.

CHARLES HUGO
Bohême dorée. Chaise de paille.

F. VICTOR HUGO (traducteur)
Le Faust anglais de Marlowe. Sonnets de Shakspeare.

F. HUGONNET
Souven. d'un Chef de bureau arabe.

JULES JANIN
L'Âne mort. Le Chemin de traverse. Cœur pour 2 amours. La Confession.

CHARLES JOBEY
L'Amour d'un Nègre.

PAUL JUILLERAT
Les Deux Balcons.

ALPHONSE KARR
Agathe et Cécile. Chemin le plus court. Clotilde. Clovis Gosselin. Contes et Nouvelles. Devant les Tisons. Famille Alain. Les Femmes. Encore les Femmes. Feu Bressier. Les Fleurs. Geneviève. Guêpes. Hortense. Menus propos. Midi à 14 heures. Pêche en eau douce et en eau salée. La Pénélope Normande. Poignée de Vérités. Prom. hors de mon Jardin. Raoul. Roses noires et Roses bleues. Les Soirées de Sainte-Adresse. Sous les Orangers. Sous les Tilleuls. 300 pages. Voyage autour de mon Jardin.

KAUFFMANN
Brillat le Menuisier.

L. KOMPERT (Trad. D. Stauben)
Juifs de la Bohême. Scèn. du Ghetto.

DE LACRETELLE
La Poste aux Chevaux.

Mme LAFARGE, née M. Capelle
Heures de Prison.

G. DE LA LANDELLE
Les Passagères.

CHARLES LAFONT
Les Légendes de la Charité.

STEPHEN DE LA MADELAINE
Le Secret d'une Renommée.

JULES DE LA MADELÈNE
Âmes en peine. Marquis des Saffras.

A. DE LAMARTINE
Antar. Bossuet. Christ. Colomb. Cicéron. Confidences. Le Conseiller du peuple. Cromwell. Fénelon. Geneviève. Graziella. Guillaume Tell. Héloïse et Abélard. Homère et Socrate. Jeanne d'Arc. Jacquard. Mme de Sévigné. Nelson. Regina Rustem. Toussaint Louverture.

L'ABBÉ DE LAMENNAIS
Le Livre du Peuple, avec étude de M. E. Renan. Paroles d'un Croyant, avec étude de M. Sainte-Beuve.

VICTOR DE LAPRADE
Psyché.

CHARLES DE LA ROUNAT
La Comédie de l'amour.

THÉOPHILE LAVALLÉE
Histoire de Paris.

CARLE LEDHUY
Capit. d'Aventures. Le fils Maudit.

LÉOUZON LE DUC
L'Empereur Alexandre II.

LOUIS LURINE
Ici l'on aime.

FÉLICIEN MALLEFILLE
Le capit. Laroze. Marcel. Mém. de don Juan. Monsieur Corbeau.

CH. MARCOTTE DE QUIVIÈRES
Deux Ans en Afrique.

MARIVAUX
Théâtre. Notice de P. de St-Victor.

X. MARMIER
Au bord de la Néva. Drames intimes. Grande Dame russe. Hist. allemandes et scandinaves.

LE DOCTEUR FÉLIX MAYNARD
Un Drame dans les mers boréales. Journal d'une Dame anglaise. Voyages et Aventures au Chili.

CAP. MAYNE-REID (Tr. A. Bureau)
Les Chasseurs de chevelures.

MÉRY
André Chénier. Chasse au Chastre. Chât. des 3 Tours. Chât. vert. Conjuration au Louvre. Damnés de l'Inde. Hist. de famille. Une Nuit du Midi. Nuits anglaises. — d'Orient — italiennes — parisiennes. — Salons et Souterrains de Paris.

PAUL MEURICE
Les Tyrans de village.

PAUL DE MOLÈNES
Avent. du Temps passé. Caract. Récits du temps. Chroniq. contemp. Hist. intimes. Hist. sentim. et militaires. Mém. d'un Gentilh. du siècle dernier.

MOLIÈRE
Œuvres complètes, publiées par Philarète Chasles.

Le Catalogue complet de la maison Michel Lévy frères sera envoyé (franco) à toute personne qui en fera la demande par lettre affranchie.

Imprimerie L. Toinon et Cie, à Saint-Germain

www.ingramcontent.com/pod-product-compliance
Lightning Source LLC
Chambersburg PA
CBHW071559170426
43196CB00033B/1203